Welchen Preis hat die Macht?

Eine Frau zwischen Kohl und Schäuble

BRIGITTE BAUMEISTER
mit Dietmar Brück

Welchen Preis hat die Macht?

Eine Frau zwischen Kohl und Schäuble

**Die Ex-Schatzmeisterin
und die schwarzen Kassen der CDU**

HEYNE

Umwelthinweis:
Dieses Buch wurde auf chlor- und säurefreiem Papier gedruckt.

Redaktion: Regina Carstensen, München

http://www.heyne.de
Umschlagfotos: oben: dpa, Mitte: t.w. klein, unten: Getty Images
Umschlagkonzept und -gestaltung: Hauptmann & Kampa Werbeagentur,
München – Zürich
Satz und Lithos: Gramma GmbH, Germering
Druck und Bindung: GGP Media, Pößneck
Printed in Germany 2004

ISBN 3-453-88102-8

Inhalt

Warum dieses Buch?

Vorwort von Dietmar Brück

Selten zuvor in der bundesdeutschen Parteiengeschichte hat ein erbitterter Streit zweier Spitzenpolitiker die Öffentlichkeit derart irritiert. Das Zerwürfnis zwischen Wolfgang Schäuble und Brigitte Baumeister ist bis heute unverstanden geblieben. Zwei Parteifreunde, mehr noch, zwei langjährige, nahezu unzertrennliche Verbündete, werden zu Intimfeinden, beschädigen beider Ansehen und Karrieren, indem sie scheinbar kleinlich und rechthaberisch auf gegensätzlichen Positionen beharren, deren Wahrheitsgehalt weder die Staatsanwälte noch der Spenden-Untersuchungsausschuss letztgültig klären können. Dabei wirkt die Kontroverse grotesk. In der öffentlichen Wahrnehmung schmilzt der Konflikt auf einen fast schon banalen Sachverhalt zusammen: Hat der Rüstungslobbyist Karlheinz Schreiber seine fragwürdige 100 000-Mark-Spende direkt an Wolfgang Schäuble (Version Schäuble) oder zunächst an Brigitte Baumeister (Version Baumeister) übergeben?

Die Parteibasis der Union reagiert verstört: Helmut Kohl und seine schwarzen Kassen haben bereits genug Schaden angerichtet, die CDU in die tiefste Krise ihrer Geschichte gestürzt – und nun das. Am Ende stehen Brigitte Baumeister wie Wolfgang Schäuble als Verlierer da. Schäuble muss als Fraktionsvorsitzender zurücktreten und seine Abwahl als Parteivorsitzender hinnehmen; Baumeister wird als parlamentarische Geschäftsführerin der Unionsfraktion abgelöst. Doch während sich der frühere Bundesinnenminister im Präsidium der Union halten kann, stürzt die einstige CDU-Schatzmeisterin ins Bodenlose. Nicht einmal in ihrem Böblinger Wahlkreis, den sie dreimal in Folge direkt gewinnen konnte, erhält sie Rückendeckung. Brigitte Baumeister wird nicht mehr als Kandidatin nominiert. Ihr Abschied aus dem Bundestag ist besiegelt. In ihrer Partei wird sie für lange Zeit zur Persona non grata. Wer nach oben will, dreht sich nicht mehr nach ihr um. Eine einst vom Erfolg verwöhnte Politikerin lernt die kalte Seite der Macht kennen.

Das Politdrama spielt sich vor der Kulisse der CDU-Spendenaffäre ab, die sich schnell zu einem höchst bizarren Politkrimi entwickelt. Wir erinnern uns: In der CDU hatte – trotz reumütiger Bekenntnisse nach der Flick-Affäre – ein ganzes System schwarzer Kassen bestanden. Das Geld wurde am offiziellen Rechenwerk der Partei vorbeigeschleust. Den Schlüssel zu den Finanzverstecken schien der langjährige Parteichef Helmut Kohl in Händen zu halten. Doch möglicherweise hatte nicht einmal er den Gesamtüberblick. Denn die illegalen Machenschaften hatten sich im Laufe der Zeit verselbstständigt. Eine Reihe verdienter Parteisoldaten wurde in den Skandal verwickelt.

Dieses Buch beleuchtet die CDU-Spendenaffäre aus einer neuen, sehr persönlichen Perspektive – der Perspektive Brigitte Baumeisters. Dabei wird schnell deutlich, dass sich in jenen aufwühlenden Monaten der Jahre 1999 und 2000 mehr abspielte als die spektakuläre Selbstdemontage zweier einst enger Weggefährten. Hier kämpften zwei Politiker, die in die Fänge der Spendenaffäre geraten waren, um ihr politisches Überleben. Hin- und hergerissen zwischen der Loyalität zu ihrem politischen Ziehvater Schäuble und der Angst, zum Bauernopfer im Machtkampf von Schäuble und Kohl zu werden, fand Brigitte Baumeister spät, vielleicht zu spät zu einer klaren Linie. Von ihrem einstigen Freund und Förderer fühlte sie sich vor eine schwierige Wahl gestellt: Wahrheit oder Pflicht. Mit jedem weiteren Tag glaubte sie mehr zu spüren, dass sie ihn nicht mehr schützen konnte, ohne sich selbst zu gefährden. Das ehrliche Bekenntnis konnte ihre politische Existenz ruinieren; die Lüge ihr Leben. Eine Zerreißprobe, der sie nicht gewachsen war. Brigitte Baumeister wusste, was auf dem Spiel stand. Als langjährige CDU-Schatzmeisterin hatte sie schon früh die Dimension des Skandals erahnt.

Mit der Veröffentlichung dieses Buches hat sie sich bewusst Zeit gelassen, Zeit zum Verstehen, Zeit zum Verarbeiten. In ihrem neuen Leben jenseits der Politik musste sie sich erst zurechtfinden. Akzeptieren lernen, was unabänderlich ist, die eigene Verstrickung entflechten – menschlich wie politisch. Dieses Buch sollte kein Aufschrei einer gekränkten Politikerseele werden, sondern ein Beitrag zur politischen Kultur, ohne zu beschwichtigen und zu verharmlosen. Brigitte Baumeister öffnet eine faszinierende Innenperspektive der Macht, die über einen Zeitraum von mehr als zehn Jahren hinwegreicht. Zudem steuert sie unbekannte Details zum Verständnis einer komplexen Affäre bei, in die bisher noch wenig Licht gebracht werden konnte. Auf den folgenden Seiten entfaltet sich aber auch die Geschichte einer begabten und ehrgeizigen Politikerin, die am vorläufigen Ende ihrer Karriere von einem fein gesponnenen Männernetzwerk aus Machtklüngeleien und gegenseitigen Loyalitäten zu Fall gebracht wird – und trotzdem nicht an der Politik verzweifelt. Brigitte Baumeister verschweigt dabei auch ihre eigenen Fehler nicht. Sie hält sich selbst und ihrer Partei den Spiegel vor. Sie will nicht abrechnen, sondern aufklären. Dieses Buch ist zugleich als selbstkritischer Appell vor allem an junge Menschen gerichtet, ihre Unabhängigkeit nicht auf dem Altar einer vermeintlich steilen Karriere zu opfern und sich rechtzeitig verlässliche Verbündete zu suchen – innerhalb und außerhalb der Politik.

1

Beginn und Höhepunkt eines Kampfes

Schäuble will einen Persilschein

Ich habe ein eigenartiges Gefühl im Bauch, als Wolfgang Schäuble mich an einem Nachmittag Anfang 1998 zu sich kommen lässt. Mir schwant, dass dieser Tag unser Verhältnis grundlegend verändern wird. Unser Thema ist wieder jene heikle Bestätigung, auf die Schäuble so unerbittlich pocht. Unser Streit um die 100 000 Mark, die Karlheinz Schreiber mir allem Anschein nach vor gut drei Jahren für Schäuble gegeben hat, schwelt schon seit geraumer Zeit, ohne dass eine Entscheidung gefallen ist. Ich habe mich bisher standhaft geweigert, Schäuble zu bescheinigen, dass er mir im Herbst 1994 die 100 000 Mark übergeben hat. Und nicht nur das: Schäuble will von mir sogar schriftlich haben, dass er damals auf eine Art Quittung für Schreiber bestanden hat. Doch warum sollte ich ein solches Dokument erstellen? Es würde mich nur in Teufels Küche bringen. Keine Frage, Schäuble hatte mir das Geld ausgehändigt. Aber Karlheinz Schreiber hat nie eine Spendenbescheinigung für die 100 000 Mark gefordert und folglich auch keine erhalten. Das Einzige, was bei ihm eintraf, war ein kleines Dankeschön von Schäuble: ein Buch mit persönlicher Widmung. Signiert am 19. Oktober – meinem Geburtstag.

Schäuble nun den gewünschten Gefallen zu tun, nur damit er im Notfall seine Unschuld beweisen kann, ist mir zu heikel. Das hat einen gewichtigen Grund: Denn inzwischen habe ich mich nach der weiteren Verwendung der ungewöhnlichen Spende erkundigt. Zu meinem Erschrecken kann mir niemand präzise sagen, was mit den 100 000 Mark geschehen ist. Fest steht nur, dass sie nicht korrekt im Rechenschaftsbericht der CDU veröffentlicht wurden. Ein ärgerlicher Fehler, für den irgendwann ein Schuldiger gesucht werden wird. Mich beschleicht das unangenehme Gefühl, dass Schäuble ihn allein mir in die Schuhe schieben will.

Ich trete in sein Büro ein. Schäuble weist mir den Stuhl ihm gegenüber zu. Da weiß ich, jetzt wird es ernst. Für lockere, eher informelle Gespräche hat er mich immer an den gemütlichen Tisch in der Mitte des Raumes gebeten. Und dann Schäubles Miene: Er sieht mich grimmig an. Schließlich kommt er in ungewohnter Strenge auf sein Anliegen zu sprechen. Schäuble muss nicht viele Worte verlieren. Ich weiß, worum es geht. Er will einen Persilschein von mir. Schäuble nimmt mich in die Zange. Seine Geduld sei am Ende, bedeutet er mir. Ich solle ihm endlich bescheinigen, dass er die 100 000 Mark ordnungsgemäß abgeliefert und eine Spendenquittung für Schreiber verlangt hätte.

Diese Stunde der Entscheidung habe ich bereits unzählige Male in meinem Kopf durchgespielt. Nur deshalb bin ich in der Lage, den Druck auszuhalten, mehr noch, ich bin zum Widerstand entschlossen. »Wolfgang, das kannst du nicht von mir verlangen«, sage ich, »wenn ich das aufschreibe, bin ich dir ausgeliefert. Ich werde erpressbar.« Schäuble hätte das Schreiben im Notfall jederzeit zücken können, um vor aller Welt zu behaupten: »Brigitte Baumeister hat die Spende nicht korrekt behandelt – gegen meinen ausdrücklichen Willen.« Mein Chef will sich auf meine Kosten absichern. Das kann und will ich nicht zulassen. Zugegeben, ich habe die Verbuchung des Geldes nicht ausreichend kontrolliert. Das war falsch von mir. Aber soll ich mich deswegen vollkommen in Schäubles Hände geben? Wer weiß, welche Rolle die 100 000 Mark in Zukunft noch spielen werden? Ich bin beileibe nicht allein für die CDU-Finanzen zuständig. Und schon gar nicht für das Versickern dieser Spende.

Doch Schäuble lässt nicht locker. Er drängt mich weiter, das Schreiben, das ihn entlasten soll, zu verfassen. Ich bleibe hart. Ich spüre, dass ich andernfalls den Fehler meines Lebens mache. Das stockende Gespräch erstirbt. Wir sehen uns schweigend an. Er hat das Gesicht auf die gefalteten Hände gestützt. Seine Züge verraten keine Gefühlsregung. Dann beginnt er süffisant zu grinsen: »Du wirst immer den Kürzeren ziehen«, sagt er. »Wir reden hier unter vier Augen. Und ich bin der Stärkere. Also überleg's dir.« Ich kommentiere seine Bemerkung mit keinem Wort. In diesem Moment verachte ich ihn. Ich blicke Schäuble nur unverwandt an. Und denke: »Jetzt zeigst du dein wahres Gesicht.«

Durch dick und dünn

Zweieinhalb Jahre später, am 28. August 2000: Auf diesen Augenblick hat die Öffentlichkeit gewartet. Kamerateams belagern die Katholische Akademie in Berlin, dort tagt im großen Sitzungssaal der Untersuchungsausschuss zur Spendenaffäre. Das Unvermeidbare ist geschehen. Wolfgang Schäuble und ich bekriegen uns seit Wochen in aller Öffentlichkeit. Und nun das: Wir werden in einem Untersuchungsausschuss des Deutschen Bundestags gegenübergestellt. Die 100 000-Mark-Affäre ist außer Kontrolle geraten. Die peinliche Szene wird zur unrühmlichen Krönung eines absurden Streits. Dabei hat die CDU ohnehin Schlagseite wie nie zuvor. Von der Spendenaffäre wurde sie wie von einem Eisberg gerammt, dessen gefährliche Ausmaße noch unter der Oberfläche verborgen liegen. Und anstatt zu retten, was zu retten ist, beginnen Parteimitglieder mit schmutzigen Machtkämpfen. All das ist mir in jenem Moment bewusst, als ich voller Nervosität die Akademie betrete. Doch für Grübeleien ist keine Zeit mehr. Ich muss mich mit aller Kraft zusammenreißen. In wenigen Augenblicken werde ich dem Mann begegnen, der mich in die Enge getrieben hat wie niemand zuvor.

Ein Blitzlichtgewitter blendete mich. Ich fühle mich auf dem Präsentierteller, schutzlos, nackt. Nicht einmal bei meiner ersten Wahl zur Schatzmeisterin 1992 richteten sich so viele Kameras, so viele Teleobjektive auf mich. Ich sehe durch sie hindurch, versuche, all die Journalisten zu ignorieren. Zu viel Gefühl ist hier fehl am Platz. Ich brauche einen kühlen Kopf für die Gegenüberstellung.

Dann kommt es mir auf einmal wie immer vor. Wolfgang Schäuble sitzt in meiner Nähe. Ganz automatisch stellt sich so etwas wie die alte Vertrautheit ein. Und doch ist nichts, wie es war. Schäuble würdigt mich keines Blicks, verschwendet kein Wort an mich. Er redet gegenüber den Ausschussmitgliedern nur über mich – in der dritten Person. Als bereue er es, mich jemals gekannt zu haben, als beschreibe er einen toten Teil seiner Vergangenheit.

Ich spüre die kalt kalkulierte Missachtung in seinen Worten und überlege, wie ich reagieren, über ihn reden soll, wenn ich an der Reihe bin, befragt zu werden. Wie soll ich Schäuble ansprechen? Ich könnte das mit »Sie« tun, durchaus eine parlamentarische Gepflogenheit, derer sich auch Abgeordnete bedienen, die ansonsten »per Du« sind.

Irgendwann halte ich es einfach nicht mehr aus, all die Ausflüchte anzuhören, die er hervorbringt ohne mit der Wimper zu zucken. Irgendwann ertrage ich seine Unterstellungen nicht mehr, ich hätte eine Intrige gegen ihn gesponnen. Ich beuge mich an meinem Rechtsbeistand Gottfried Klotz vorbei, suche den Blick Schäubles. »Wolfgang, wir haben über Jahre zusammengearbeitet«, bricht es aus mir heraus. Im Raum herrscht Stille. »Glaubst du wirklich, was du hier sagst? Ich habe dir vertraut. Ich wäre für dich durch dick und dünn gegangen. Weshalb sollte ich ein Komplott gegen dich schmieden?«[1] Tränen stehen mir in den Augen – vor Wut, vor Traurigkeit. Ich kann nicht fassen, dass ein Mensch, den ich einmal so sehr geschätzt habe, mich derart in den Schmutz zieht.

Das Gespräch in Schäubles Büro und die Gegenüberstellung in der katholischen Akademie markieren den Beginn und den bizarren Höhepunkt eines Kampfes, dem keine Freundschaft gewachsen sein konnte. Schäuble ist in der 100 000-Mark-Affäre der Logik des Machterhalts gefolgt: Er servierte mich ab, bevor es ihm selbst an den Kragen ging. Schäuble muss geahnt haben, dass sein politisches Schicksal nahezu unauflöslich mit meinem verbunden war. Stürzte ich, konnte auch er fallen. Um politisch zu überleben, vollzog er daher einen radikalen Schnitt. Eine Kehrtwende, die mir in ihrer Dimension zu spät bewusst wurde. Ich hielt ihn noch immer für einen Freund, als er mich bereits als Karrierehindernis aus dem Weg räumen wollte. Was danach geschah, lässt sich auf eine einfache Formel bringen: Ich hatte Recht und er das stabilere Netzwerk und die besseren Nerven. Die Weichen für die Katastrophe indes waren schon lange gestellt – bevor 1999 die Spendenaffäre in die Schlagzeilen rückte.

2

Wissenschaft, Wirtschaft, Wahlkampf – wie alles begann

Angespornt durch die Studentenrevolte

Was zieht einen Menschen in die Politik? Was motiviert speziell eine Frau? Fragen, die mir oft in den Sinn kommen, wenn ich über meinen Werdegang nachdenke. Die erste Antwort fällt leicht. Trotz allem Stress, trotz allem Ärger: Politik macht Spaß. Ich bin ein Mensch, der etwas bewegen muss. Für mich gibt es nichts Schlimmeres, als herumzusitzen und die Hände in den Schoß zu legen. Dann werde ich übellaunig, fühle ich mich wie ein Tiger im Käfig. Politik ist da ein gutes Kontrastprogramm. Alles ist ständig im Fluss. Arbeit gibt es in Hülle und Fülle. Jeden Tag beginnt das Wechselspiel mit den Medien. Jeden Tag gewinnt ein neues spannendes Thema an Aktualität. Die Herausforderungen hören nie auf, weil die Welt niemals aufhört, sich zu wandeln. Und als Politikerin bewegt man sich mittendrin in all diesen unüberschaubaren, aufregenden Prozessen, kämpft mit dem politischen Gegner, ringt um die Gunst der Wähler, versucht, im Wettstreit der Interessen Antworten zu finden auf all die drängenden Fragen unserer Gesellschaft. Eine faszinierende Dynamik.

Politik weitet den Horizont. Mich haben Zeit meines Lebens die Aufbrüche gereizt. Mein berufliches Leben habe ich nicht umsonst in der Forschung, genauer der Software-Entwicklung, begonnen. Der Blick des Wissenschaftlers ist immer auf das Neue, das Unerwartete gerichtet. Ein Forscher denkt über das Bestehende hinaus, verlässt den vertrauten Weg, riskiert den Irrtum. Sein Abenteurertum ist das grenzüberschreitende Denken. Politik vollzieht sich zwar in engeren Bahnen, orientiert sich an den Leitplanken der Machbarkeit und der gesellschaftlichen Akzeptanz. Dieser Realismus aber macht sie keineswegs langweilig. Denn auch hier wird um die großen Ideen gerungen, um unsere Vision von Zusammenleben, um unsere Grundhaltungen. Man denke nur an die Debatte um die Chancen und Grenzen der Biomedizin oder die Redeschlachten um die deutschen Militäreinsätze in aller Welt. Schließlich hat die Politik, wird sie ihrem Anspruch gerecht, einen unschätzbaren Vorteil gegenüber den Wissenschaften. Am Ende allen Nachdenkens, allen Abwägens und Austarierens stehen konkrete Gesetze, erfolgt die Umsetzung, verändert sich etwas Substanzielles im Leben der meisten Menschen.

Natürlich wird in der Politik nicht immer so beherzt zu Werke gegangen. Aber wenn sich die Debatten ewig im Kreise drehen, liegt das weniger am System, sondern meist an der Mutlosigkeit der Politiker, gewonnene Erkenntnisse konsequent umzusetzen. Auch auf die Gefahr hin, sich beim Wähler einmal unbeliebt zu machen.

Politik war für mich immer auch ein Schritt in die Unabhängigkeit. Wie trügerisch diese scheinbare Freiheit ist, habe ich erst viel später verstanden. Am Beginn meines politischen Lebens stand das Bedürfnis, etwas Eigenes aufbauen, gestalten zu können. Ich versuchte, mir eine gewisse Autonomie zu erkämpfen. Das hätte ich nicht unbedingt in der Politik tun müssen. Die Entscheidung, meine Energie ausgerechnet dort zu konzentrieren, wurde durch die Auseinandersetzung mit den 68ern angespornt. Die studentische Revolte hat mich politisiert, weil sie mich zum Widerspruch, zur Abgrenzung provozierte. Ich bin nie Teil dieser Bewegung gewesen. Das hätte meinen Grundintentionen widersprochen. Die 68er verkörperten für mich zu viel Verweigerung, zu viel Anspruchshaltung. Emanzipation habe ich als wirtschaftliche Eigenständigkeit interpretiert, nicht als schrillen Protest gegen die etablierte Ordnung. Ich schrieb lieber Konzepte als Kampfschriften. Als Mathematikerin programmierte ich lieber, als dass ich protestierte.

Gewohnt, hart zu arbeiten, wollte ich mir meinen Platz in der Gesellschaft durch Leistung erwerben. Ein Geist, von dem ich bei meinen aufrührerischen Mitstudenten wenig entdecken konnte. Heute beurteile ich die 68er in einem milderen Licht. Ich erkenne die Aufbrüche an, die sie initiiert haben. Und in der politischen Gleichgültigkeit unserer Tage sehne ich mich manchmal nach der leidenschaftlichen Streitkultur dieser Jahre zurück.

Natürlich waren die 68er nicht der einzige Motor, der mich in die Politik getrieben hat. Ich versuchte auch, dem Schicksal einer Ehefrau zu entfliehen, wie es für Frauen meiner Generation vorgezeichnet schien. Ich fand es wenig verlockend, abends sehnlich auf die Neuigkeiten zu warten, die der berufstätige Ehemann nach Hause bringt. Ich hätte mich nie auf die Rolle der Ehefrau und Mutter beschränken können, sosehr ich diese achte und sosehr ich auch immer eine Familie gründen wollte. Diese Form von Enge und Abhängigkeit widerspricht meinem Lebensgefühl. Ich bin ein Mensch, der den unbegrenzten Horizont braucht.

Der Tod meines Vaters

Wenn ich an die prägenden Ereignisse meines Lebens denke, weiß ich das erste einschneidende Erlebnis einzig aus den Erzählungen meiner Mutter. Mein Vater Hermann Jauch war bereits tödlich an Krebs erkrankt, als ich am 19. Oktober 1946 geboren wurde. Ihm blieben nur noch wenige Monate zu leben.

Die Ärzte hatten nur meine Mutter über die Diagnose informiert, letztlich um ihn zu schonen. Sie musste eine einsame Entscheidung fällen. Und rang sich schließlich dazu durch, meinem Vater das Ausmaß seiner Erkrankung zu verschweigen. Sie wollte, dass er noch ein paar Monate unbeschwert Freude an mir haben konnte. Er starb mit 36 Jahren. Ich war erst ein halbes Jahr alt.

Für meine Mutter Eleonore muss sein Tod ein schrecklicher Schlag gewesen sein. Sie hat mir immer wieder erzählt, wie sehr sie meinen Vater geliebt hat. Er war der Mann, mit dem sie alt werden wollte. Die schreckliche Krankheit meines Vaters riss sie aus allen Träumen. Das Einzige, was ihr von dieser Liebesbeziehung blieb, war ihre Tochter – fortan ihr Ein und Alles. Aus mir sollte etwas Besonderes werden. Auf mich warf sie ihre Hoffnungen. Mich machte sie für ihr Wohlergehen verantwortlich. Bis heute haben meine Mutter und ich eine enge Beziehung. Ich war und bin ihr Gesprächspartner in allen Lebenslagen. Vielleicht habe ich auch deswegen jenseits dieser intensiven Bindung immer nach einer gewissen Autonomie gestrebt. Ich wollte auf niemanden angewiesen sein. Meine Mutter unterstützte mich dabei: Sie hat mich früh angeregt, beruflich etwas zu erreichen.

Meine Kindheit in Stuttgart habe ich in guter Erinnerung. Mit meiner Halbschwester Helga aus der ersten Ehe meines Vaters habe ich viele schöne Stunden verbracht. Auch wenn sie nicht bei uns wohnte, allein war ich dennoch nie. Das hing mit dem Haus zusammen, in dem wir in Stuttgart-Sonnenberg lebten. Mein Vater hatte es gebaut. Aber es war zu groß für eine Mutter mit ihrer kleinen Tochter. Also teilten wir es mit anderen. Da im zerstörten Nachkriegsdeutschland der Wohnraum knapp war, wurde meiner Mutter ohnehin zur Auflage gemacht, mindestens einen Mieter aufzunehmen. Sie hat dann eine liebenswerte Frau aus Ostpreußen gefunden, die sich eine Weile tagsüber um mich kümmerte. Zudem zog ein Agrarwissenschaftler bei uns ein, den ich sehr mochte: Helmut von der Brelie. Ein großer, schlanker, eleganter Mann, den ich mit all den Fragen bestürmen konnte, die einem kleinen Mädchen so in den Sinn kommen. Er war mir ein echter Freund. Und er half mir, dass ich nicht so sehr darunter litt, keinen Vater zu haben. Aber auch für meine Mutter waren ihre Mieter ein Segen. Sie bedeuteten Freiheit. Ich war einigermaßen versorgt und sie konnte ihrer Arbeit als technische Zeichnerin bei der Robert Bosch GmbH nachgehen. Sie musste uns beide ja irgendwie durchbringen. Als allein erziehende Mutter war das nicht leicht, daran hat sich bis heute nichts geändert. Aber ich habe nie Mangel leiden müssen. Die Härten, die meine Mutter auszuhalten hatte, ließ sie mich nicht spüren.

Wieder eine richtige Familie

Als ich fünf Jahre alt war, heiratete meine Mutter 1951 ein zweites Mal, den Gewerkschaftler Helmut Rehm. Nun waren wir wieder eine kleine Familie. Am 11. Dezember 1953 wurde meine Halbschwester Ingrid geboren. Jetzt kam Leben ins Haus. Mein Stiefvater arbeitete als Revisor bei der ÖTV und gehörte der SPD an. Ein im Grunde konservativer Mann, den ich respektierte, zu dem ich aber nicht die Nähe aufbauen konnte, die mich mit meiner Mutter verband. Bevor er meine Mutter heiratete, hatte mein Stiefvater ein schweres Leben gehabt. Viel zu jung war er in den Zweiten Weltkrieg hineingezogen worden. Gerade mal 18 Jahre alt, musste er für Hitler an die Ostfront marschieren. Ein bitteres Los für einen jungen Mann, der nichts als Flausen im Kopf hatte. In Russland warf man ihn in den Kampf gegen die Rote Armee. Im Kriegsgebiet muss er Grauenhaftes gesehen und erlebt haben. Beinahe wäre er nicht wieder nach Hause gekommen. Nach Hitlers totaler Niederlage konnte sich mein Stiefvater nur retten, indem er in Frauenkleidern nach Berlin flüchtete. Doch die Erfahrung des Krieges wirkte in ihm weiter. Sie hatte ihm die Unbeschwertheit geraubt, sein Denken erschüttert. Wie viele Männer seiner Generation hatte er an den seelischen Entstellungen, die diese

Zeit hinterließ, schwer zu tragen. Darüber wurde in den Familien nicht viel gesprochen. Aber jeder wusste es. Die Abscheu meines Stiefvaters dem Nationalsozialismus gegenüber bestärkte ihn darin, in der SPD seine politische Heimat zu sehen. Viele Jahre war er ein treuer, redlicher Sozialdemokrat. Später ist er dann aus Solidarität zu mir und meinem Engagement in der CDU aus dieser Partei ausgetreten – eine rührende Geste.

Neben meinem Stiefvater hatten auch meine Großeltern großen Einfluss auf mich. Bei ihnen habe ich als Kind einige Zeit gewohnt, damit meine Mutter entlastet war. Auch später verbrachte ich viel Zeit bei ihnen. Meinen Großvater Christian Kolb liebte ich über alles. Der Vater meiner Mutter war so etwas wie ein unverrückbarer Fels für mich, der Mann, der von meiner Geburt an immer da gewesen war. Auf ihn konnte ich mich verlassen. Er hat mir ein Stück den fehlenden Vater ersetzt. Für mich verkörperte er eine Form männlicher Stärke, nach der ich mich immer gesehnt habe – Rückhalt, Verlässlichkeit, Stabilität. Seine Grundsatztreue imponierte mir. Er duckte vor nichts und niemandem, bot mir eine klare Orientierung. Natürlich idealisiere ich ihn ein wenig. Aber in jungen Jahren war er für mich so etwas wie ein Fixpunkt in einer unsicheren Welt. An ihm hielt ich mich fest. Er symbolisierte meine beschützte Kindheit.

Zeit seines Lebens waren mein Großvater und ich auf besondere Weise miteinander verbunden. Als ich als junge Frau die Wohnung für das Leben nach meiner Hochzeit einrichtete, wollte er unbedingt vorbeikommen und sich anschauen, wie ich als Ehefrau leben würde. Er hat mir dann noch einen Brief geschrieben, nicht ohne daran zu denken, das Kuvert mit ein paar Geldscheinen auszupolstern. In dem Brief mahnte er mich, immer darauf zu achten, mir meinen eigenen Weg nicht zu verbauen, mich nicht zu sehr vereinnahmen zu lassen. Vielleicht spürte er, wie wichtig es mir war, meine Eigenständigkeit nicht ganz und gar der Rolle als treu sorgende Ehefrau zu opfern. Eine Woche später ging mein Großvater in den Garten, fiel um und starb. Er hatte mit 72 Jahren einen Herzinfarkt erlitten. Ich vermisse ihn noch heute.

Meine Großmutter Mathilde habe ich als ausgesprochen lebenslustige, herzensgute Frau in Erinnerung behalten. Als Kind ihrer Zeit stand sie unter der Dominanz ihres Mannes. Aber sie wusste sich mit Schläue und Raffinesse zu behaupten. Wenn sie etwas durchsetzen wollte, trickste sie meinen Großvater einfach aus. Sie bewahrte sich ihre kleinen Freiheiten und Geheimnisse – nicht gegen meinen Großvater, sondern an ihm vorbei. Mein Großvater sollte einige Jahre länger als sie leben. Als sie starb, war ich erst 14.

Die Welt meiner Großeltern strahlte Vertrautheit und Behaglichkeit aus. Sie war mein kleines Paradies: Ich konnte im Garten herumstreunen, mit den Tieren spielen, die bei uns auf dem Hof herumliefen. Wenn es mal Krach gab, hatte das meist einen guten Grund. Dann hatte ich wieder etwas angestellt. Einmal ließ ich aus vermeintlicher Tierliebe die Hühner aus dem Stall. Diese machten sich sofort über die Salatsetzlinge her. Mein Großvater hatte seine liebe Mühe, das gackernde Federvieh wieder einzufangen. Anschließend weiteten sich seine Augen vor Schrecken, als er den Schaden im Garten sah. Aber selbst für solch eine Dummheit wurde ich nicht groß bestraft, allenfalls tüchtig ausgeschimpft. In der großelterlichen Welt heilten die Wunden schnell. Die größte Katastrophe, an die ich mich erinnern kann, war der Tod meines Lieblingshasen, ein wunderbares schwarzweiß getupftes Tier. Mein Großvater hat es eines Tages geschlachtet. Als der Hasenbraten auf den Tisch kommen sollte, war ich völlig außer mir. Ich weigerte mich, auch nur einen Bissen anzurühren. Trotzig wandte ich mich ab. Mit diesem lieblosen Verbrechen wollte ich nichts zu tun haben. Mein Großvater vergaß seinen Bärenhunger und brachte den köstlich zubereiteten Hasen irgendwann zu den Nachbarn. Die freuten sich enorm. Doch ich war selbst durch diese versöhnliche Geste nicht zu besänftigen. Eine Woche verweigerte ich jede Nahrung, obwohl mir der Magen bis zum Hals knurrte. Bis heute esse ich kein Hasengericht.

Nur keine Gewerkschaftssekretärin

Nachdem ich die mittlere Reife auf dem Mörike-Mädchengymnasium in Stuttgart bestanden hatte, war mein Stiefvater eigentlich der Meinung, dass ich nun lange genug die Schulbank gedrückt hätte. Er meinte es auf seine Weise gut mit mir, dachte, eine längere Ausbildung würde sich für ein Mädchen nicht unbedingt lohnen. Bei einem Jungen mit meinen Schulleistungen wäre das Abitur eine Selbstverständlichkeit gewesen, aber für ein Mädchen war die Matura immer noch etwas Besonderes. Meinem Stiefvater schwebte vor, mir eine solide Lehre als Sekretärin zu verschaffen und mich dann bei der Gewerkschaft unterzubringen. Dort hätte ich Kaffee kochen, den Kopierer bedienen und zum Diktat antreten dürfen. Nein danke! Nur mit vereinten Kräften konnten wir ihn davon abbringen. Die Lehrer setzten sich dafür ein, dass ich weiter auf der Schule blieb, meine Mutter unterstützten sie dabei. Und mein Großvater versprach, mir monatlich 50 Mark zu überweisen, damit ich mir davon Kleider und Bücher kaufen konnte. Nach längeren Diskussionen willigte mein Stiefvater schließlich ein. Nur ein Zugeständnis habe ich machen müssen. Ich musste zum Wirtschaftsgymnasium wechseln, das am anderen Ende Stuttgarts lag. Morgens und nachmittags saß ich mindestens eine Dreiviertelstunde in der Straßenbahn. Aber diese Mühe nahm ich gerne in Kauf.

Warum mich mein Stiefvater auf das Wirtschaftsgymnasium drängte? Wenn ich schon nicht ins Berufsleben eintreten wollte, so lag ihm daran, mir wenigstens praktisches Lebenswissen zu vermitteln. Auf dem Wirtschaftsgymnasium musste ich nämlich auch praxisnahe Fächer belegen: kaufmännisches Rechnen, Stenografie, Maschinenschreiben. Der Vorteil dieser Schule war zudem, dass bei den Schülern Grundlagen in Volks- und Betriebswirtschaftslehre gelegt wurden. In diesen Jahren erwachte mein Interesse für wirtschaftliche Zusammenhänge. Im Gegenzug musste ich auf Freizeit verzichten. Das süße Leben zog an mir vorüber. Außer einem freien Nachmittag hatte ich jeden Tag auch nachmittags Unterricht.

Mit mir in einer Klasse saß damals der spätere Oberbürgermeister der Stadt Ludwigsburg, Hans Jochen Henke. Mit ihm habe ich mich prima verstanden. Er half mir, in der für mich ungewohnten Schule zurechtzukommen. Besonderen Eindruck haben auch mein damaliger Mathematik- und Physiklehrer sowie mein Betriebswirtschaftslehrer bei mir hinterlassen. Sie dienten mir als Vorbilder. Ersterer, weil er ein musisch begabter Naturwissenschaftler war, dessen Vielseitigkeit ich als seltene Gabe empfand. Mit seiner strengen, kompromisslosen Art verhinderte er, dass ich mich zu schnell mit zweitklassigen Leistungen und Lösungen zufrieden gab. Zweiterer ragte unter all den Lehrern heraus, weil ich ihn als besonders warmherzigen und wohlwollenden Pädagogen erlebte. Er mochte mich und förderte mich nach Kräften.

Auf nach Amerika

Nachdem ich meine Abiturprüfung abgelegt hatte, wusste ich erst einmal nicht weiter. Meine Noten waren gut, aber ein Studium kam nicht in Frage. Dabei ging es nicht mal erstrangig um die Frage, wie ein Universitätsbesuch zu finanzieren sein würde. Ich befasste mich überhaupt nicht ernsthaft mit der Möglichkeit, eine Hochschule zu besuchen. Akademikerin – das war viel zu weit von der Welt entfernt, in der ich mich zu Hause bewegte. Nach einer Weile bewarb ich mich auf eine Zeitungsanzeige als Tutorin bei dem Soft- und Hardware-Giganten IBM. Hätte ich die Zusage erhalten, wäre ich eine Art Lehrerin für die betriebseigene Ausbildung geworden. Doch dazu sollte es nicht kommen. Ich legte einen Einstellungstest ab – und dieser Test wurde zu einem einschneidenden Erlebnis. Denn nachdem die Prüfungen ausgewertet worden waren, wurde mir bedeutet, dass ich wohl kaum als Tutorin anfangen könnte. Die Begründung hatte es in sich: Meine Leistungen wären zu überdurchschnittlich für eine derartige Laufbahn. Nun hätte ich ja stolz sein können, aber damals verwirrte mich das eher. Ich fuhr geknickt nach Hause, da ich wieder keine Vorstellung davon hatte, welchen Schritt ich als nächsten unternehmen sollte. Ich musste irgendwie den Absprung schaffen, obwohl ich noch gar nicht flügge war.

Ich beriet mich mit meinen Eltern. Das brachte mich nicht wirklich weiter. In meiner Verzweiflung rief ich meinen Freund Helmut an, jenen Agrarwissenschaftler, der früher einmal in unserem Haus gewohnt hatte. Er kannte sich mit Um- und Ausbrüchen aus. Seinen ererbten Bauernhof hatte er aufgegeben, um seinen Lebenstraum zu verwirklichen, Soldat zu werden. Mittlerweile hatte er Europa verlassen und lebte als Major im Dienst der Nato mit seiner Frau und seinen Kindern in Washington. Helmut und seine Frau luden mich kurzerhand nach Amerika ein, damit ich Abstand gewinnen und mir klar werden konnte, was ich mit meinem Leben anfangen wollte. Das Angebot nahm ich liebend gerne an. Doch erst brauchte ich Geld.

Also habe ich mir einen Job gesucht und arbeitete ein halbes Jahr in der Buchhaltung der IBM, um mir den Flug leisten zu können. Als ich endlich genug für das Ticket beisammen hatte, bin ich 1966 mit der PANAM über den großen Teich geflogen. Ein gigantisches Erlebnis. Ich fühlte mich erwachsen. Jetzt konnte kommen, was wollte. Nach einer Zwischenlandung in Boston schwebten wir sehr spät in New York ein. New York, ich konnte es kaum fassen. Der nächste Flug nach Washington sollte erst in ein paar Stunden gehen. Mich hielt nichts mehr im Flughafengelände. Ich stellte meine Koffer unter, schnappte mir meinen Rucksack und einen Bus, der mich in die Bronx brachte. Neugierig lief ich durch die Straßen, fasziniert von den tiefen Häuserschluchten, den überbordenden Leuchtreklamen. Irgendwann habe ich dann in Washington angerufen und von meiner Stippvisite erzählt. Ich glaubte zu hören, wie dort die Hände über dem Kopf zusammengeschlagen wurden. Aber damals war ich viel zu neugierig, um mir der Gefahr bewusst zu werden, in die ich mich begeben hatte.

Insgesamt blieb ich vier Monate in der amerikanischen Hauptstadt. Mein Englisch verbesserte sich im Nu. Ich trieb mich in den riesigen Einkaufstempeln herum, stellte mich von Spätzle auf Fast Food um, genoss die Lässigkeit und Großzügigkeit der Amerikaner. Vom American way of life konnte man von Stuttgart aus nur eine blasse Ahnung gewinnen. Hier in Washington war alles eine Spur größer, breiter – eine XXL-Nation. So etwas stimuliert den Ehrgeiz. Mir wurde schnell klar, dass ich auf jeden Fall studieren wollte. Nur war das in Amerika nicht so einfach – und vor allem teuer. Ich hätte mir das niemals leisten können. Zudem war es in Deutschland leichter, eines der begehrten Stipendien zu ergattern. Also trat ich schweren Herzens wieder die Heimreise an.

Doch so leicht war das mit dem Studium nicht. Ein Stipendium war zunächst nicht in Sicht und schon gar nicht das Geld, um mich an der Universität einzuschreiben. Also begann ich bei der IBM in Stuttgart als Laborassistentin. Mein Chef, Joachim Schünemann, merkte schnell, dass ich mit dieser Arbeit unterfordert war. Ein wunderbarer Mensch, der über ein großes intellektuelles Wissen verfügte, aber als Wissenschaftler nie die Bodenhaftung verloren hatte. Er konnte gut mit Menschen umgehen, sie auf eine einfühlsame Weise motivieren und führen. Er musste nie autoritär werden, um als Autorität anerkannt zu sein. Und er half mir, wo er konnte.

Ohne seine Fürsprache wäre mein Wunsch, ein Studium anzufangen, vermutlich noch eine Weile unerfüllt geblieben. Er versprach mir, seine Kontakte zur Universität Stuttgart ins Spiel zu bringen. Und das waren keine leeren Worte. Nach langem Papierkrieg erreichte er für mich im März 1968 eine der ganz wenigen Ausnahmegenehmigungen des Landes Baden-Württemberg, von Ministerpräsident Hans Filbinger höchstpersönlich unterschrieben. Diese Sondererlaubnis sah vor, dass ich eine voll bezahlte Ausbildung zur Programmiererin am Rechenzentrum Stuttgart machen konnte und nebenbei ein volles Mathematikstudium mit dem Schwerpunkt Informatik, die damals noch zur Mathematik zählte, absolvieren durfte. Ein kleiner Teil meiner Berufsausbildung war Bestandteil des Studiums. Das erleichterte diesen Sonderweg.

Alles schien sich zu fügen. Plötzlich war also vereinbar geworden, wofür es zuvor anscheinend keine Lösung gegeben hatte. Ich verdiente gut 300 Mark im Monat und hatte damit das Geld für die Universität in der Tasche. Tagsüber arbeitete und studierte ich, nachts lernte ich und verfasste meine Hausarbeiten. Insgesamt kam ich mit dieser Doppelbelastung ganz gut zurecht. Die Arbeit im Rechenzentrum war nach einer Weile Routine. Ich bediente die Lochkartensysteme, schob Karten in Kästen, achtete darauf, dass alle Rechner einwandfrei liefen. Stürzte einer dieser riesigen Computer ab, hatte ich ihn wieder zum Laufen zu bringen. Parallel dazu löste ich mathematische Gleichungen, stellte komplizierte Berechnungen an, befasste mich mit Simulationsmodellen und Wahrscheinlichkeitstheorien.

Die Naturwissenschaften haben mich zeitlebens fasziniert, Physik, Informatik, Mathematik, obwohl Letztere nur irrtümlich zu den Naturwissenschaften gezählt wird. Natürlich verdanke ich dieses Interesse zu keinem unbeträchtlichen Teil meinen Lehrern. Sie haben meine Neugierde geweckt, mein Denken geschärft. Gerade in der Mathematik wird eine bestimmte Art zu denken gefördert. Von dem italienischen Astronom und Mathematiker Galileo Galilei ist der Satz überliefert: »Die Mathematik ist das Alphabet, mit dem Gott die Welt geschrieben hat.« Sie stellt sich als stählernes Grundgerüst dar, das alles Weltliche zusammenhält. Logische Abläufe geben mir Sicherheit. Sie symbolisieren Berechenbarkeit, Beherrschbarkeit, Halt. Und sie erlauben eine saubere Fehleranalyse. Niemand kann sich herausreden. Mathematische Resultate sind unbestechlich.

Die Wissenschaft hilft dem Menschen, sich nicht als Opfer von Zufällen, von Launen des Schicksals zu fühlen. Sie gibt ihm ein Stück Kontrolle zurück – und damit aber auch die Verantwortung. Gerade in der Informatik sind die meisten Prozesse vorhersehbar, obwohl unglaubliche Dynamiken in ihnen entfesselt werden. Am Ende lässt sich alles wieder in einer Systematik fassen. Nichts geht verloren, alle Einzelbestandteile sind in einem Ganzen darstellbar, zumindest als Hypothese. Die Präzision naturwissenschaftlicher Analyse, die Verlässlichkeit von Formeln und Konstruktionen, die Aufspaltung der Welt in klar definierte Bausteine, Regelsysteme, mathematische und physikalische Gesetzmäßigkeiten hilft mir, die Wirklichkeit zu begreifen. Man hat mir oft vorgeworfen, immer in der Kategorie 01 zu denken, in binären Prozessen. Meine Fixierung auf ein Ergebnis, eine eindeutige Unterscheidung, lässt wenig Spielraum für sensible Prozesse, für Zwischenräume, für sanfte, organische Veränderung. Ich denke vom Ziel her. Das mag manchmal rigoros, kompromisslos wirken. Mir ist diese Klarheit wichtig.

Vom Stereotyp her betrachtet, folgt mein Denken klassisch männlichen Mustern. Aber was heißt das schon? Ich bin oft als harte, unerbittliche Frau eingestuft worden. Ich denke, diese Einschätzung hat etwas mit meiner naturwissenschaftlichen Prägung zu tun. Sie ist wie alle Klischees unvollständig und enthält zugleich einen wahren Kern.

Ein Revoluzzer namens Fischer

Wenn ich meine Studentenzeit betrachte, den Kampf, mich nur durch die Doppelbelastung von Studium und Beruf über Wasser halten zu können, dann verstehe ich, warum mein Verhältnis zur Generation der 68er, der ich angehöre, stets ein zwiespältiges sein musste. Konservativ geprägt, konnte ich wenig anfangen mit einer Form von Revolte, die zugleich auch einer Absage an gesellschaftliche Leistungsansprüche gleichkam. Ich sah im herrschenden System eher meinen Verbündeten und Förderer als meinen Gegner. Und am Institut für Informatik wurden die langhaarigen, rauschebärtigen Studenten schlichtweg als Spinner abgetan. Da hatte natürlich niemand ein Interesse daran, dem akademischen Nachwuchs umfassende Mitspracherechte zuzubilligen, sich auf ein Maß an Demokratisierung einzulassen, das den Hochschullehrern die

Freiräume streitig gemacht hätte. Da meine Professoren aber viel für mich getan hatten, fühlte ich mich ihnen gegenüber zur Loyalität verpflichtet. Doch diskutiert haben wir Studenten und auch die Assistenten sämtliche Ideen natürlich ohne Unterlass.

Hinzu kamen meine ganz praktischen Notwendigkeiten. Ich musste arbeiten. Mir fehlte die Zeit für die Revolution. Ich glänzte beim außerparlamentarischen Protest durch Abwesenheit. Kommunistenführer wie Ho Chi Minh und Paraderebellen wie Che Guevara konnten mir wenig dabei helfen, Ausbildung und Studium auf die Reihe zu bekommen. Die Säulenheiligen der Revolution waren mir keinen Kerzenstummel wert. Aber fasziniert hat mich diese Bewegung dennoch. Plötzlich wurde mit einer unheimlichen Leidenschaft über Dinge wie die Universitätsverfassung gestritten. Plötzlich brachen Leute die Regeln, zogen in Kommunen, lebten eine Freizügigkeit, die zunächst so unerhört grenzenlos schien. Es brauchte ja eine Weile, bis sichtbar wurde, dass der altbekannte Geschlechterkampf auch im Gewand der Liberalität weiterexistierte.

In den Vorlesungssälen hingen Transparente, wir mussten Razzien über uns ergehen lassen. Leute wurden an die Wand gestellt, durchsucht. Ich schloss mich dem Ring Christlich-Demokratischer Studenten, dem RCDS an. Und eines Tages lernte ich einen Mann kennen, dessen spätere Karriere zu dieser Zeit unvorstellbar erschien: Joschka Fischer. Mir imponierte sein Mut, seine rhetorische Kraft, seine Schlagfertigkeit, aber ich empfand ihn als Rüpel. Und mit seinen utopistischen Ideen konnte ich nicht viel anfangen.

Er reizte mich zum Widerspruch. Eines Tages bat uns der Süddeutsche Rundfunk, gemeinsam in einer Fernsehdiskussion aufzutreten. Wir beide saßen auf einem roten Plüschsofa. Ich war die biedere Konservative im grauen Kostüm, die Beine züchtig übereinander geschlagen. Er ganz der lässige Rebell, der mit Ekel und Widerwillen auf die spießigen Bürgerkinder herabblickte. Inhaltlich kamen wir auf keinen grünen Zweig. Er schwang seine stramm sozialistischen Reden. Ich verdammte sie in Bausch und Bogen. Damals war ich rotzfrech. Die Diskussion war witzig. Aber Fischer legte großen Wert darauf, Gott und die Welt zu provozieren. Damals dachte ich, was für ein ungehobelter Typ! Der kann mich mal.

Fischer schaffte es trotzdem, mein Weltbild aus den Fugen zu bringen. Ihm schien alles schnurz, was mir etwas bedeutete. Ich legte Wert auf gepflegtes Aussehen, materielle Absicherung. Für mich zählten Zeugnisse, Titel, all die Dokumente des gesellschaftlichen Erfolgs. Ich strebte nach Anerkennung im System. Fischer schien das gleichgültig zu lassen. Er setzte sich mit einem schier unerschütterlichen Selbstbewusstsein darüber hinweg.

Die Konstruktion des Olympiadachs

Noch während ich studierte, kam es 1970 zu einem Treffen mit dem Architekten Frei Otto und meinem Professor Walter Knödel am Rechenzentrum der Universität Stuttgart, dem späteren Zentrum für Informatik. Otto hatte ein kleines Modell des Olympiadachs für das Münchener Stadion im Gepäck, ein aufwändig konstruiertes Zeltdach. Die Statik war zwar schon einmal berechnet worden, aber man war sich nicht sicher, ob das auch alles stimmte. Zur Überprüfung sollte ein eigenes komplexes Softwareprogramm entwickelt werden. Unter den Mitarbeitern des Instituts ging bald die Frage herum, wer diesen Auftrag wohl bekommen würde. Walter Knödel fragte schließlich mich, obwohl ich erst 24 Jahre alt war. Ob ich mir das zutrauen würde, meinte er. »Warum nicht?«, dachte ich mir und willigte ein. Nun gab es kein Zurück mehr, ich musste da durch. Fortan saß ich also unzählige Abende in unserem kleinen Raum, der an das große, gekühlte Rechenzentrum angrenzte, und schrieb an meinem Programm. Wenn nicht gerade ein Akkumulator ausgefallen war und ich eilig neue Bänder einlegen musste oder wenn nicht sonst ein Gerät streikte, konnte ich einigermaßen ungestört arbeiten.

Die Statik des Olympiadachs war unheimlich kompliziert zu berechnen, da es sich um eine Wabenkonstruktion handelte. Die Zugkräfte mussten richtig abgeleitet werden, da keine Stützen eingesetzt werden durften. Wir mussten Sicherheiten einbauen, um ein Zusammenbrechen der Dachaufbauten auszuschließen. Viel Zeit verwandte ich darauf, die Stärke und die Belastungsfähigkeit der Tragekonstruktion auszutesten. Ein weiteres Problem stellte die Thermik dar. Wurde sie nicht genau kalkuliert, bestand die Gefahr, dass sich Windhosen unter dem nach oben zulaufenden Dach verfangen würden.

Doch am Ende ging alles gut. Mein Professor war zufrieden – und ich fieberte, wie alle anderen auch, der Olympiade entgegen. Gespannt verfolgte ich die Eröffnungsveranstaltung im Fernsehen, den feierlichen Aufmarsch der Athleten aus aller Welt. Obwohl ich nur an dem Dach mitgearbeitet hatte, fühlte ich mich auf besondere Weise mit der Münchener Olympiade verbunden. Sie faszinierte mich, wie später kein anderer sportlicher Wettkampf mehr. Besonders verfolgte ich den Siegeszug des US-Schwimmstars Mark Spitz, der allein sieben Goldmedaillen aus dem Wasser fischte. München war aber auch die Geburtsstunde eines neuen deutschen Superstars. Mit der 16-jährigen Hochspringerin Ulrike Meyfahrt hatte niemand gerechnet. Die Außenseiterin ließ die Weltelite unter sich – und holte Gold. Deutschland lag im Freudentaumel.

Dann der Schock: Am 5. September 1972 fielen keine sportlichen Entscheidungen, an diesem Tag fielen Schüsse. Ein arabisches Terrorkommando brach den olympischen Frieden und nahm israelische Athleten als Geiseln. Die Palästinenser verschanzten sich im Haus der jüdischen Sportler im Olympiadorf. Über den Fernsehschirm flimmerten Bilder von umstellten Gebäuden. Polizisten mit Maschinengewehren sicherten das besetzte Haus ab. Wir hofften und bangten, dass den israelischen Sportlern nichts geschehen würde, dass die Geiselnehmer die Waffen strecken würden. Ihre Forderungen waren wahnwitzig. Alle befürchteten ein Blutbad. Plötzlich war der ferne Nahost-Konflikt ganz nah. Deutschland wurde zum

Austragungsort dieses unversöhnlichen Kampfes um die Zukunft zweier Völker. Der 5. September sollte als schwarzer Tag in die olympische Geschichte eingehen. Am Ende waren elf israelische Olympiateilnehmer tot. Von diesem Schock haben sich die Spiele nie mehr erholt.

Die Olympiade rüttelte mich wach. Internationale Politik hatte mich bis dato nie besonders interessiert. Aber nach dem Massaker von München stand außer Zweifel, wie wichtig es ist, über den politischen Tellerrand hinauszusehen und -zudenken. Es war eine Illusion zu glauben, inmitten einer Welt von Terror und Gewalt ließe sich hier bei uns eine Insel der Glückseligen errichten. Mir wurde bewusst, dass wir irgendwann selbst in die Kampfzone geraten, wenn wir nichts oder zu wenig zur Lösung von Krisen und Kriegen in anderen Ländern beitragen würden.

Jenseits der großen Politik hat mich die Arbeit an dem Olympiadach aber auch ganz persönlich geprägt und weitergebracht. Die Monate, in denen ich an der Konstruktion tüftelte, musste ich unglaubliche Kräfte mobilisieren. Sonst hätte ich das alles nicht bewältigt. Doch aufgeben kam nicht in Frage. Ich wollte unbedingt auf eigenen Füßen stehen, nicht in der Mittelmäßigkeit versanden.

Von dem Geld, das ich für meine Arbeit erhielt, habe ich später übrigens einen Bauplatz in Böblingen angezahlt, auf dem das Haus errichtet wurde, in dem ich heute wohne. Meinen Ehemann Rolf Baumeister hatte ich damit vollkommen überrascht. Seiner Familie gehörte eine kleine Drahtfabrik, die die Drähte für das Olympia-Modell geliefert hatten. Nachdem Rolf nach allen Regeln der Kunst lange und heftig um mich geworben hatte, heirateten wir noch während meines Studiums und bekamen später zwei Kinder – Anne und Jens. Mit meinen Kindern lebe ich noch heute zusammen. Aber meine Ehe ist nach 30 Jahren zerbrochen. Sicher auch, weil der Alltag einer Politikerin die Freiräume für ein erfülltes Privatleben auf ein Minimum schrumpfen ließ. Irgendwann ist mir die familiäre Welt ein Stück entglitten.

Einstieg in die Politik

Die Auseinandersetzungen mit den 68ern waren eine gute Schule, um mich im Arbeitsleben durchsetzen zu können, das für mich schon parallel zum Studium begonnen hatte. Ich lernte, den Konflikt nicht zu scheuen. Von daher formten diese Rebellen auch mein Selbstbewusstsein. Ich hatte zwar nie Lust, in eine WG zu ziehen und die Männer wie die Zimmer zu wechseln, aber ich war entschlossen, mich im Institut durchzusetzen. Das war alles andere als leicht. Gerade in den Fachbereichen Mathematik und Informatik wurden die wenigen Frauen eher belächelt. Wir wurden zwar umgarnt, umschmeichelt, aber auf der Karriereleiter hatten wir uns ein paar Stufen unter den Männern einzurichten. Wollte eine Frau etwas erreichen, musste sie besser sein – und selbst das reichte nicht immer aus. Frauen waren für viele Kollegen am Institut Freiwild. Ich musste auf Konferenzen mehr als einmal einem angesehenen Wissenschaftler nachts die Tür weisen, weil er die fachliche Lektüre bei mir im Schlafzimmer vertiefen wollte. Über so etwas wurde im Nachhinein nie mehr gesprochen. Ich habe mir meine ersten akademischen Sporen in einer klassischen Männerwelt verdammt hart verdient. Nach einer Weile lernte ich, meine Mitstudenten und später auch meine Kollegen auf Distanz zu halten. Das ersparte mir so manche Verwicklung. Ich hatte ein paar Mal erfahren, wie schnell die kameradschaftliche Nähe als Einladung für Grenzüberschreitungen gedeutet werden kann. Und nicht jeder Mann ist ein guter Verlierer.

Nach dem Studium arbeitete ich 1974 zunächst als wissenschaftliche Assistentin, anschließend freiberuflich im Labor. Später erhielt ich Lehraufträge an der Stuttgarter Universität und an der Fachhochschule Heilbronn – eine Zeit, die mir unheimlich Spaß gemacht hat. Wir Dozenten und Professoren trafen uns regelmäßig abends, um miteinander zu debattieren. Einer hatte ein Thema vorbereitet, referierte also. Danach wurde die Diskussion eröffnet und wir beleuchteten das Problem von allen Seiten. Gegenrede war ausdrücklich erwünscht. Wer das stärkere Argument hatte, blieb der Sieger. Auf diese Weise lernte ich die freie Rede. Diese Freiheit des Denkens sollte ich so nie mehr finden. Je höher ich in der Politik aufstieg, umso mehr musste ich mich anpassen.

Eines Tages, ich war noch an der Stuttgarter Universität als Lehrkraft angestellt, traf ich auf dem Markt in Böblingen, wo ich mittlerweile wohnte, beim Einkaufen Eugen Klunzinger. Der saß damals als Abgeordneter im Landesparlament in Stuttgart, ein Mandat, das er noch heute innehat. Klunzinger fragte mich so ganz nebenbei, ob ich nicht ein Referat bei der CDU halten wolle, im Kreisverband Böblingen bräuchten sie mal wieder einen neuen Impuls. Es waren gerade Semesterferien, und ich hatte als freiwillige Fortbildung bei ihm ein paar Vorlesungen in Jura besucht. Von daher kannten wir uns. Gegen das Referat hatte ich nichts einzuwenden. Doch diese Zusage sollte mein Leben auf den Kopf stellen. Im Anschluss an meinen Vortrag wollte die CDU mich für ihre Parteiarbeit einspannen. Ich sagte nicht Nein.

Als Erstes fiel mir auf, dass es in der Kreis-CDU kaum Frauen gab. Die Männer hatten nahezu uneingeschränkt das Sagen. Die wenigen aktiven Damen in der CDU hatten sich ihr kleines, harmloses Reservat geschaffen: die Frauen-Union. Ich kam genau zum richtigen Zeitpunkt, denn in dieser stand ein Wechsel im Vorstand an. Für Kärrnerarbeit war ich immer zu haben. Und die Aufgabe reizte mich. Es war dringend notwendig, diesen seligen Schlummer der CDU-Frauen zu unterbrechen. Ohne großen Vorlauf wurde ich Vorsitzende der Frauen-Union im Kreis Böblingen. Für die CDU-Seniorinnen war das zunächst ein Kulturschock. Denn ich versuchte, die Treffen so zu organisieren, wie ich es am Institut für Informatik gewohnt war. Eine Frau sollte ein Thema vorbereiten und anschließend wurde die Diskussion eröffnet. Geleitet wurde ich dabei von der Einsicht: Um in der CDU etwas zu werden, mussten wir Frauen den Männern ebenbürtig werden. Daher lag mir viel daran, dass wir uns in den politischen Kernbereichen auskannten, unsere Interessen in Gremien vortragen und einbringen lernten. Und zwar selbstbewusst.

Mit diesen Ansprüchen bin ich bei den Frauen nicht immer gut angekommen. Die hatten bisher Kochrezepte und Häkelmuster ausgetauscht, sich zum lockeren Plausch über die Kindererziehung getroffen. Wir hatten viele ältere Damen unter den Mitgliedern, die aus Liebe zu ihren Männern dabei waren und keinen besonderen Ehrgeiz entwickelten. Dennoch gelang es mir, einen stabilen Freundeskreis aufzubauen. Wir wollten die Frauen-Union stark machen. Dazu boten wir Rhetorikkurse an, veranstalteten Diskussionsabende. Wir gingen aber auch in Altersheime, planten Seniorennachmittage mit Kindern aus der Musikschule, organisierten Ausflüge und Ferienprogramme. Allmählich kam die Sache in Fahrt.

Später wurde ich dann in den Stadtrat gewählt, nachdem ich mich anfänglich geweigert hatte. Meine Kinder Anne und Jens waren damals noch zu klein. Nach dem Stadtratsmandat standen mir auch andere Parteigremien offen. Ich wurde nach oben durchgereicht. 1987 berief mich der Ministerpräsident von Baden-Württemberg, Lothar Späth, in eine Arbeitsgruppe, die sich mit Forschung, Technologie und Entwicklung beschäftigte. Diese Expertenrunde war beim Landtag in Stuttgart angesiedelt. In das Gremium waren Professoren, Wissenschaftler und Wirtschaftsleute ernannt worden. Alles Menschen, die etwas zu sagen hatten. Aber ich ließ mich nicht einschüchtern. Bereits bei den ersten Sitzungen gab ich selbstbewusst meine Kommentare ab. Debattieren hatte ich ja gelernt. Als man mich dann aber gleich zur stellvertretenden Vorsitzenden wählen wollte, winkte ich ab. Dafür hatte ich einfach viel zu viel um die Ohren. Einfaches Mitglied war ich indes gerne. Ich kam regelmäßig zu den Runden und hatte mich immer gründlich vorbereitet. So konnte ich Späths Gunst gewinnen. Über meinen Kreisvorsitzenden Erhardt Ehlert, der sich in Stuttgart für mich stark gemacht hatte, ließ er bei mir Ende 1989 anfragen, ob ich Interesse hätte, für den Bundestag zu kandidieren.

Kandidatin für den Bundestag

Wir saßen im Garten unseres Hauses in Böblingen. Ziemlich unerwartet eröffnete Erhardt Ehlert mir diese Perspektive. Mein Mann und ich versprachen erst einmal gar nichts. Wir wollten uns das gut überlegen. Schließlich waren die Kinder erst zehn und zwölf Jahre alt. Doch der Reiz war größer als die Vorsicht. Ich ließ mich aufstellen. Vor der Nominierungsversammlung im Frühjahr 1990 schrieb ich ewig an meiner Bewerbungsrede. Damals habe ich keinen der alten Hasen in der Politik um Rat gefragt. Ich wollte es alleine schaffen. Mein schärfster Konkurrent war der Europa-Abgeordnete Hans-Jürgen Zahorka, ein Profi im politischen Geschäft. Doch ich spürte, dass ich es schaffen konnte. Mich lockte die Vorstellung, als Frau den konservativen, ländlich geprägten Wahlkreis Böblingen zu erobern. Die Arbeit der Partei kannte ich längst. Und ich wusste, dass sich viele CDU-Mitglieder endlich einen Vertreter in Bonn wünschten, der den Kontakt zur Basis suchte, der ein offenes Ohr für die Sorgen der Bürger hatte. Diesem Wunsch zu entsprechen fiel mir nicht schwer. Und zu verlieren hatte ich schon gar nichts.

Das minderte das Lampenfieber. Beinahe unbeschwert ging ich in die entscheidende Nominierungsversammlung in der Kongresshalle in Böblingen, in jenen Saal also, in dem zwölf Jahre später das Ende meiner politischen Karriere besiegelt werden würde. Ein Freundeskreis stärkte mir den Rücken. Ich trat als letzte Rednerin in einem moosgrünen Kostüm vors Auditorium. Während ich sprach, spürte ich, dass ich gute Karten hatte. Im Raum war es unglaublich still. Die CDU-Mitglieder schienen gespannt zu verfolgen, was ich ihnen zu sagen hatte. Ich hielt ein Plädoyer voller Elan für mehr wirtschaftlichen Sachverstand im Parlament. Damals verspürte ich eine riesige Lust, Politik zu machen. Es gab unendlich viel anzupacken. Die Firmen unserer Region brauchten eine bessere Lobby, die Bürger eine Anwältin ihrer Interessen ohne Allüren. Und auch der Bundespartei konnten ein paar unverbrauchte Köpfe nicht schaden. Die Wirtschaftspolitik hinkte den Erfordernissen der Unternehmen sträflich hinterher. So etwas konnte leicht Arbeitsplätze kosten. Ich versprach den CDU-Mitgliedern, dafür zu streiten, die Leistungsbereiten in der Gesellschaft stärker zu belohnen, ohne die Grundsätze der sozialen Gerechtigkeit aus den Augen zu verlieren. Mein selbstbewusster Auftritt hatte seine Wirkung nicht verfehlt. Die Abstimmung endete für meine Konkurrenten mit einer herben Enttäuschung. Denn ich ließ alle Mitbewerber weit hinter mir und wurde mit 75 Prozent der Stimmen auf den Schild gehoben. Mir flogen damals unheimlich viele Herzen zu. Das hatte ich so noch nie erlebt. Aber ich freute mich darüber.

Auf dem Sprung in die große Politik

Überhaupt die Wahlkämpfe: Ich habe es immer geliebt, mit einem Team von Gleichgesinnten eine Kampagne durchzustehen. Ich mag den Kontakt zu den Menschen. Ich unterhalte mich genauso gern mit einem Tankwart wie mit einem Konzernchef. Das Schöne am Politikerberuf ist die Nähe zu den Wählern, das Eintauchen in die unglaubliche Vielfalt an Lebensumständen. Und nichts ist aufregender, als wenn der Funke überspringt, eine Idee fruchtet, eine Rede die Zuhörer ansteckt. Wahlkämpfe haben etwas unglaublich Belebendes. Sie lassen die Arbeitstage nie enden, laugen einen aus und füllen einen zugleich randvoll mit Energie. Alle spielen zusammen, jede Hand greift in die andere. Und wenn wir dann am Ende gewonnen hatten, habe ich immer ein großes Fest gegeben.

Nach meiner erfolgreichen Nominierung 1990 stürzte sich die regionale Presse auf mich. Da ein CDU-Kandidat im Kreis Böblingen traditionell das Direktmandat holte, galt ich als Bundestagsabgeordnete in spe. In Parteikreisen war ich bereits bekannt. Aber für die meisten Menschen im Stuttgarter Raum galt ich nach wie vor als unbeschriebenes Blatt. Das änderte sich jetzt. Mein Bekanntheitsgrad vergrößerte sich stündlich.

Grußadressen und Einladungen stapelten sich zu Hause. Kommunalpolitiker, Unternehmer, Verbandsvertreter wurden bei mir vorstellig. Nahezu überall freundliche, wohlwollende Gesichter. Für viele Jahre sollte ich eine gern gesehene Prominente in meiner Heimatregion werden. Ich weiß nicht, wie viele örtliche Würdenträger sich im Laufe meiner Amtszeit neben mir auf ein Foto drängten. Wahrscheinlich annähernd so viele, wie sich in der letzten Phase meiner Zeit als Berufspolitikerin bemühten, nicht mit mir gesehen zu werden.

In den letzten Monaten vor der Bundestagswahl kam der Wahlkampf so richtig auf Touren. Es war eine beinahe schon euphorische Zeit. Die CDU schwamm nach dem Fall der Mauer auf einer Erfolgswelle. Die geglückte deutsche Einheit hatte sie wieder ganz nach oben gebracht. Die Stimmung innerhalb der Partei war ausgezeichnet. Helmut Kohl genoss den Höhepunkt seiner Macht. Einen besseren Zeitpunkt hätte ich nie wählen können, in die Politik einzusteigen.

Die deutsche Einheit hatte meinen Einstieg in die große Politik von Anfang an geprägt. Ich kandidierte für den ersten gesamtdeutschen Bundestag. Schon Monate vor der Wahl bin ich zum ersten Mal in den Osten Deutschlands gefahren. Es war die Zeit, in der die Trabi-Kolonnen nach Westen rollten, die Zeit unzähliger herzlicher Begegnungen zwischen den Deutschen auf beiden Seiten des einst so unüberwindlich erscheinenden Eisernen Vorhangs. Die DDR-Bürger waren zu freien Kommunalwahlen aufgerufen. Ich sollte eine Rede im thüringischen Sömmerda halten, der Partnerstadt von Böblingen. Damals mussten wir an der Grenze noch über aneinander gereihte Betonplatten fahren, um den einstigen Todesstreifen überqueren zu können. Ostdeutschland kam mir grau vor, schmutzig, vernachlässigt. Die Straßen waren schlecht, die Dörfer sahen aus, als sei die Zeit stehen geblieben. Doch der erste Eindruck verflog sofort, als der Erste Bürgermeister von Böblingen, Dirk Gaerte, und ich in Sömmerda eintrafen. In den Gesichtern der Menschen war die neue Epoche schon angebrochen. Überall kamen optimistische, fröhliche Menschen auf uns zu. Die Bewohner von Sömmerda nahmen uns freundlich in ihrer Mitte auf. So fremd wir uns all die Jahre geworden waren, so eng rückten wir jetzt zusammen.

Den 3. Oktober 1990, den Tag der Wiedervereinung, habe ich dann in der Gemeinde Orlishausen, in der Nähe von Sömmerda erlebt. Wir waren geradezu euphorisch. Doch in der Begeisterung der ersten Monate wurden auch Fehler gemacht. In Orlishausen haben wir damals von Böblingen aus geholfen, Gewerbe anzusiedeln. Ein großes Autohaus ist so entstanden. Doch die Finanzierung war nicht solide. Das Geschäft kam nicht ins Laufen – und endete schließlich in einem Desaster. Wir haben damals noch versucht, das Unternehmen zu retten. Umsonst. Der Aufbau Ost sollte ein hartes Stück Arbeit werden.

Die erste Sitzung im Reichstagsgebäude

Derweil ging im Kreis Böblingen der Wahlkampf weiter. An einem Sieg der Union zweifelte niemand mehr. Auf Bundesebene stand der saarländische Ministerpräsident Oskar Lafontaine vor einer vernichtenden Niederlage. Ich begann mich auf den Bonner Politbetrieb vorzubereiten. Um mir den Einstieg zu erleichtern, versorgte mich der spätere Regierungssprecher Otto Hauser mit Informationen aus dem Parlament. Nach jeder Plenarsitzung schickte er mir ein Päckchen. Darin waren Beschlüsse, Erklärungen, Redebeiträge. Das Material half mir, meine Reden auszuarbeiten. Eigentlich konnte nichts mehr schief gehen.

Die Bundestagswahl am 2. Dezember 1990 gewann ich haushoch. Kurioserweise waren in diesem Jahr drei Frauen und nur ein Mann im Wahlkreis Böblingen angetreten. Ich setzte mich gegen Doris Odendahl (SPD), den FDP-Politiker Andreas Knapp und Christa Vennegertz von den Grünen durch. Letztere stand auf Platz eins der baden-württembergischen Landesliste ihrer Partei. Sie verpasste aber dennoch den

Einzug ins Parlament, da sich nur die ostdeutschen Grünen bei der Wahl behaupteten. Ich aber konnte mich auf meine erste Amtszeit im Deutschen Bundestag freuen.

Ein Sprung ins kalte Wasser: Otto Hauser hatte mich zwar mit aktuellen Beschlüssen und Hintergründen versorgt, ansonsten aber hatte ich als neue Bundestagsabgeordnete nicht viel Rüstzeug mit auf den Weg bekommen. Einführungs- oder Vorbereitungskurse hatte es so gut wie nicht gegeben. Doch all das störte mich nicht besonders. Ich fühlte mich stark, ich war neugierig. Damals kam ich mir vor, als könnte ich alle Hürden aus dem Weg räumen. Und ich trat mein Mandat in einer Zeit an, die als eine der großen historischen Epochen in die Geschichte eingehen sollte. Ost- und Westdeutschland begannen zusammenzuwachsen.

Meine erste Sitzung als gewählte Abgeordnete – kurz vor Weihnachten, am 20. Dezember 1990 – war auch gleich die erste konstituierende Sitzung des gesamtdeutschen Bundestags im Reichstag in Berlin. Obwohl Regierung und Parlament noch gar nicht umgezogen waren, wurde die neue Legislaturperiode an der Spree eröffnet, eine Referenz an die deutsche Einheit. Ich saß in dem alten, Ehrfurcht gebietenden Gebäude, von dem so viel Unheil für die Welt ausgegangen war, das aber gleichzeitig das wiedervereinte Deutschland verkörperte. Kurz zuvor hatte ich meinen Abgeordnetenausweis mit dem Bundesadler bekommen. Ich gehörte jetzt dazu. Als ich im Reichstagsgebäude mein Amt als Parlamentarierin antrat, kam mir das Gerüst in den Sinn, auf das ich bei meinen Berlin-Besuchen an der Grenzmauer immer hatte klettern müssen, um über den Todesstreifen hinweg in den Osten schauen zu können. Wie schnell hatte sich die Welt gedreht – für die Menschen in Deutschland, aber auch für mich ganz persönlich. Wenn mir vor fünf Jahren jemand gesagt hätte, dass ich einmal als gewählte Bundestagsabgeordnete im Reichstag sitzen würde, ich hätte ihn schlichtweg für verrückt erklärt. Ich war unheimlich gespannt auf das, was nun kommen würde.

Jede Kleinigkeit war in den ersten Tagen etwas Besonderes für mich. Ich konnte jetzt ein Stimmkartenfach im Bundestag mein Eigen nennen. Die Pförtner grüßten mich mit Namen. Sie waren angewiesen worden, sich die Gesichter aller Neulinge zu merken. So ersparten sie uns die Personenkontrolle. Die Saaldiener bemühten sich um uns freundlich und zuvorkommend. Der Bundestag war für mich schon bald mehr als nur ein Arbeitsort. Dort fühlte ich mich zu Hause.

Für mein Abgeordnetenbüro in Bonn konnte ich das Ehepaar Edeltraud und Stephan Reitzer gewinnen, die ich bereits vor der Wahl kennen gelernt hatte. Sie hatten früher für eine baden-württembergische Abgeordnete der West-Grünen gearbeitet, die dem Bundestag nicht mehr angehörte. Die beiden waren ein Segen und zugleich ein wichtiger Kompass für mich, da sie sich im Parlamentsbetrieb gut auskannten. Zusammen mit Andreas Schockenhoff, der heute noch als CDU-Außenpolitiker im Bundestag sitzt, bildeten wir eine Bürogemeinschaft. Schockenhoff traf ich bei einem Seminar in Prag. Vor meiner Wahl zur Volksvertreterin waren die Kandidaten, die in einem Wahlkreis nominiert worden waren, in dem sich die CDU gute Chancen ausrechnete, in die tschechoslowakische Hauptstadt eingeladen worden. Abends ging's hoch her. Ich weiß noch, dass uns der heutige Stellvertreter des Ersten parlamentarischen Geschäftsführers der Unionsfraktion, Peter Ramsauer (CSU), in seinen Porsche packte und mit zu einer Spritztour durch Prag nahm. Damals hatte uns alle eine übermütige Aufbruchsstimmung ergriffen. Wir fühlten uns unbesiegbar.

Bescheidenheit war das Gebot der Stunde

In der ersten Sitzung der CDU-Landesgruppe Baden-Württemberg in der neuen Legislaturperiode in Bonn wurde uns sofort gezeigt, an welchen Regeln wir uns zu orientieren hatten. Jeder konnte zwar Wünsche äußern, in welchen Ausschüssen er mitarbeiten wollte, aber die Neulinge hatten sich ganz hinten anzustellen. Bescheidenheit war das Gebot der Stunde. Die wichtigen Gremien wie der Auswärtige Ausschuss oder der Haushalts- und Verteidigungsausschuss blieben selbstverständlich den Platzhirschen vorbehalten. Ansonsten wurden die Posten nach Bezirksverbänden verteilt. Niemand sollte zu kurz kommen. Mir wies man einen Platz als ordentliches Mitglied im Forschungsausschuss zu. Zugleich rückte ich als stellvertretendes Mitglied in den Wirtschaftsausschuss ein. Ein viel versprechender Anfang, zumal mein Hauptinteresse der Raumfahrt galt. Ich wollte hoch hinaus.

Wie ein Erstsemestler musste ich alles neu lernen. Da war zum Beispiel die Sitzordnung im Deutschen Bundestag. Nur die wichtigen Leute durften einen festen Platz beanspruchen. Die anderen wurden auf die hinteren Stuhlreihen verbannt. Das allein wäre nicht weiter schlimm gewesen, denn die Akustik war im Allgemeinen ausgezeichnet und die Debattenredner waren auch noch aus größerer Entfernung ganz gut zu erkennen. Nur bedeutete ein Platz nah an der Rednertribüne, dass die Chancen stiegen, bei einer wichtigen Debatte von einer Fernsehkamera erfasst zu werden. Das wiederum gab den Wählern in der Heimat das Gefühl, ihr Abgeordneter mische in Bonn an vorderer Stelle mit. Die Cleveren unter den Parlamentariern stellten sich daher den Wecker in aller Frühe, eilten in den Plenarsaal und legten ihre Jacke wie das Handtuch am Badestrand von Mallorca über einen der besten freien Plätze. Oder sie passten auf wie ein Luchs, wenn einer von den Fraktionsvizes fehlte oder eben ein anderer Stammplatzbesitzer verhindert war. In diesem Fall waren auch die Stühle mit nahezu garantierter Bildschirmpräsenz für einen normalen Abgeordneten erreichbar.

Das gleiche Spiel wiederholte sich bei der Rednerliste. Für einen Bundestagsnovizen war es nahezu unmöglich, zur besten Sendezeit sprechen zu dürfen. Der Fraktionsvorstand rückte erst einmal die Routiniers ins richtige Licht, vorausgesetzt, sie waren nicht aus unerfindlichen Gründen in Ungnade gefallen. Den Neuen war es zwar nicht verboten, sich in einer Debatte zu äußern, aber sie breiteten ihre Argumente in der Regel dann aus, wenn die Kameras abgeschaltet und die Journalisten bereits nach Hause gegangen waren. Frischer Wind wehte meist vor fast leeren Rängen durchs Parlament. Den Anfängern unter den Abgeordneten gehörten die späten Abendstunden. Sie blickten meist in die übernächtigten Gesichter ihrer Kollegen. Leidenschaft kam nicht mehr auf. Wer nicht als Hinterbänkler versauern wollte, musste sich ein Fachgebiet erarbeiten, das ihn für die Fraktion unentbehrlich machte. Hatte er erst einmal eine Zuständigkeit errungen, kam er irgendwann ganz automatisch auf die Rednerliste – auch zu attraktiven Zeiten. Mir gelang das als Spezialistin für Forschungsprojekte und die elektronische Datenverarbeitung.

Die ersten Wochen waren stressig. Denn offiziell hatten wir zwar alle einen halbwegs ähnlichen Informationsstand – aber das allein half nicht viel. Ich merkte schnell, dass in den informellen Zirkeln Politik gemacht wurde. Es gab Gruppen und Cliquen innerhalb unserer Landesgruppe, die Informationen austauschten, Strategien absprachen. Das Bonner Wasserwerk, also das damalige Plenum des Bundestags, samt dem umliegenden Regierungsviertel und den Parteizentralen bildete eine kleine, dicht verwobene Welt. Es war gar nicht so leicht herauszufinden, wer da mit wem kungelte, wer zu wem gehörte, wo die heimlichen Informationskanäle verliefen. Um nicht ganz unterzugehen, trafen sich die Neulinge untereinander. Doch viel mehr als moralischen Rückhalt konnten wir uns nicht geben. Später bildeten dann die Politik-Youngster eine eigene Gruppierung in der Fraktion – über die Grenzen der Landesgruppen hinweg. Da gab es beispielsweise die »Gruppe 94« oder die »Gruppe 98«, die jeweils ihre Sprecher wählten und sich regelmäßig trafen. Doch von diesem Zusammenschluss profitierte ich nicht mehr. Die neuen Abgeordneten im Bundestagsjahrgang 1990 mussten sich weitgehend alleine durchbeißen.

Dienstreise ans andere Ende der Welt

Meine erste große Dienstreise führte mich gleich zum anderen Ende der Welt: zum Weltraumbahnhof Kourou in Französisch-Guayana. Als ich die Einladung zu der Abschussbasis in Südamerika erhielt, war ich erst einmal vollkommen perplex. Ich konnte gar nicht glauben, was ich da las. Ich habe alle Mitarbeiter verrückt gemacht, damit sie genau überprüften, ob alles rechtens sei. Aber die Reise hatte ihre Ordnung. In Kourou wurde der Radarsatellit ERS-1 ins All geschossen, der unter anderem neue Erkenntnisse über die Erwärmung der Erde bringen sollte, die Ausbreitung der Ozeanwellen berechnen und Windrichtungen und -stärken bestimmen konnte. Das Ganze war ein millionenschweres europäisches Kooperationsprojekt. Unter anderem waren Franzosen, Italiener, Spanier und wir Deutsche beteiligt.

Den Start der Rakete werde ich nie vergessen. Im Kontrollzentrum wurde von zehn auf null runtergezählt. Dann zündeten die Triebwerke, donnerte das stählerne Monstrum in die Höhe. Wir verfolgten den Feuerschweif, sahen, wie die Trägerrakete abgestoßen wurde. In diesem Moment brach unter den Technikern und Ingenieuren ohrenbetäubender Jubel aus. Alles hatte geklappt. Ich konnte wenig später die Heimreise antreten.

Meine Arbeit im Bundestag gewann ziemlich schnell an Fahrt. Ich hatte alle Hände voll zu tun. Um mich zu Hause in Böblingen zu entlasten, suchten wir uns eine Haushälterin. »Es wird schon noch Zeit übrig bleiben«, dachte ich mir. Damals hegte ich noch immer die Illusion, mindestens die halbe Zeit im Wahlkreis, also zu Hause, zu verbringen. Doch in meinem Zeitplan schrumpften die Zeiträume für die Besuche im Kreis Böblingen immer mehr zusammen. Wenn ich daheim war, stapelte sich die Arbeit, wollte jeder mit mir reden, mit der Haushälterin klappte es erst nach Anlaufschwierigkeiten richtig gut. Ich meisterte die Doppelbelastung als Berufspolitikerin und Mutter, so gut es ging. Aber mein Privatleben musste zurückstecken – von 1990 an für viele Jahre.

Im Bundestag machte ich mir schnell einen Namen. Im Forschungsausschuss hatte ich als frühere Universitätsdozentin einen leichten Stand. Mein erstes großes Thema waren die Pläne zu einer großen Forschungsstätte bei Itzehoe, die auf der grünen Wiese gebaut werden sollte und aus der schließlich das heutige Fraunhofer-Institut für Siliziumtechnologie (ISIT) hervorging. Solche Institute dienten dazu, die industrielle Technologieentwicklung zu unterstützen, den amerikanischen Einrichtungen – vor allem im kalifornischen Software-Eldorado Silicon Valley – etwas Substanzielles entgegenzusetzen. Mein Kollege Dietrich Austermann, heute noch ein alt gedienter Haushälter im Bundestag, wollte das Institut in Itzehoe unbedingt realisieren. Aber ich wusste über meine IBM-Kontakte, dass die Planung von falschen Voraussetzungen ausging, schlicht überdimensioniert war. Ich war viel näher als Austermann an dem Thema dran, konnte – gerade aus Forschung und Lehre in die Politik gewechselt – auf frisches Fachwissen zugreifen. Die dringende Sparauflage im Bundeshaushalt kam mir entgegen. Ich schlug vor, dass Projekt kleiner zu machen oder es ganz fallen zu lassen. Immerhin ging es um satte 500 Millionen Mark.

Forschungsminister Heinz Riesenhuber wurde auf mich aufmerksam. Er zitierte mich zu sich, spannte mich ein. Mit meinen Fachkenntnissen hatte ich offenbar Eindruck gemacht, sie sollten mir ein Dasein als Hinterbänklerin ersparen. Wir haben damals hart um die Ansiedlung verhandelt, unter anderem saßen Bund-, Länder-, Forschungs- und Industrievertreter am Tisch. Beim Rückflug reservierte mir Riesenhuber sogar einen Platz in seinem Helikopter, eine kleine Ehre für einen Bundestagsneuling wie mich.

Doch nicht nur Riesenhuber förderte mich. Ich hatte knapp ein Jahr meine Meriten im Bundestag verdient, da bot mir Unions-Fraktionschef Wolfgang Schäuble 1991 das Amt einer parlamentarischen Geschäftsführerin an. Ein Jahr später zog der Parteivorsitzende und Bundeskanzler Helmut Kohl nach und schlug mich als Bundesschatzmeisterin der CDU vor. Es schien mir fast so, als hätte die ewige Rivalität zwischen Kohl und Schäuble auch bei dieser Entscheidung eine Rolle gespielt. Innerhalb kürzester Zeit war ich nahezu ganz nach oben gekommen, ein kometenhafter Aufstieg.

Von der Bonner zur Berliner Republik

Neben der Arbeit mit und für die Parteigranden Kohl und Schäuble waren es die deutsche Einheit und der damit verbundene Umzug von Regierung und Parlament nach Berlin, die meiner Parlamentarierzeit ihren Stempel aufdrückten. In den ersten Jahren wurde nahezu jeden Monat Geschichte geschrieben. Immer wieder gab es Momente, die das Ausmaß dieser rasenden Entwicklung symbolisierten. Einer davon war der Abzug der russischen Truppen aus Berlin am 31. August 1994. Damals gingen die letzten von 380 000 Soldaten – als Freunde. Die Westalliierten in Berlin waren bereits am 8. September feierlich verabschiedet worden. Jetzt wurde der Schlussstein eingesetzt. Der russische Präsident Boris Jelzin, Bundeskanzler Helmut Kohl – alles, was Rang und Namen hatte, stand am Gendarmenmarkt versammelt. Die Russen hielten eine große Parade ab. Während ich die Soldaten beobachtete, erinnerte ich mich an meinen ersten Besuch in Ost-Berlin als Schülerin. Damals war ich auf dem Alexanderplatz mit einem NVA-Soldaten ins Gespräch gekommen. Er wollte mich davon überzeugen, dass die DDR das bessere System sei, das menschenwürdigere Leben biete. Seine Argumente prallten an mir ab. Um überhaupt zum Alexanderplatz zu kommen, hatte ich eine martialische Grenzanlage überwinden müssen, war am Bahnhof Friedrichstraße wie ein Schwerverbrecher gefilzt worden. Schöne Freiheit! Die salutierenden Soldaten holten mich an jenem 31. August aus meinen Erinnerungen wieder in die Gegenwart zurück. Der Abzug der russischen Soldaten war besiegelt. Deutschland hatte sich dieses Entgegenkommen Milliarden von Mark kosten lassen. Das Geld wurde unter anderem als

Rückkehrhilfe für die Armeeangehörigen genutzt. Mit den russischen Truppen aber verschwand auch der letzte Rest von jenem Deutschland, das einst die Nahtstelle zwischen zwei feindlichen Systemen geworden war, in dem Ost- und Westdeutsche jederzeit bereit sein mussten, einen Krieg bis zur Selbstvernichtung gegeneinander zu führen. Ein weiteres Kapitel des Kalten Krieges hatte sich geschlossen, friedlich, ohne Bitterkeit.

Ähnlich bewegend war die Bonn-Berlin-Debatte: Was haben wir uns die Köpfe heiß geredet. Sollte Berlin wirklich Hauptstadt werden? Und wie würde sich Deutschland dadurch verändern? Viele Parlamentarier, mit denen ich mich in dieser Zeit gestritten habe, hegten die Befürchtungen, dass Berlin einen guten Nährboden für neue deutsche Allmachtsfantasien bilden würde. Bonn war hingegen unverdächtig, eine bescheidene, gemütliche Kapitale des föderalistischen Deutschland, die alle Großmachtträume ad absurdum führte.

Ich habe beide Hauptstädte als Abgeordnete erlebt. Bonn war ein sympathisches Dorf, eine abgeschlossene Insel. Alles war fußläufig zu erreichen. Die Mitglieder von Parlament und Regierung saßen nah beieinander – auch nach Feierabend. Abends traf man sich in der Parlamentarischen Gesellschaft nicht weit vom neuen Plenarsaal. Für die politische Kultur war sie unverzichtbar. Sie fungierte als Meinungsbörse, Diskussionsforum, informeller Verhandlungsraum. In dieser Clubatmosphäre kam manche persönliche Begegnung politischer Gegner zustande, die sonst unmöglich gewesen wäre. Bonn war die Stadt der kurzen Wege – auch menschlich.

Diese Tradition wurde in Berlin in dieser Form nicht mehr gepflegt. Kollegiale Nähe und Vertrautheit gingen verloren. Berlin ist einfach zu groß, zu weitläufig. Wenn ich in Bonn das Bundestagsgebäude verließ, war ich von Parlamentskollegen umgeben. Trat ich in Berlin aus dem alten Bildungsministerium von Margot Honecker, in dem unsere Büros in den ersten Monaten untergebracht waren, hinaus auf die Flaniermeile Unter den Linden, bewegte ich mich in einem Pulk von Japanern,

Russen, Deutschen, Franzosen und Menschen anderer Nationalitäten. Sosehr ich die heimelige Überschaubarkeit von Bonn vermisste, so sehr faszinierte mich zugleich der internationale Charakter Berlins. Hier flutete einem das Leben entgegen. Hier prallten die sozialen Gegensätze aufeinander. In der Stadt an der Spree waren die Politiker nur ein kleiner Teil des Ganzen. Es wurde kein besonderes Aufhebens um sie gemacht.

Berlin kam mir aggressiver, hektischer, rücksichtsloser als Bonn vor. Selbst die Politiker hatten ihren Schonraum verloren. In der neuen Hauptstadt schien der Konkurrenzkampf härter geworden. Darunter litt auch die politische Kultur. Nachrichten wurden nicht mehr so gründlich überprüft, mit Rücktrittsforderungen war man schneller bei der Hand. Alles war eine Spur greller als in Bonn.

Und doch habe ich es nie bereut, in der entscheidenden Bonn-Berlin-Debatte am 20. Juni 1991 für Berlin als Hauptstadt gestimmt zu haben. Ich war dafür, das Versprechen in unserer Verfassung einzulösen, im Falle einer Wiedervereinigung Berlin wieder zur Hauptstadt zu machen. Zudem war ich der Überzeugung, dass sich das vereinte Deutschland jetzt nicht mehr hinter Bonn verstecken konnte. Wir waren gewachsen und damit war auch unsere Verantwortung in Europa und für das Gelingen der europäischen Einigung größer geworden. Ich war mir sicher, dass Deutschland genug politische Reife entwickelt hatte, um seine Macht nicht wieder zur Unterdrückung anderer Völker zu missbrauchen. Berlin sollte künftig mit einem friedlichen, demokratischen Deutschland assoziiert werden.

Berlin hat mich jahrelang in Atem gehalten. Wann entsteht schon eine alte Hauptstadt neu? Wann wechselt eine Regierung ihren Standort? Als verantwortliche Geschäftsführerin der Union für den Umzug konnte ich an entscheidender Stelle mitberaten und mitgestalten.

In dieser Phase arbeitete ich viel mit Rita Süssmuth zusammen. Sie war als Präsidentin des Deutschen Bundestags die Bauherrin und ich befasste mich für unsere Fraktion mit einer

Reihe zentraler Gesetze – etwa dem Umzugsgesetz, dem dienstrechtlichen Begleitgesetz und dem Hauptstadtgesetz. Rita Süssmuth war in allen Gremien mit einem Mitspracherecht vertreten. Darunter fiel auch die Baukommission des Ältestenrats, die erstmalig eine bundeseigene Baugesellschaft gegründet hatte. Damals haben wir manchmal gegeneinander, aber sehr oft miteinander gekämpft.

Nachdem 1991 mit knapper Mehrheit der Beschluss gefallen war, Parlament und Regierung nach Berlin zu verlegen, hatte Süssmuth die Fraktionsvorsitzenden eingeladen. Jeder von ihnen durfte einen seiner parlamentarischen Geschäftsführer mit in die Sitzung nehmen. Wolfgang Schäuble hatte mich gebeten, ihn zu begleiten. Klaus Töpfer (CDU), der damals als Bauminister amtierte, gab einen Überblick. Er meinte, der Umzug würde nicht besonders teuer für den Bund werden, da ihm zahlreiche Liegenschaften in Berlin gehörten, die künftig von der Regierung genutzt werden könnten. Eine aufwändige Sanierung sei in den meisten Fällen nicht notwendig. Diese Schilderung empfand ich als Schönfärberei. Womit ich nicht ganz Unrecht hatte, wie sich später herausstellte.

Daher stellte ich die Frage, wer denn in dieser Runde ernsthaft glaube, die Öffentlichkeit würde uns die Aussage abnehmen, dass der Umzug quasi zum Nulltarif zu haben sei? Um meinen Einwand zu untermauern, rechnete ich vor, mit welchen Kosten zu rechnen war. In der Materie kannte ich mich bestens aus. Rita Süssmuth ärgerte sich sichtlich über meine hartnäckig vorgetragenen Einwände. Ihr war vor allem wichtig, die Umzugspläne nicht zu gefährden, was auch seine Berechtigung hatte. Renitente Querschüsse konnte sie nicht gebrauchen.

Ich sah aber gar keinen Anlass, bei den Kosten Stillschweigen zu wahren. Denn die üppigen Berlin-Subventionen verschlangen zusammengerechnet höhere Summen als der gesamte Umzug, für den es eine klar definierte finanzielle Obergrenze gab: In einem Zeitraum von zehn Jahren durfte er nicht mit mehr als 20 Milliarden Mark zu Buche schlagen. Bei der turbulenten Sitzung haben wir uns dann auf eine Sprachregelung für die Presse geeinigt, die sich an der Töpferschen Darstellung orientierte. Murrend ordnete ich mich schließlich unter. Wolfgang Schäuble meinte noch ironisch zu mir, ich könne mich während der so genannten Phase der Zwischennutzung – von einem »Provisorium« durfte niemand sprechen – ja bei ihm ins Zimmer setzen. Und der FDP-Fraktionschef Hermann-Otto Solms frotzelte, wenn ich es bei Schäuble nicht aushalten würde, dürfte ich ruhig bei ihm anklopfen. Zu meinem großen Erstaunen haben die Journalisten später die offizielle Version klaglos und ohne weitere Nachfragen akzeptiert.

In der Umzugsphase hatte ich eine Aufgabe, die für hunderte von Beamten und Angestellten von hohem praktischen Nutzen war. Ich durfte das dienstrechtliche Begleitgesetz federführend mitgestalten. Hinter diesem sperrigen Namen versteckten sich die Lebens- und Arbeitsbedingungen der Beamten. Dem Regelwerk war zu entnehmen, unter welchen Bedingungen sie und – daran angelehnt – die Regierungsangestellten umziehen mussten, wie viele Heimflüge ihnen genehmigt wurden, wie ihre Büros ausgestattet waren.

Doch im Beamtengesetz wieherte lautstark der Amtsschimmel. Da gab es einige Punkte, bei denen ich mich um eine schnelle Korrektur bemühte. Nur ein Beispiel: Ein Staatsdiener bekam zwar einen Gasherd bezahlt, aber kein Ceranfeld. Dabei war das längst keine Kostenfrage mehr; der neueste Stand der Technik war in die geltenden Bestimmungen einfach nicht eingeflossen. Ansonsten war entsprechend deutscher Gründlichkeit nahezu alles geregelt. Selbst das Recht der Reiter, ihr Pferd auf Bundeskosten nach Berlin transportieren zu lassen. Am Ende ist es mir mit Unterstützung über die Fraktionen hinweg gelungen, den Beamten und Angestellten den Umzug erheblich zu erleichtern.

Eines der Projekte, für die ich die meiste Zeit investiert und auch am beharrlichsten gekämpft habe, war der Versorgungstunnel unter dem Reichstag. Das aufwändige Projekt war ziemlich umstritten. Die einen wollten Waggons wie im Bergwerk, die anderen ein Transportsystem mit Bändern. Ich ließ mit ein paar Gleichgesinnten nicht locker und plädierte für eine Untertunnelung der Spree. Der Vorteil Nummer eins: Kleinlastwagen konnten unterirdisch ans Parlamentsgebäude heranfahren und vollkommen unsichtbar alles anliefern, was für den täglichen Bedarf notwendig war – vom Abendessen bis zum Aktenordner. Vorteil Nummer zwei: Der Ebert-Platz blieb autofrei. Am Ende setzten wir uns durch. Peter Eickenboom, heute beamteter Staatssekretär im Verteidigungsministerium, damals Direktor beim Deutschen Bundestag, meinte mal scherzhaft zu mir, der Tunnel müsse eigentlich Baumeister-Tunnel heißen.

In der bundesweiten Öffentlichkeit hingegen wurden weder mein Engagement für den Berlin-Umzug, meine Aufgaben in der Fraktion, noch meine Mitarbeit an vielen Gesetzesvorhaben wahrgenommen. Dort prägte sich mein Name vor allem in Verbindung mit einem politischen Ereignis ein: der CDU-Spendenaffäre.

3

DIE CDU UND DIE SPENDEN

System mit doppeltem Boden

Die Fakten sind hinlänglich bekannt. In der CDU existierte ein verzweigtes System schwarzer Kassen. In der Presse wurde darüber spekuliert, dass Gelder in Wahlkampagnen eingespeist oder für die Ausstattung von Parteibüros entnommen wurden. Ein illegaler Geldregen, der unter anderem in den Landesverbänden der neuen Bundesländer niederging. Woher diese enormen Summen stammten, ist nie ganz ans Tageslicht gekommen. Ohnehin wäre der Skandal vermutlich nicht aufgeflogen, hätte es nicht die Ermittlungen um die Übergabe der dubiosen Schreiber-Million an Walther Leisler Kiep gegeben. Die Staatsanwälte landeten einen Zufallstreffer. Sie hatten 1995[1] plötzlich und unerwartet einen Zugang zu den heimlichen Geldquellen der CDU entdeckt. Und in der Republik verbreitete sich in Windeseile ein neues Reizwort, das zum Synonym für den sich ständig ausweitenden Politskandal wurde: die »Anderkonten«. Blickdicht gegen unerwünschte Einsichten geschützt, war auf diesen Konten schwarzes Geld versteckt worden.

In der CDU begann das Spiel mit dem schwarzen Peter. Niemand wollte mit in den Sog der Affäre gerissen werden; der Schuldige schien ohnehin ausgemacht: Helmut Kohl. Der

Druck auf den langjährigen Parteivorsitzenden wuchs gewaltig, die Verantwortung zu übernehmen, um zumindest die Partei vor dem Abgrund zu retten. Zu viele Karrieren standen auf dem Spiel. Nach langem Zögern bekannte Kohl sich zu seinem Fehlverhalten und gestand in einem ZDF-Interview, zwischen 1993 und 1998 illegalerweise rund 1,5 bis zwei Millionen Mark Spenden für die Partei entgegengenommen zu haben – an der CDU-Kasse vorbei.[2] Ein Raunen ging durch die Republik. Der CDU drohten saftige Strafgelder. Die Lage war also mehr als prekär. Kohl ging in sich. Später leistete er rund sechs Millionen Mark finanzielle Wiedergutmachung, das Ergebnis einer von ihm gestarteten Spendensammlung. Die Partei konnte er so vor dramatischen Einbußen bewahren, doch auf dem wichtigsten Feld der Auseinandersetzung kannte er kein Einlenken. Seine Weigerung, die Namen der heimlichen Spender zu nennen, wurde zum moralischen Mühlstein am Hals der CDU. Weder massiver Druck aus seiner Partei noch ein parlamentarischer Untersuchungsausschuss konnten ihn dazu bewegen, seine starre Haltung zu ändern, das Geheimnis zu lüften. Er verschanzte sich hinter seinem »Ehrenwort«. Jeder, der versuchte, Helmut Kohl zu erweichen, biss auf Granit. In der Union und natürlich auch in der gesamten bundesdeutschen Öffentlichkeit schlugen die Wogen der Empörung hoch. Kohl ließ nach aufreibenden Tagen seinen Ehrenvorsitz ruhen, um der Partei zuvorzukommen, die ihm sonst demonstrativ den Stuhl vor die Tür gestellt hätte. Der Altkanzler zog sich grollend in seine innere Festung zurück. Bis heute hat er kein Wort über die Spender verloren.

Doch nicht allein die schwarzen Kassen brachten die CDU in Misskredit. Ein viel schlimmerer Vorwurf geisterte durch die Gazetten: War die Regierung Kohl bestechlich? Flossen bei der Privatisierung der ostdeutschen Erdölraffinerie Leuna und beim Verkauf von 36 Fuchs-Panzern zur ABC-Abwehr an Saudi-Arabien millionenschwere Schmiergelder? Um diesen Verdächtigungen direkt die Spitze zu brechen: Ein parlamentarischer Untersuchungsausschuss konnte diesen Vorwurf später auch nach 118 Zeugenvernehmungen nicht erhärten.

Schock in Hessen

Die CDU stürzte im Winter 1999/2000 in eine tiefe Krise, die zudem noch von den hessischen Christdemokraten genährt wurde. Der hessische Schatzmeister Casimir Prinz zu Sayn-Wittgenstein räumte zerknirscht ein, dass mehrere Millionen Mark in der Schweiz gebunkert worden waren – geschmacklos als Vermächtnisse anonymer, deutschstämmiger jüdischer Emigranten getarnt. Die Gelder waren gut verzinst worden, am Ende musste die Hessen-CDU kleinlaut zugeben, dass auf versteckten Konten rund 21 Millionen Mark angelegt worden waren. Der frühere CDU-Parteivorsitzende in Hessen und Ex-Bundesinnenminister Manfred Kanther, am Ende seiner großen Karriere angelangt, übernahm mit bitterer Miene die Verantwortung. Er hatte sein Fehlverhalten damit gerechtfertigt, das Beste für die Partei und damit auch für sein Land gewollt zu haben. Anschließend legte Kanther – mit dieser Konsequenz allein auf weiter Flur – sein Bundestagsmandat nieder. Das Aushängeschild der Law-and-order-Fraktion war selbst mit dem Gesetz in Konflikt geraten und hatte damit seinen Ruf ruiniert. Regierungschef Roland Koch ernannte sich zum »brutalstmöglichen Aufklärer«, bevor er selbst eine peinliche Lüge eingestehen musste. Dennoch überlebte er den Skandal politisch relativ unbeschadet. Heute gilt Koch als einer der großen Hoffnungen der CDU. Viele trauen ihm gar die Kanzlerkandidatur zu.

Die Rolle der Schatzmeister

Nun soll mein Thema nicht Roland Koch und die Finanzaffäre der hessischen CDU sein, die ich nie aus nächster Nähe miterlebt habe. Aber bei den Skandalen in Berlin und in Wiesbaden gibt es eine auffällige Parallele. Beide Male waren es zunächst die Schatzmeister, die am Anfang der Affäre standen, beide Male waren sie in den Spendenskandal verstrickt. Der hessische Schatzmeister Prinz zu Sayn-Wittgenstein hatte mit dafür gesorgt, dass die Spendenmillionen der staatlichen Kontrolle entzogen worden waren. Und mein Vorgänger im Amt, Walther Leisler Kiep, hatte 1991 in der Schweiz zusammen mit Horst Weyrauch die berühmt-berüchtigte Million von dem Unternehmer und Rüstungslobbyisten Karlheinz Schreiber in Empfang genommen, ohne die Kohl vermutlich heute noch Ehrenvorsitzender der CDU wäre und Kanther ein angesehener Elder Statesman. Doch die Schreiber-Million war nie ordnungsgemäß verbucht worden. Eine fatale Hypothek: Kiep und Weyrauch hatten den berühmten Stein losgetreten, der alles ins Rollen brachte.

Da ich 1992 Kiep als Bundesschatzmeisterin beerbte, stellt sich heute die Frage, ob ich etwas – und wenn wie viel – von den schwarzen Kassen wusste. Es ist schwer vorstellbar, dass eine Schatzmeisterin nahezu ahnungslos gewesen sein kann, die zudem noch als machtbewusste Karrierefrau galt. Meine politischen Gegner in den eigenen Reihen haben diesen Eindruck trefflich zu nutzen gewusst. Ich wurde immer wieder in die Nähe anrüchiger Geschäfte, schattenhafter Figuren gerückt. Ein gezielter Versuch, meine Glaubwürdigkeit zu zerstören. Man denunzierte mich subtil als Mitwisserin, indem man mich in einem Milieu von Wirtschaftskriminellen ansiedelte. Nichts von dem ist wahr.

Ich gebe zu, dass es Momente und Ereignisse gab, die mich hätten nachdenklich stimmen müssen. Wenn ich mir etwas vorwerfe, dann ist es meine Leichtgläubigkeit. Ich habe nicht erkannt, was ich vielleicht auch gar nicht erkennen wollte. Ich bin aber nie Teil des Schwarze-Kassen-Systems gewesen. Und ich habe es auch nicht wissentlich gedeckt. Um das nachvollziehen zu können, muss man die Rechte und Pflichten einer Bundesschatzmeisterin kennen. Die Verbuchung der Gelder war nicht mein Metier. Mir wurden lediglich mit einigem Zeitverzug die Endabrechnungen der Spendeneinnahmen vorgelegt, die abschließenden Summen. Mein Job war die Akquise. Ich sollte Geld einnehmen. Wer etwas vor mir verbergen wollte, konnte das durchaus bewerkstelligen. Er brauchte nur

Verbündete in der internen CDU-Finanzverwaltung. Ich kannte zwar die wichtigsten Akteure der Spendenaffäre, aber sie waren mir keine Rechenschaft schuldig. Horst Weyrauch agierte als unabhängiger Wirtschaftsprüfer. Und auch Uwe Lüthje war mir nicht unterstellt. Von daher erschließt sich vielleicht, dass ich tatsächlich nicht wusste, dass einige Tresore mit doppeltem Boden ausgestattet waren. Die Rolle, die ich in der Spendenaffäre spielen sollte, hatten mir andere auf den Leib geschrieben.

Das Erbe der Flick-Affäre

Meine Ernennung zur Schatzmeisterin lässt sich nur vor dem Hintergrund der 1982 aufgedeckten Flick-Affäre verstehen, die die Republik bis in ihre Grundfeste erschüttert hatte. Plötzlich sah es so aus, als sei die Politik käuflich. Auf einmal erschienen Politiker als Handpuppen von Wirtschaftsgrößen, die heimlich deren Entscheidungen lenkten. Friedrich Karl Flick, Chef des traditionsreichen Stahl-, Fahrzeug- und Chemiekonzerns, hatte zwischen 1969 und 1980 vermeintlich mehrere Millionen Mark am Finanzamt vorbei an die CDU/CSU, FDP und SPD gespendet. Politiker von bis dato tadellosem Ruf – etwa der damalige Wirtschaftsminister Otto Graf Lambsdorff – mussten sich zwischen 1984 und 1987 vor Gericht verantworten. Ein Aufschrei ging durch die Öffentlichkeit. Der Ruf nach einem scharfen Parteienfinanzierungsgesetz wurde lauter. Es sollte transparenter machen, welche Firmengelder in die Politik flossen. Jedwede verdeckte Einflussnahme sollte von vornherein unterbunden werden. Derweil wirbelte der Flick-Untersuchungsausschuss viel Staub auf. Die Mitglieder des Gremiums versuchten, rund zwei Jahre lang die mannigfaltigen Verflechtungen von Wirtschaft und Politik bloßzulegen – eine Sisyphus-Arbeit. Im Februar 1987 wurden Lambsdorff, der einstige Vorstandssprecher der Dresdner Bank, Hans Friderichs, aber auch der frühere Flick-Spitzenmanager Eberhard von

Brauchitsch wegen Steuerhinterziehung zu hohen Geldstrafen verurteilt. Der Vorwurf, die Politiker seien käuflich gewesen, konnte vor Gericht allerdings nicht erhärtet werden.

Kohl hatte ein großes Interesse daran, die CDU von diesem Makel zu befreien. Er besaß ein gutes Gespür für die öffentliche Wahrnehmung. Daher lag ihm viel daran, die leidige Flick-Affäre mit einem Paukenschlag zu beenden. Besonders die endlose Dauer des Verfahrens gegen seinen Schatzmeister Walther Leisler Kiep hatte der Partei geschadet. Während Kiep um seinen Ruf kämpfen musste, war die Schatzmeisterei über lange Strecken gelähmt. Das sollte nun der Vergangenheit angehören. Durch meine Ernennung hoffte Kohl, auch nach außen hin symbolisieren zu können, dass die CDU aus den Fehlern der Vergangenheit gelernt, sich wirklich erneuert hatte. Die Entscheidung für eine völlig unbeschriebene Seiteneinsteigerin aus Wirtschaft und Forschung sollte der Union neuen – moralischen – Kredit verschaffen. Ich hatte die Chance meines Lebens erhalten und war gleichzeitig in eine Falle getappt.

Putschversuch in Bremen

Ein Jahr vor meinem Eintritt in den Bundestag ereignete sich auf dem Bremer CDU-Parteitag im September 1989 etwas für die CDU nahezu Revolutionäres, was am Ende demonstrieren sollte, wie perfekt Helmut Kohl seine Macht abzusichern verstand. Unter der Führung von Lothar Späth forderte eine Reihe von so genannten »Putschisten« den Parteivorsitzenden heraus. Norbert Blüm, Rita Süssmuth, aber auch Heiner Geißler hatten sich in Position gebracht. Kohls Stern strahlte für eine Weile nicht mehr ganz so hell. Viele CDU-Politiker waren mit seiner zunehmend patriarchalischen Art, die Partei zu führen, nicht einverstanden. Späth witterte seine Chance. Er wollte Kohl frontal herausfordern. Ein konspiratives Treffen jagte das andere. Späth versuchte, sich eine sichere Mehrheit zu organisieren.

Ich war damals Mitglied im Bezirksvorstand Nord-Württemberg. Kurz vor dem Bremer Parteitag trafen sich die Vorstände und Delegierten der jeweiligen Bezirks- und Landesverbände. Es fand eine Art innerparteilicher Truppenaufmarsch statt. Späth, der als Ministerpräsident amtierte, hatte sich alle Mühe gegeben, seine Landsleute aus Baden-Württemberg still und leise auf sich einzuschwören. Gab er jetzt das Signal zum Angriff? Am nächsten Tag sollte der Parteitag beginnen, daher waren wir bereits in der alten Hansestadt zusammengekommen. Ich spürte eine unglaubliche Spannung. Späths Entschluss erschien mir plausibel, seine Motivation verständlich. Für mich hatte eine Kampfkandidatur nichts von Majestätsbeleidigung. Späth wollte ja nicht Kohl schaden. Er glaubte nur, die Partei in dieser Phase besser führen zu können. Ich dachte spontan: »Wenn er so etwas wagt, muss er auch eine Niederlage in Kauf nehmen.« Doch darin schien das Problem für ihn zu liegen: Das Cleverle war eben auch ein Zögerle, der *Spiegel* nannte ihn später gar spöttisch ein »Neverle«.

Späth wollte auf die ganz sichere Karte setzen – und hatte sich verrechnet. Kohl bekam Wind von dem innerparteilichen Aufstand. Er hatte ein höchst antiquiertes, aber ausgezeichnet funktionierendes Informationssystem. Das bestand im Kern aus einem Telefon und einem kleinen schwarzen Notizbuch. In dem hatte er seine wichtigsten Informanten notiert – das konnte bis zum kleinen Kreisvorsitzenden gehen. Dazu kam eine exzellente und umfassende Adressenkartei. Und er hatte natürlich Leute wie den Abteilungsleiter im Kanzleramt, Ede Ackermann, die ständig die Medien durchforsteten, Stimmungen aufschnappten und Kohl mit allen wichtigen Fakten und Strömungen versorgten. Kohls größtes Augenmerk hatte er allerdings auf die Partei gerichtet, die Basis seiner Macht. In der CDU geschah wenig, was dem großen Vorsitzenden entging.

Nicht ganz untypisch für Späth war: Als er merkte, dass der Parteivorsitzende ins Bild gesetzt worden und sein geplanter Überraschungscoup damit aufgeflogen war, verließ ihn aller Mut. Er hätte sicher auch keine reelle Chance gehabt. Der alte

Vorsitzende schwankte ein wenig, aber er begann nicht zu kippen. Ich bin allerdings überzeugt, dass Kohl seinen Kontrahenten Späth letztlich mehr respektiert hätte, wenn er in Bremen die offene Konfrontation gesucht hätte, anstatt geschlagen sein Haupt zu senken und kampflos den Rückzug anzutreten. Doch diese Entschlusskraft brachte der siegesgewohnte Baden-Württemberger nicht auf. Schon am Vorabend des Parteitags war damit alles vorbei. Das Treffen der Baden-Württemberger endete eher kleinlaut. Zu später Stunde bekundete ein reichlich mitgenommener Lothar Späth, dass er sich nun doch nicht um den CDU-Vorsitz bewerben würde. Aus der Traum vom Wechsel an der Parteispitze.

Am nächsten Morgen lag im Tagungssaal auf jedem Tisch eine Ausgabe der *Welt*. Kohl hatte offenbar für den demonstrativen Lesestoff gesorgt, eine bis dato einmalige Geste. Der *Welt* hatte Lothar Späth ein Interview gegeben, und das war unmissverständlich gegen Kohl gerichtet. Jeder Delegierte konnte Späths Attacken nachlesen, und jedem war klar, dass Kohl hier einen innerparteilichen Gegner vorführen wollte, einen Verrat anprangerte. Die Reaktion folgte auf dem Fuße: Der Parteivorsitzende wurde damals frenetisch gefeiert, von Widerstand keine Spur. 16 Minuten klatschten die Delegierten im Stehen. Heiner Geißler hat dieses allgegenwärtige Parteitagsritual einmal in einem Interview mit den *Frankfurter Heften* als »Selbstdemütigung der Partei«[3] bezeichnet. Kohl konnte sich als Triumphator fühlen. Er war gestärkter denn je aus dieser kläglichen Revolte hervorgegangen. Seine Kontrahenten mussten einen Karriereknick hinnehmen. Späth hatte seinen Platz im CDU-Präsidium zu räumen. Geißler verlor endgültig sein Amt als CDU-Generalsekretär, woran Kohl bereits vor dem Parteitag keinen Zweifel gelassen hatte. Er war quasi am Ende seiner Karriere angelangt.

Schade für Heiner Geißler – ein Typ Politiker, den eine lebendige Volkspartei wie die CDU einfach braucht. Er war schon immer ein ganz eigener Kopf gewesen, ein begnadeter Sozialreformer, ein unkonventioneller Denker, aber auch nicht zimperlich in der Wahl seiner Mittel, wenn es galt, den politischen Gegner zu schlagen. Kohl hat ihn sicher nicht nur wegen des vereitelten Putsches in Bremen abgelöst, sondern auch wegen inhaltlicher Differenzen. Geißler hatte das Konrad-Adenauer-Haus zu einer profilierten Denkfabrik ausgebaut. Von dort aus wollte er die CDU entstauben, sie radikal modernisieren. Kohl, der am Anfang stark auf den scharfzüngigen Intellektuellen setzte, ging die forsche Gangart schließlich zu weit, zumal sein Generalsekretär jemand war, den er nicht unter Kontrolle bringen konnte.

Aber ich denke, es gab noch ein anderes Motiv für die wachsende Entfremdung zwischen Kohl und Geißler. Und das legt die These des langjährigen Bonner Korrespondenten der *Süddeutschen Zeitung*, Klaus Dreher, nahe: Geißler muss in irgendeiner Form Verdacht geschöpft, etwas von Kohls illegalen Finanzpraktiken erahnt haben.

Da war zum einen die Geschichte mit den 800 000 Mark. 1988 schwand die Zustimmung zur Regierungsarbeit dramatisch, in Umfragen sackte die CDU ziemlich in den Keller. Kohl fühlte sich herausgefordert, zumal er seine innerparteiliche Machtbasis bröckeln sah. Der spätere »Putschversuch« kam nicht von ungefähr. Der Kanzler warb daraufhin mit einem Brief an alle CDU-Mitglieder für seine Politik, Kostenpunkt: 800 000 Mark. Eine derartig teuere Werbeaktion – zumal auch noch in eigener Sache – stieß auf Kritik. In der Partei rumorte es, Fragen wurden laut. Kohl reagierte unerwartet, fast schon leichtsinnig. Er muss sich seiner Sache damals sehr sicher gewesen sein, denn um sich zu verteidigen, machte er einen eigentlich unverzeihlichen Fehler. Er verplapperte sich vor den Sozialausschüssen: Kohl gab relativ offen zu, dass die CDU nicht von dieser Sonderausgabe belastet werden würde, er also eine andere Quelle zur Finanzierung nutzte. Die Irritation war zunächst groß. Nach einer Weile begann Gras über die Sache zu wachsen, zumal sich auch der öffentliche Wirbel ziemlich in Grenzen hielt. Schließlich haben viele in der CDU diese Summe – halbwegs beruhigt – als persönliche Spende an

Helmut Kohl interpretiert, die er dann offenbar in eigener Sache aufbrauchte. Abwegig war dieser Gedanke nicht. Ich habe es ja selbst erlebt, wenn ich mit ihm unterwegs war, dass Menschen seinen Mitarbeitern Umschläge mit Schecks in die Hand drückten.

Geißler hingegen ließ sich nicht so leicht täuschen. Er muss den Braten gerochen haben, zumal sich die Unregelmäßigkeiten häuften. Er begnügte sich nicht mit seinem stillen Wissen. Soweit ich weiß, hat er sich mächtig mit Kohl angelegt. Ob er nun empört war, weil er Kohls Verhalten für moralisch verwerflich hielt, oder deswegen, weil er selbst über die gesamte Finanzlage informiert sein wollte, kann ich nicht einschätzen. In der Regel interessierte sich Geißler, das war allgemein bekannt, wenig für Geldangelegenheiten. Ihm ging es viel stärker um inhaltliche Positionen.

Den schwarzen Kassen auf der Spur

Licht in das Dunkel der CDU-Finanzmachenschaften brachte unter anderem ein Mitarbeiter der Hauptabteilung für Personal, Finanzen und Verwaltung im Konrad-Adenauer-Haus. Dieser aufmerksame Zeitgenosse sagte nicht nur im Untersuchungsausschuss des Deutschen Bundestags zur Spendenaffäre aus, ich habe ihn auch einmal zufällig getroffen. Bereits 1987 hatte er sich nach eigener Aussage geweigert, einen Rechenschaftsbericht gegenzuzeichnen, weil ihm die Buchungen als nicht korrekt erschienen. Jener Mitarbeiter war es auch, der unter anderem von 1,7 Millionen Mark sprach, die nicht verbucht worden waren. Es handelte sich um Zahlungen an die Landesverbände der CDU. Er muss den schwarzen Kassen annähernd auf die Spur gekommen sein, was nicht heißt, dass er um die Dimension des Systems wusste. Nachdem Geißler das Amt des Generalsekretärs 1989 verloren hatte, nahm auch er seinen Hut. Kohl installierte lieber seine Getreuen im Adenauer-Haus. Hans Terlinden beförderte er beispielsweise zum Hauptabteilungsleiter. Damit nahm er eine zentrale Schaltstelle ein, die ihm auch ermöglichte, Geldflüsse zu kontrollieren.

Jener misstrauische Angestellte im Adenauer-Haus muss vor seinem nicht ganz freiwilligen Abgang regelrecht recherchiert haben. In der Parteizentrale gab es zudem eine Verwaltungsfachkraft, die angeblich in alles eingeweiht war. In deren Schreibtisch wurden Rechnungen gefunden, die häufig bar, zumindest aber nicht über die offiziellen Konten beglichen worden waren. Also mussten unbekannte Geldquellen existieren, um Belastungen tilgen zu können. Darüber hinaus muss manches Mal auch den Landesverbänden finanziell unter die Arme gegriffen worden sein. Im Nachgang zu dem gescheiterten Putsch von Bremen wurden beispielsweise einige Kreisgeschäftsstellen plötzlich mit PC-Systemen von der Parteizentrale ausgerüstet. Kohl hatte damals die kleinen CDU-Landesverbände gebraucht, um auf Nummer sicher zu gehen – Bremen, Hamburg und das Saarland. Hessen und Rheinland-Pfalz waren ohnehin eine ausgemachte Bank. Nordrhein-Westfalen hatte schließlich Norbert Blüm klar gemacht. Unsichere Kantonisten blieben aber Baden-Württemberg und Schleswig-Holstein.

In der Kanzlerkabine nach Norwegen

Als Kohl mir 1992 die Schatzmeisterei anbot, waren die schwarzen Kassen längst eine fest etablierte Größe. Sie wurden so gut abgeschirmt, dass offenbar niemand Angst hatte, ich könnte dem System auf die Schliche kommen. Ich gehörte nicht zum Kreis der Eingeweihten. Mich belastete kein brisantes Wissen.[4]

Kohl wollte, wie bereits geschildert, ein unverbrauchtes Gesicht, ein aufrüttelndes Symbol des Neuanfangs nach der Flick-Affäre. Der amtierende Schatzmeister Walther Leisler Kiep wurde in der Öffentlichkeit viel zu sehr mit jener dunklen Phase bundesdeutscher Geschichte verbunden. Mit mir wollte Kohl dieses Kapitel schließen. Das Signal sollte lauten: »Wir beginnen jetzt in der CDU neu. Unsere Finanzen werden sauber und ordentlich geführt. Dafür steht Brigitte Baumeister.« Mit dieser Losung konnte ich mich identifizieren. Ich vertraute Helmut Kohl. Er hat mit keiner Silbe angedeutet, wie brisant meine neue Aufgabe, wie glitschig der Boden war, der das Fundament für die Schatzmeisterei bildete. Vage Warnungen kamen von anderer Seite. Ich konnte diese Hinweise nur schwer einschätzen. Kohl indes beschränkte meinen Wirkungskreis – vielleicht auch, um mich zu schützen. Ich sollte mich auf die reine Spendenakquisition konzentrieren. Alles andere hielt er vor mir verschlossen. Alles andere hatte für mich einfach nicht zu existieren.

Doch schwenken wir erst einmal zu jener Reise zurück, die mich 1992 nicht nur weit in den Norden, sondern auch zu neuen beruflichen Ufern führte. Den Sprung von der Hinterbank zur parlamentarischen Geschäftsführung hatte ich zu diesem Zeitpunkt bereits geschafft. Diese unerwartete Chance bot mir Wolfgang Schäuble 1991, kurz nach meinem Einzug in den Bundestag. Im Frühling 1992 nun erhielt ich eine Einladung, die mich einen kritischen Blick in meinen Kleiderschrank werfen ließ. Der Bundeskanzler bat mich, ihn nach Norwegen zu begleiten – ein Staatsbesuch mit großem Gefolge. Irgendetwas Besonderes musste Helmut Kohl mit mir vorhaben, schwante mir. Aber ich hatte nicht die geringste Ahnung, was das sein konnte.

Aufgeregt fuhr ich zum Flughafen. An Bord des Flugzeugs durfte ich in der Kanzlerkabine Platz nehmen. Außer Kohl und mir saßen dort nur noch seine Frau Hannelore und seine Mitarbeiterin Juliane Weber. Während wir über den Wolken auf Norwegen zuflogen, erkundigte er sich ausgiebig nach meinem beruflichen Werdegang. Kohl fragte aber auch nach meiner Lebensgeschichte, währenddessen hatte er immer sein schwarzes Notizbuch in der Hand, in das er ab und zu einen Blick warf. Nachdem wir uns auf diese Weise eine Weile unterhalten hatten, ließ er es dabei bewenden. Der Kanzler vertiefte sich anschließend in Akten und Papiere. Zur unmittelbaren Vorbereitung auf den Staatsbesuch waren ihm allenfalls zwei Din-A-4-Seiten zusammengestellt worden, die er aufmerksam durcharbeitete. Darauf hatten seine Mitarbeiter alle Eckpunkte der deutsch-norwegischen Beziehungen notiert. Ich wunderte mich, wie leicht er das alles abspeichern konnte. Sein Gedächtnis war phänomenal. Nachdem wir gelandet waren, beeindruckte er die Menschen mit seinem präzisen Wissen. Ich habe nie verstanden, dass Kohl in den Medien oft als ungebildeter Bauchmensch diffamiert wurde. Er war alles andere als das. Seine Auffassungsgabe und sein Wissen waren enorm.

Ich erinnere mich noch an viele Kleinigkeiten, zum Beispiel daran, dass Kohl es besonders mochte, mit dem Bus zu fahren. Und an einen Ausflug, bei dem der Kanzler ein paar Meter zu Fuß laufen wollte. Plötzlich griff mich Hannelore Kohl am Arm und sagte mit einem leisen Lächeln zu mir: »Frau Baumeister, bitte reden Sie mit meinem Mann. Da vorne ist eine Konditorei, dass er da auch ja vorbeigeht.«

Auf dieser Reise habe ich Zeit gefunden, zunächst einen näheren Eindruck von Hannelore Kohl und Juliane Weber zu gewinnen. Wir waren auf einem Schiff unterwegs und haben uns von unseren Urlaubsreisen erzählt, Familiengeschichten ausgetauscht. Das alles lief ganz ungezwungen, sehr menschlich ab. Den Kontakt zu Juliane Weber pflege ich heute noch.

Abends saßen wir immer noch mit sechs, sieben Leuten zusammen und haben den Tag Revue passieren lassen. Kohl war mit von der Partie. Das waren lockere Runden. Hannelore Kohl hat sich dann irgendwann zurückgezogen. Die anderen blieben sitzen und plauderten weiter. Kohl fühlte sich augenscheinlich in solchen Kreisen wohl. Beim ersten Abend zog mich jemand zur Seite und meinte: »Frau Baumeister, Sie wissen, dass wir morgens alle zusammen frühstücken. Sie müssen vor dem Bundeskanzler am Tisch sitzen.« Jeder hatte sich nach geschriebenen und ungeschriebenen Regeln zu richten – ein Staatsbesuch eben.

Auf dem Rückflug ließ Kohl die Katze aus dem Sack. Seine Frau und Juliane Weber zogen sich zurück. Ich war mit ihm alleine. Der Kanzler hielt sich nicht lange mit der Vorrede auf. Er bot mir das Amt der Schatzmeisterin an, meinte, ich hätte das Talent für diese Aufgabe, könne gut auf Menschen zugehen. Im Übrigen sei das Amt der Schatzmeisterin nicht besonders arbeitsintensiv. Ich sei nur für das Einsammeln der Spenden zuständig. Ich warf ein, dass die Schatzmeisterei sich in jüngster Zeit in schwierigem Fahrwasser befunden habe. Doch Kohl insistierte freundlich: Er wolle genau aus diesem Grunde einen Wechsel. Nach der Ära Walther Leisler Kiep sei ein Neuanfang vonnöten. »Gut«, dachte ich, »dann bin ich eben der Neuanfang.« Damals ahnte ich natürlich nicht eine Sekunde, auf was ich mich da einlassen würde. Die Perspektive klang verlockend. Ich überlegte es mir eine Weile und willigte ein.

Unerwünschter Gast

Noch vor meiner Wahl standen die Zeichen auf Sturm. Im September 1992 schaute ich zum ersten Mal bei der Schatzmeisterei vorbei. Ich wollte mich kundig machen, ob diese neue Aufgabe tatsächlich in Kombination mit all meinen anderen beruflichen und privaten Verpflichtungen zu bewältigen war. Ein Besuch, den ich nie vergessen werde.

Damals begleitete mich mein Büroleiter aus der parlamentarischen Geschäftsführung, der Jurist Paul Fietz. Ich meldete mich also ordnungsgemäß mit Fietz bei Dr. Uwe Lüthje an, der die Schatzmeisterei leitete, wenn Walther Leisler Kiep außer Haus war. Im Adenauer-Haus angekommen, wurden wir in den obersten Stock gebeten. Uns schlug ein eisiger Wind entgegen. Kein Lüthje an der Tür, seine Sekretärin empfing uns. Der Generalbevollmächtigte der Schatzmeisterei hatte es nicht mal für nötig empfunden, sich aus seinem Schreibtischstuhl zu erheben und uns willkommen zu heißen. Er verletzte gleich zum Einstieg die Grundregeln der Höflichkeit in eklatanter Weise.

Seine Sekretärin geleitete uns in sein Büro. Lüthje schien zur Konfrontation entschlossen. Denn er blieb unbewegt sitzen. Die Botschaft war klar: Ihr seid hier unerwünscht.

In seinem Büro, alles war in dunklen Farben gehalten, war nur ein einziger Stuhl vor seinem Schreibtisch platziert. Der erste Satz, den er über die Lippen brachte, lautete: »Was will der denn hier?« Damit meinte er Paul Fietz. Ich ließ den beleidigenden Empfang unkommentiert, weil ich das Klima nicht sofort vergiften wollte, und stellte Paul Fietz als meinen Büroleiter vor. Lüthje war nicht zu besänftigen: »Das war nicht vereinbart«, meinte er schroff. »Ich möchte Herrn Fietz bei diesem Gespräch nicht dabeihaben.« In diesem Moment, so glaube ich, machte ich einen entscheidenden Fehler. Ich hätte nicht zulassen dürfen, dass mein Büroleiter den Raum verlassen musste. Damals beschlich mich schon das eigenartige Gefühl, an der falschen Stelle nachgegeben zu haben. Aber die Vehemenz von Lüthjes Reaktion hatte mich überrascht und aus dem Konzept geworfen.

Irgendwie versuchte ich, die verkorkste Situation zu retten. Ich meinte dann freundlich: »Herr Lüthje, nun erzählen Sie mal, welche Aufgaben kommen als Schatzmeisterin eigentlich auf mich zu?« Helmut Kohl hatte mir ja versprochen, dass der Arbeitsaufwand sehr überschaubar sein würde. Von Lüthje wollte ich nun aus der Praxis wissen, ob die Angaben Kohls zutreffend waren. Lüthjes knappe Antwort: »Wir haben einen kommerziellen Spendensammler, da müssen Sie nicht viel machen.« Zugleich versuchte er mich zu entmutigen. »Als Frau haben Sie überhaupt keine Chance, in die großen Unternehmen reinzukommen«, gab mir der Generalbevollmächtigte mit auf den Weg. Das aber genau sollte meine Aufgabe sein. Die Abfuhr, die Lüthje mir erteilte, muss ihn zufrieden gestimmt haben. Jahre später wurde mir von einer engen Mitarbeiterin erzählt, dass er unser Treffen mit den Worten kommentiert hatte: »Dem Mädchen habe ich es aber gezeigt.«

Nach dieser irritierenden Begegnung ging ich erst einmal in mich. Ich konnte nicht abschätzen, wie schwierig diese Aufgabe für mich werden würde. Sollte ich kaum an große Firmen rankommen, wollte ich lieber nicht als Schatzmeisterin antreten. Ich bat Helmut Kohl erneut um ein Gespräch, das er mir ohne Zögern gewährte. Der Kanzler beruhigte mich, meinte, dass Lüthje kräftig übertrieben habe. »Natürlich können Sie das«, sagte er. Nach diesen Gesprächen glaubte ich nicht mehr, dass die Schatzmeisterei so ganz nebenbei zu führen sein würde, zumal ich nicht gerade auf Rosen gebettet wurde. Aber Lüthje hatte mich mit seiner abweisenden Art herausgefordert und damit unbeabsichtigt motiviert. Ich konnte mir nicht vorstellen, dass ich in diesem Amt als Frau zwangsläufig zum Scheitern verurteilt sein sollte. Kneifen war meine Sache nicht. Ich dachte mir: »Jetzt erst recht, das probiere ich einfach mal.«

Ein Gentleman der deutschen Politik

Als meine Wahl zur Bundesschatzmeisterin näher rückte, zog mich Kohl eines Tages im Bonner Wasserwerk zur Seite. Er wollte mich auf meinen Auftritt vor dem anstehenden Parteitag in Düsseldorf vorbereiten, bei dem ich am 26. Oktober gekürt werden sollte. »Reden Sie auf dem Podium nicht zu lange«, riet er mir. »Sagen Sie ein paar Dinge zu Ihrer Biographie, das reicht eigentlich schon.« Den Rest würde er schon machen.

Bevor der Parteitag begann, hatte mich der amtierende Schatzmeister Walther Leisler Kiep zum Essen eingeladen. Wir tafelten am Vorabend meiner Wahl im Hotel Breidenbacher Hof. Das Arrangement war fast schon feierlich. Wir hatten uns in einen gemütlichen Raum zurückgezogen, abseits vom Hotelbetrieb. Erlesene Speisen wurden aufgetragen. Für Walther Leisler Kiep endete immerhin eine Ära. Er schien bestens aufgelegt.

Seinen Werdegang hatte ich den zurückliegenden Wochen genau studiert. Er hatte die Schatzmeisterei wie kein anderer verkörpert. Wie soll ich ihn beschreiben, den Gentleman der deutschen Politik? Ich habe ihn als eleganten Hanseaten mit tadellosen Manieren erlebt, weltgewandt, hoch gebildet, ein liberaler Geist, der aus bestem Hause stammte. Der Vater von Kieps Mutter Eugenie durfte sich einst zu den Freunden von Otto von Bismarck zählen. Emilie Kiep-Altenloh, die Tante von Walther Leisler Kiep, die bis 1965 dem Bundestag angehörte, galt als »große alte Dame des Liberalismus«. Kiep selbst gelang eine beachtliche Karriere, die er unter anderem mit dem Amt des Finanzministers in Niedersachsen unter dem damaligen Regierungschef Ernst Albrecht krönte. Bundesweit machte er sich vor allem als Außenpolitiker einen Namen. Kiep war immer wieder für Spitzenämter im Gespräch. Er zählte lange Zeit zu den Hoffnungsträgern, den ganz großen Talenten. Die Hamburger CDU erreichte unter ihm als Spitzenkandidat sensationelle 43,2 Prozent und übertrumpfte die siegesgewohnte SPD, die bis dahin eine sichere absolute Mehrheit gehalten hatte. Da er aber aufgrund des schwachen Abschneidens der FPD sein eigentliches Ziel verfehlte und Klaus von Dohnanyi nicht stürzen konnte, verzichtete Kiep später darauf, als Oppositionsführer in der Hansestadt zu bleiben. Sein Wirkungsfeld wäre zu begrenzt gewesen. Kiep zog es zurück in die nationale Politik. Er ging wieder nach Bonn. In der Partei war ihm ein Platz im Führungszirkel sicher. Seit 1971 fungierte er als Schatzmeister der CDU und hatte damit einen Sitz im Präsidium. Doch Kieps Karriere führte nicht nur über die Höhen des Erfolgs. Ihm gelang es nur schwer, dem Morast mehrerer Spendenaffären zu entsteigen, für die der Fall Flick 1981 nur der Auftakt war. Mehrfach musste sich Kiep, der zusammen mit seinem Generalbevollmächtigten Lüthje angeklagt worden war, dem Vorwurf erwehren, fortwährend Beihilfe zur Steuerhinterziehung geleistet zu haben. Schließlich wurde er vor der 3. Strafkammer des Düsseldorfer Landgerichts 1991 zu einer Geldstrafe von 675 000 Mark verurteilt. Doch diese schwere Niederlage sollte nicht von Dauer sein. Bereits ein Jahr später wurde die Verurteilung Kieps wieder aufgehoben. Der Bundesgerichtshof hatte schwere »Rechts- und Verfahrensmängel« beanstandet.[5]

Aber nicht nur die juristische Seite zählte. Für Kiep war dieser Rechtsstreit menschlich eine gewaltige Belastung. Er stand öffentlich am Pranger, wurde zum Sündenbock, obwohl er lediglich Teil eines Systems war. Kiep sollte abgestraft werden, während andere unbescholten davonkamen. Ich bin mir sicher, dass diese bittere Erfahrung sein Verhalten in der späteren Spendenaffäre prägend beeinflusst hat. Denn Anfang November 1999 war er es wiederum, gegen den die Staatsanwaltschaft Augsburg wegen des Verdachts auf Steuerhinterziehung ermittelte. Damals wurde Kiep vorgeworfen, den legendären Koffer mit einer Million Mark in bar von dem Lobbyisten Karlheinz Schreiber erhalten und das Geld geschickt am Fiskus vorbei gebunkert zu haben. Eine schier unendliche Reihe von Enthüllungen schloss sich an. In der Folge geriet das gesamte Finanzgebaren der CDU unter Helmut Kohl in die Kritik.

Kiep wird es kaum überrascht haben, dass er 1992 das Amt des Schatzmeisters abgeben musste. Nach langen Jahren der Prozesse, die seinen Namen und damit die CDU immer wieder ins Zwielicht rückten, war ein klarer Schnitt notwendig. Nach 21 Jahren stand mit meiner Wahl eine Wachablösung an – unser Thema bei dem festlichen Abendessen im Breidenbacher Hof.

Die Ruhe vor dem Sturm

An der Tafel hatten auch Uwe Lüthje und der CDU-Finanzberater Horst Weyrauch Platz genommen. Das Diner diente dazu, Weyrauch und Lüthje auf eine Zusammenarbeit mit mir einzustimmen. Kiep machte mir Mut. Er sicherte mir zu, mich bei meiner neuen Aufgabe zu unterstützen. Alles lief ziemlich harmonisch ab. Die Ruhe vor dem Sturm.

Weyrauch hielt sich sehr zurück. Er hörte offenbar lieber zu, sondierte die Lage. Ich habe ihn irgendwann unvermittelt gefragt, worin seine Aufgaben bestehen würden. Er antwortete mir unverbindlich, sagte, ihm obliege die gesamte Wirtschaftsprüfung und Finanzberatung. Uwe Lüthje indes schaltete sich intensiv in das Gespräch ein. Für ihn brachte mein Wechsel in die Schatzmeisterei eine gravierende Veränderung mit sich. Er verlor seine Position als Generalbevollmächtigter – eine Konsequenz seiner Verwicklung in die Flick-Affäre. Die Parteiführung ließ ihn aber nicht ganz fallen. Teile seiner alten Zuständigkeiten wurden ihm belassen. Diese Geschäftsbereiche konnte er nun autonom führen. Ich hatte ihm nichts zu sagen. Mir oblag lediglich die politische Gesamtverantwortung für die Schatzmeisterei.

Die neue Struktur war auch an jenem Abend in Düsseldorf Thema. Ich habe noch einmal mit Lüthje festgeklopft, dass er den Teil der kommerziellen Spendensammlung weiter unabhängig überwachen sollte. Zudem sollten die Geschäftsbetriebe, die bei der Schatzmeisterei angesiedelt waren, in seiner Zuständigkeit verbleiben. Damals gab es die Union Betriebs-GmbH (UBG) und die Union Kommunikations- und Medien-GmbH & Co. KG (UKM), alles Ausgliederungen. Die UBG war für den gesamten Bereich Software und Druck zuständig. Die UKM gab Zeitschriften heraus, unter anderem die *Kommunalpolitischen Blätter* und die *Wirtschaftsbild*. Bei der UBG war die CDU Mehrheitsanteilseigner, nicht aber bei der UKM. So weit die Struktur. Lüthje würde also weiterhin alle Hände voll zu tun haben.

Mir konnte das nur recht sein. Ich gewann zunehmend den Eindruck, dass ich mich – wie gewünscht – ganz darauf konzentrieren konnte, Spenden zu sammeln. Alle anderen Bereiche sollten bei Lüthje und Weyrauch verbleiben.

Die leidigen Personalfragen ließ ich ebenfalls bei diesem Abendessen nicht außen vor, obwohl hier Hans Terlinden, Abteilungsleiter im Adenauer-Haus, das letzte Wort hatte. Die erste Begegnung mit Lüthje hatte mich vorsichtig gemacht. Daher erläuterte ich ihm noch einmal, dass ich eine neue persönliche Sekretärin und einen Büroleiter bräuchte, den es bislang in der Schatzmeisterei nicht gegeben hatte. An diese Position sollten – so hatte es die Parteiführung vorgeschlagen – ein Teil der

Aufgabenbereiche übergehen, die vorher Lüthje als Generalbevollmächtigter gesteuert hatte.

Ich wollte meine Arbeit in der Schatzmeisterei auf keinen Fall ohne ein kleines Team loyaler Mitarbeiter beginnen. Die Berufung eines Büroleiters war mir besonders wichtig, weil ich nicht wusste, inwieweit ich mich auf Lüthje verlassen konnte. Bislang hatten sich Kiep und sein wichtigster Mitarbeiter die zentralen Aufgaben geteilt. Dabei erledigte Lüthje als Generalbevollmächtigter große Teile des operativen Geschäfts, während Kiep sich um Großspender kümmerte, die Kämmerei nach außen hin repräsentierte und im CDU-Präsidium, dem jeder Bundesschatzmeister angehörte, Politik machte. Lüthje muss mich als Eindringling in sein Reich empfunden haben, denn ich hatte von Anfang an keinen Zweifel daran gelassen, dass ich mich intensiver um die Schatzmeisterei kümmern wollte, als das Kiep bislang möglich war. Das Klima war entsprechend aufgeladen. Ich war mir nicht einmal sicher, ob ich der Sekretärin der Schatzmeisterei, Gisela Thelen, vertrauen konnte. Daher verzichtete ich darauf, sie zu übernehmen. Erst viel später merkte ich, dass ich ihr mit meinem Argwohn Unrecht getan hatte. Leider zu spät, um meinen Schritt noch korrigieren zu können. Ich stellte eine neue Sekretärin und später auch einen Büroleiter ein. Lüthje muss bei Gisela Thelen kein Blatt vor den Mund genommen haben, wie wenig er von meiner Ernennung hielt.

Das Treffen mit Kiep, Lüthje und Weyrauch in Düsseldorf hatte mir dabei geholfen, das Bild zu vervollständigen, wie die Arbeit in der Schatzmeisterei ablaufen würde. Neben den bereits erwähnten Mit- und Zuarbeitern gab es noch Marlene Dragicevic. Sie kontrollierte die Verbuchungen der gesamten Spenden für die Hauck-Bank, leitete diese an Weyrauch weiter und legte mir regelmäßig den Stand vor. Entsprechend dem damals geltenden Finanzstatut war ich nur für die Einnahmen zuständig und für die Verhandlungen mit den CDU-Schatzmeistern auf Landesebene. Die standen an, wenn staatliche Mittel verteilt wurden, die bei der Bundespartei eingingen, auf die aber auch die Landesverbände nach dem Parteienfinanzierungsgesetz Anspruch hatten – etwa nach einer Europawahl. Nicht befasst war ich mit der Verbuchung und der späteren Verwendung der Spendengelder, also den Ausgaben.

Der Tag der Wahl

Am 26. Oktober 1992 stand die Wahl der neuen Schatzmeisterin auf der Tagesordnung des Düsseldorfer CDU-Parteitags. Ich nahm mir vor, auf der Bühne keine Show abzuliefern. Ich kleidete mich in ein beiges Kostüm, wählte schlichten konservativen Schick. Mir lag daran, mich natürlich, ehrlich zu präsentieren. Die Delegierten hatten das Blendwerk ohnehin satt.

Kohl hatte die Lage bei der Entscheidung für meine Ernennung richtig eingeschätzt. Die Signale vor dem Parteitag waren ermutigend. In der Presse war schmeichelhaft über meine ersten Verdienste, wohlwollend über meine erwartete Wahl berichtet worden. Ich galt als sparsame, integre Schwäbin. Mir eilte ein Ruf als kompetente, unbestechliche Politikern voraus, eine Karrierefrau, die mit einer gesunden Portion Härte ausgestattet war, um sich in dieser Männergesellschaft zurechtzufinden. Als parlamentarische Geschäftsführerin hatte ich ja schon auf mich aufmerksam machen können. Ich galt als Sachverständige für Wirtschaftsfragen. Der Rückhalt in meinem Wahlkreis war gewaltig. Mein Vorteil war, dass ich als Politikerin geschätzt wurde, die sich eher an Zahlen und Fakten und nicht an Ideologien und Seilschaften orientierte. Gerade mein beruflicher Werdegang ließ mich als unabhängig und in gewisser Weise auch als resistent gegen die korrumpierenden Versuchungen der Macht erscheinen. Plötzlich galt ich als Hoffnungsträgerin der CDU.

Entsprechend positiv war die Resonanz am Tag meiner Wahl in Düsseldorf. Damals bemühte sich Volker Rühe vergeblich, das zu schaffen, was Angela Merkel bereits ein knappes Jahr zuvor in Dresden gelungen war: den Sprung zum stellvertretenden Parteivorsitzenden. Rühe, der Jahre später nach dem

Rückzug Helmut Kohls zu Merkels Rivalen im Kampf um die CDU-Führung werden sollte, scheiterte. Er musste sich mit einem Beisitzer-Posten begnügen. Für Walther Leisler Kiep indes endete eine wichtige Zeitspanne. Er gab noch in gewohnter Akkuratesse seinen Rechenschaftsbericht ab. Kohl dankte ihm, würdigte die Verdienste seines Parteifreundes und treuen Verbündeten. Ich beobachtete die Szenerie vom Plenum aus, wo ich mich ausgesprochen wohl fühlte. Denn ich saß zwischen den Parteitagsdelegierten aus Baden-Württemberg. Nach der ausgiebigen Hommage an Kiep deutete Kohl entsprechend der Parteitagsregie schon einmal an, dass ein Wechsel in der Bundesschatzmeisterei anstehen würde. Es war ja ohnehin klar.

Ich weiß noch genau, wie die Wahl der Schatzmeisterin aufgerufen wurde. In mir stieg die Aufregung. Kohl schritt selbstsicher ans Rednerpult und schlug mich vor. Er meinte, ich sei eine sehr, sehr gute Wahl, legte sich richtig ins Zeug. Dann wurde ich nach oben gebeten. Seinen Rat hatte ich natürlich im Hinterkopf. Ich hielt kurz inne, ließ meinen Blick über all die Köpfe schweifen. Die Halle war bis auf den letzten Platz gefüllt. Vor so vielen Leuten hatte ich noch nie gesprochen.

Um mir die aufkeimende Unsicherheit zu nehmen, erinnerte ich mich an einen Rhetorikkurs, den ich noch bei IBM absolviert hatte: Fixiere beim Reden nacheinander drei Menschen im Publikum, einen rechts, einen in der Mitte und einen links. Das gibt Halt, nimmt der Masse die Übermacht. Zumal es so leichter ist, Aufmerksamkeit zu erregen, den Delegierten wirklich das Gefühl zu geben, man spreche mit ihnen. Wahrscheinlich hätte ich diese Stütze gar nicht gebraucht. Denn das Flattern war in dem Moment verschwunden, in dem ich zu reden begann. Das habe ich immer wieder erlebt. Ich kann so unsicher sein, wie ich will. Wenn ich vor meine Zuhörer trete, gewinne ich meine Souveränität sofort wieder zurück, verflüchtigt sich der Druck wie von selbst. Auf einmal rede ich ganz frei.

Irgendwie spürte ich damals in Düsseldorf, dass mir ein warmer, wohlwollender Wind aus dem Publikum entgegenströmte. Die meisten hatten schon gehört, dass eine Frau aus

Baden-Württemberg neue Schatzmeisterin werden sollte, waren auf mich eingestimmt worden. Die Neugierde auf meine Person war unheimlich groß. Ich hatte ja bereits eine steile Karriere hinter mir.

Ich machte nicht viele Worte, redete vielleicht fünf, sechs Minuten. Kurz stellte ich mich vor und sagte dann, warum ich gewählt werden wollte. Ich habe diesen Moment damals wirklich als Neuanfang empfunden, als Zäsur, als Abschied von einer unseligen Geschichte. Ich war fest davon überzeugt, die Finanzen der CDU tatkräftig neu ordnen, das ramponierte Ansehen wieder aufpolieren zu können. Mit Kohls Rückendeckung wähnte ich mich sicher.

Zudem war ich mir natürlich auch meiner Wirkung als Frau bewusst. Ich ahnte, dass ich auch ausgewählt worden war, weil mit einer Frau Attribute assoziiert wurden, die nicht zu der diskreditierten Männerwelt passten, die Austragungsort der Flick-Affäre geworden war. An Selbstbewusstsein mangelte es mir nicht. Ich verfügte über Charme, Charisma, Glaubwürdigkeit – und das Geschick, zwischen Menschen vermitteln zu können. Kiep hatte den Vorteil gehabt, dass er aus großbürgerlichen Verhältnissen stammte. Er war es gewohnt, mit den Reichen und Einflussreichen am Tisch zu sitzen, privat zu verkehren. Davon konnte bei mir nicht die Rede sein. Ich hatte mich mit Fleiß und Ehrgeiz nach oben gekämpft. Doch ich glaube kaum, dass Kohls Wahl auf mich gefallen wäre, wäre ich keine attraktive Frau gewesen.

Damals trieben mich solche Gedanken aber nicht um. Ich fühlte mich von der Partei mit offenen Armen aufgenommen. Überhaupt war die Stimmung auf dem Parteitag gut. Ein schwungvoller Aufbruch lag in der Luft, das beflügelte die Delegierten. Ich habe das so oft erlebt: Wenn die Partei sich verändert, neue Horizonte sichtbar werden, konzeptionelle oder auch personelle Umwälzungen anstehen, dann entsteht häufig eine kraftvolle Bewegung, die erst einmal jeden mitreißt, sämtliche Gegensätze aufhebt. Es gibt immer Unzufriedenheit in einer Volkspartei. Bei jeder Versammlung wird Dampf ab- und

Frust rausgelassen. Wenn dann aber ein neuer Weg sichtbar, ein für die Mehrheit erstrebenswertes Ziel greifbar wird, sind alle plötzlich wieder vereint. Dieses Glücksgefühl ist nahezu unabhängig vom Inhalt. Es geht mehr um das Selbstwertgefühl der Delegierten: Wir in der CDU, wir sind doch wer. Auf dem Düsseldorfer Parteitag habe ich davon viel gespürt.

Dann kam der Moment meiner Wahl. Ich saß bereits auf dem Podium und war unheimlich auf das Ergebnis gespannt. Ein Mitarbeiter der Schatzmeisterei schob mir einen Zettel mit dem Ergebnis zu, bevor es verkündet wurde. Ich hielt kurz den Atem an: 98,9 Prozent. Damit hatte ich nie gerechnet. Das war fantastisch. Ich habe so getan, als hätte ich nichts bemerkt. Jürgen Rüttgers, der Sitzungsleiter, verkündete offiziell, mit wie viel Prozent ich gewählt worden war. Dann brach der Applaus los. Ich war einfach glücklich.

Helmut Kohl stand auf und überreichte mir Blumen. Dann kam Walther Leisler Kiep auf mich zu. Auch er hatte einen Strauß in der Hand. Kurze Zeit später gab ich dann die ersten Interviews. Die Journalisten standen seitlich in der Halle und mir reckten sich die Mikrofone entgegen. Ich ließ mich gut gelaunt befragen. Mein nächster Weg führte mich in die Dependance der Schatzmeisterei, die nur für die Zeit des Parteitags eingerichtet worden war. Die Blumen brauchten Wasser.

Im Büro atmete ich erst einmal durch. In diesen Minuten war ich dankbar dafür, dass es diese kleine Oase gab. Ich setzte mich auf einen Stuhl. Das großartige Wahlergebnis musste ich erst einmal verdauen. Es hatte etwas Unwirkliches. Meine Karriere hatte mich so schnell nach oben katapultiert, da konnte es einem fast schwindelig werden. Doch nach einer Weile holte ich mich selbst wieder auf den Teppich der Wirklichkeit zurück. Nüchtern betrachtet, war das alles kein Wunder. Ich hatte einfach das richtige Profil zur richtigen Zeit besessen. Die Delegierten waren von einem Bild angetan, das Partei und Presse von mir entworfen hatten. Bis zu meiner Wahl hatte ich noch nicht viele Gelegenheiten gehabt, Fehler zu machen. Man traute mir zu, die Schatzmeisterei in die Positivschlagzeilen zu bringen. Zudem repräsentierte ich konservative Werte wie Verlässlichkeit und Ehrlichkeit, ohne altbacken zu wirken. Das kam an. Natürlich hatte bei der Entscheidung für mich auch das Wort des Kanzlers schwer gewogen, der kräftig die Werbetrommeln gerührt hatte. Kohl tat das auch in eigener Sache. Mit meiner Kür demonstrierte der Parteichef Führungsstärke. Personalentscheidungen, neue Gesichter hielten die Partei bei Laune. Nach Düsseldorf war die Erwartungshaltung an mich riesig. Aber das ängstigte mich nicht – im Gegenteil, es beflügelte mich. Ich wusste, dass ich viel Arbeit vor mir hatte. Das war ich gewohnt. Für tiefsinnige Reflexionen blieb nicht viel Zeit. Ich krempelte lieber beide Ärmel hoch.

Lüthjes große Enttäuschung

Für Kiep war seine Abwahl nicht das politische Aus. Er blieb in der Außenpolitik tätig, bewegte sich zwischen Amerika und Europa wie ein Fisch im Wasser. Als politische Plattform diente ihm unter anderem der Vorsitz der Atlantik-Brücke, eine Gesellschaft, die den deutsch-amerikanischen Dialog förderte. Zudem machte Kohl ihn zum Amerika-Beauftragten der CDU. Kieps Ansehen reichte weit über die Grenzen der eigenen Partei hinaus. Auch die Wirtschaft nutzte seine Talente. Kiep, der im Aufsichtsrat von Audi saß, vermittelte im Streit um den baskischen Manager und Sparspezialisten José Ignácio López, den VW 1993 seinem Konkurrenten General Motors (GM) ausspannen konnte. Eine erbitterte Schlammschlacht der Autogiganten GM, Opel und VW war die Folge. GM und Opel fühlten sich betrogen, da López ihrer Ansicht nach Geschäftsgeheimnisse an den Rivalen in Wolfsburg verraten hatte. Der Streit endete in einem Vergleich.

Ich bin Kiep nie besonders nahe gekommen. Wir sind uns hin und wieder begegnet, aber das war eher eine oberflächliche Beziehung. Nach meiner Wahl zur Schatzmeisterin bot er mir seine Hilfe an. Wenn ihn sein Ausscheiden bekümmerte, ließ er sich das nicht anmerken. Er versprach mir, mich zu unterstützen. Dazu zählte auch, dass er mich in die Kreise von einflussreichen Wirtschaftsleuten und damit potenziellen Spendern einführen wollte. Aber seine Prioritäten änderten sich schnell. Lediglich bei meinem Antrittsbesuch beim Vorstand der Deutschen Bank begleitete er mich. Unsere Kontakte ließen danach rasch nach. Ich habe Kiep dann noch mehrfach bei der Atlantik-Brücke getroffen, die ihm als außenpolitisches Forum am Herzen lag. Er schickte mir regelmäßig eine Einladung. Bei einer dieser Veranstaltungen, Kiep bekam am 15. April 1994 das Große Bundesverdienstkreuz aus den Händen von Rita Süssmuth verliehen, lernte ich jemand anderes kennen, mit dem mein Schicksal auf unselige Weise verknüpft werden sollte: den bayerischen Waffenhändler und Unternehmer Karlheinz Schreiber. Doch dazu später.

Anders als Kiep machten Lüthje die Ereignisse auf dem Düsseldorfer Parteitag zu schaffen. Er kam nie richtig darüber hinweg, dass Kohl ihm keine Chance als Schatzmeister gab. Er wollte nicht einsehen, dass er nie den notwendigen Abstand zur Flick-Affäre hätte verkörpern können. Lüthje dachte meines Erachtens verständlicherweise anders. Er konnte den Job. Und er wollte den Job.

Meine Wahl muss er als persönliche Herabstufung empfunden haben. Zudem gehörte er sicherlich zu jenen Männern, die ein Problem damit hatten, neben einer Frau als Schatzmeisterin zu arbeiten. Er hielt mich für ein unbedarftes Mäuschen, dem er seine Grenzen aufzeigen wollte. Von Anfang an machte er Front gegen mich.

Um das Ausmaß seiner Enttäuschung zu verstehen, muss man etwas mehr von der besonderen Rolle erzählen, die er spielte. Uwe Lüthje verstand sich in besonderer Weise als Parteisoldat. Er war sicher der Mensch, der neben Horst Weyrauch am meisten über die Spendenaffäre wusste. Er gehörte zu jenem viel beschriebenen Trio »Kiep, Weyrauch, Lüthje«, über das der Verdacht geäußert wird, es hätte die Schreiber-Million untereinander aufgeteilt. Lüthje kannte sich genauestens im Schattenreich der CDU aus und zählte damit zu jenem von Angela Merkel beklagten »Kartell des Schweigens«. Und er war sich seiner Rolle nicht nur in dieser Hinsicht bewusst. Er hatte für Helmut Kohl einiges riskiert, nicht nur, weil er mit Horst Weyrauch heimlich Spendengelder in verschlungenen Kontosystemen hortete. Lüthje war schon früher wichtig gewesen, zu einem Zeitpunkt, da Kohls Kanzlerschaft Mitte der Achtzigerjahre zum ersten Mal auf des Messers Schneide stand. Damals musste sich der noch relativ junge Regierungschef vor Gericht verantworten. Hätte man Kohl eine Verwicklung in die Flick-Affäre, mehr noch, eine bewusste Täuschung der Öffentlichkeit nachweisen können, hätte er vermutlich aus dem Kanzleramt ausziehen müssen.

Erst im September 1997 öffnete er den inneren Tresor, in dem er dieses Geheimnis bewahrt hatte. In einer privaten Rede im Beisein von Horst Weyrauch ließ Lüthje bester Laune reichlich unverblümt durchscheinen, dass er es war, der den Kanzler damals vor dem Absturz ins politische Niemandsland gerettet hatte. Lüthje hatte offenbar ein Bedürfnis, aus sicherem Abstand heraus seine historische Rolle als Kanzlerretter kundzutun. Seine launigen Einlassungen ließen sich nicht anders deuten, als dass er in der Flick-Affäre im Verfahren gegen Kohl für den Parteichef gelogen hatte.[6] Der Bundeskanzler hatte sich damals dem Vorwurf einer uneidlichen Falschaussage erwehren müssen. Lüthje sorgte dafür, dass er weitgehend unbeschädigt aus der Affäre hervorging. Ein Akt der Loyalität, für den er eine gewisse solidarische Gegenleistung erwartete. Und nicht nur dafür: Lüthje muss bewusst gewesen sein, dass er und Weyrauch bei ihren Geldgeschäften stets mit einem halben Bein im Gefängnis gestanden hatten. Sie trugen ein hohes Risiko, verstanden ihr Finanzgebaren als einen verschwiegenen Dienst an der Partei. Lüthje wird es hart getroffen haben, dass er bei der Schatzmeisterei nicht zum Zuge kam. Noch enttäuschter und verbitterter reagierte er, als Kohl sich später auf dem Höhepunkt der Spendenaffäre von ihm distanzierte. Lüthje revanchierte sich, indem er bei seiner schriftlichen Vernehmung vor dem Spenden-Untersuchungsausschuss im Jahr 2000 zu erkennen gab, dass Kohl seines Wissens mehr von den geheimen Geldflüssen wusste, als er wissen wollte.[7]

Weyrauch, die Sphinx

Horst Weyrauch nun, mit dem ich ebenfalls nach meiner Wahl zur Schatzmeisterin zusammenarbeiten sollte, nahm ähnlich wie Lüthje eine Schlüsselstellung im System der schwarzen Kassen ein. In der Öffentlichkeit haftete ihm etwas von einer Sphinx an, einer rätselhaften, undurchdringlichen Figur, die viel weiß, aber kaum etwas von ihrer Gedankenwelt offenbart. Weyrauch galt als verschwiegen, verschworen, als ein gewiefter Geldjongleur. Der Steuer- und Finanzfachmann hütete den geheimen Schatz der CDU, war der nahezu unumschränkte Herr der »Anderkonten«. Seinen Auftrag vollführte er inmitten eines Labyrinths heimlicher Transaktionen und sorgsam getarnter Finanzquellen, durch das er sich mit spielerischer Sicherheit zu bewegen verstand. Trotz oder gerade wegen seiner Unscheinbarkeit nach außen hin regte er die Fantasie der Öffentlichkeit nach dem Auffliegen der Spendenaffäre wie kaum ein anderer an. Alles andere als verwegen wirkend, verkörperte er nicht gerade einen Typ, dem man gemeinhin ein Doppelleben unterstellen würde, das in seiner Dimension die gesamte Republik erschütterte. Natürlich war Weyrauch nicht der Erfinder dieses Systems. Letztlich war er nur ein treuer Diener seines Herren, also Kohl. Aber er schaffte es mit ein paar engen Mitstreitern, ein komplexes System illegaler Kassen über Jahre zu verheimlichen, ohne dass die Öffentlichkeit, ähnlich wie viele Mitarbeiter in der Schatzmeisterei auch nur den geringsten Verdacht schöpften.[8]

Wer nun glaubt, dass Weyrauch und Lüthje eine verschworene Gemeinschaft gebildeten hätten, der irrt. Sie haben sicher das Wissen um so manche brisante Verschlusssache miteinander geteilt. Doch unmittelbar nach meiner Wahl zur Schatzmeisterin wurde bereits klar, wie dürftig ihr Zusammenhalt war. Weyrauch hatte im Untergrund der CDU Überlebensstrategien entwickelt. Dazu zählte sicher auch, sich bei heraufziehenden Konflikten instinktsicher ans rettende Ufer zu begeben, also sich denen gegenüber absolut loyal zu verhalten, von denen er in gewisser Weise abhing. Nach meiner Wahl zur Schatzmeisterin rief er mich in aller Frühe, es war vielleicht 7.00 Uhr, im Düsseldorfer Hotel Breidenbacher Hof an, wo ich mit vielen Parteitagsteilnehmern untergebracht war. Weyrauch sagte mir am Telefon seine uneingeschränkte Solidarität zu, was mich verwunderte. Bei unserem Essen am Vorabend des Parteitags im selben Hotel hatte er sich noch wortkarg gegeben. Und jetzt konnte er es offenbar kaum abwarten, mit mir ins Gespräch zu kommen. Zudem hatte ich eine derartige Loyalitätsadresse nie von ihm eingefordert. Ich fragte mich damals ernstlich, was der Anruf Weyrauchs zu bedeuten hatte. Aber offenbar spürte er den sich anbahnenden Konflikt zwischen Lüthje und mir und wollte nicht mit ihm in einen Topf geworfen werden. Ihm ging es ganz offensichtlich darum, rechtzeitig die Gefahrenzone zu verlassen.

Er verriet mir, dass Lüthje sich nach unserem gemeinsamen Essen vor dem Parteitag ziemlich betrunken hatte und offenbar im Hotel längere Zeit im Aufzug auf- und abgefahren war. Aus seinen Worten konnte ich entnehmen, dass Lüthje heftig über mich herzog. Ein weiteres Indiz dafür, dass er selbst auf das Amt des Schatzmeisters spekuliert hatte und daher reichlich erbost über meine Nominierung war. So direkt hatte Weyrauch das aber nicht ausgesprochen. Er bemühte sich, möglichst rasch ein gutes Verhältnis zu mir aufzubauen. Und er hatte offenbar keine Probleme damit, Lüthje bei mir von Anfang an in ein schiefes Licht zu rücken.

Wie aufgebracht Lüthje war, zeigte sich auch gegen Ende des Düsseldorfer Parteitags. Bereits vor meiner Wahl hatten wir über den Dienstwagen der Schatzmeisterei gesprochen – einen Audi A 8. Kiep hatte ihn häufig nicht in Anspruch genommen, da er wenig Zeit für die Schatzmeisterei aufbringen konnte. Durch die Gerichtsverfahren im Zuge der Flick-Affäre war er an andere Tätigkeiten gebunden. Und auch vorher schon, als Kiep noch als Finanzminister in Niedersachsen amtierte, musste Lüthje wichtige Leitungsfunktionen übernehmen. Bevor ich Bundesschatzmeisterin wurde, hatte Lüthje die Schatzmeisterei phasenweise geführt. Daher nutzte er auch den Dienstwagen samt Fahrer. Wegen mir hätte er den Audi auch ruhig weiter fahren können. Ein nobles Auto schien mir nicht wichtig. Da die Tätigkeit als Schatzmeisterin ehrenamtlich war und ich dafür kein Gehalt erhielt, hatte ich ohnehin nicht damit gerechnet, einen Dienstwagen nutzen zu können. Doch Lüthje vermied es trotzig, einen Kompromiss zu suchen.

Noch während des Parteitags, ich war bereits in Amt und Würden, marschierte er zu dem kleinen Parteitagsbüro der Schatzmeisterei in Düsseldorf und warf wutentbrannt den Autoschlüssel in den Raum. Er muss nur noch gekränkt gemeint haben, er hätte sich mittlerweile einen VW Golf besorgt, wie man mir wenig später erzählte. Mir reichte es allmählich mit ihm. Wenn er keine gütliche Lösung wollte, nahm ich halt den Audi. In dem schönen Auto saß es sich sehr bequem. Ohne weiter auf den Zwischenfall einzugehen, ließ ich mich nach dem Parteitag nach Bonn chauffieren. Wenn Lüthje schmollen wollte, konnte ich das nicht verhindern. Ich freute mich über den bequemen Fahrservice.

Der Fall Hannes Müller

Nach meiner Wahl zur Schatzmeisterin machte ich mich sofort daran, mir eine stabile Arbeitsbasis zu schaffen. Ich brauchte eine verlässliche Struktur, zunächst einmal einen Büroleiter. Der von mir ursprünglich favorisierte Paul Fietz fiel aus, weil Uwe Lüthje, der Generalbevollmächtigte in der Schatzmeisterei, ihn ja gleich bei unserem ersten Zusammentreffen wüst abgekanzelt hatte. Ich war mir sicher, auf dieser verbrannten Erde würde der Same der Zusammenarbeit überhaupt nicht mehr gedeihen.

Der Posten des Büroleiters war also wieder frei. Dieses Amt war eigentlich für jedes aufstrebende Talent in der Partei interessant. Es bot tiefe Einblicke in das Innenleben einer Regierungspartei. Die Schatzmeisterei bildete ein Sprungbrett, um mit wichtigen Leuten aus Gesellschaft und Wirtschaft in Kontakt zu kommen. Wer hier in leitender Position arbeitete, dem bot sich die Chance, auf Tuchfühlung mit der Elite des öffentlichen Lebens zu gehen.

Schließlich kam ich auf Jürgen Schornack, der damals im Arbeitsministerium auf sich aufmerksam gemacht hatte. Er schien mir der ideale Kandidat. Das Problem war nur, dass er erst im Januar 1993 zu mir herüberwechseln konnte. Ich betrat die Höhle des Löwen also ohne einen Vertrauten. Am Anfang hatte ich nicht mal eine eigene Sekretärin. Und das sollte für ein paar Monate so bleiben – entscheidende Monate.

Dabei hätte ich Unterstützung gut gebrauchen können. Denn schon bald begannen die Merkwürdigkeiten. Eines Abends fiel mir auf, dass aus dem alten hölzernen Aktenschrank in meinem neuen zusätzlichen Büro im Konrad-Adenauer-Haus, in dem die Schatzmeisterei untergebracht war, Ordner verschwunden waren. Niemand hatte mir Bescheid gesagt, meine Erlaubnis eingeholt. Kein Einzelfall, denn in den nächsten Wochen fehlten immer wieder auf unerklärliche Weise Akten. Ich wurde allmählich misstrauisch. Da ich keine Pferde scheu machen wollte, ging ich mit der Vorsicht eines Detektivs vor. Tagsüber war ich meistens in meinem Büro als parlamentarische Geschäftsführerin, eine halbe Stunde Fußweg vom Adenauer-Haus entfernt. Spät abends bin ich dann in mein zweites Büro gefahren, ich arbeitete mich ein – und fahndete nach Unregelmäßigkeiten. Nacht für Nacht wälzte ich Akten in der Schatzmeisterei. Ich muss tausende von Seiten gelesen haben. Manchmal war ich bis morgens um vier Uhr beschäftigt. Ich wollte wissen, warum hier Ordner verschwanden. Und mich interessierte, ob etwas vor mir verborgen wurde, Akten gesäubert wurden.

Damals habe ich mir ein höchst nützliches Wissen erarbeitet und bemerkt, dass manches leider gar nicht so ablief, wie ich es mir vorgestellt hatte. In der Schatzmeisterei würde noch viel Aufräumarbeit nötig sein, dämmerte mir. Vor allem fiel mir ein viel sagender Ordner in die Hände, in dem Spenden verbucht waren, die ich nicht zwingend der Schatzmeisterei zuordnen konnte. Vor mir türmten sich Fragen auf. Ich konnte das Mosaik an Informationen nicht zusammensetzen, sosehr ich mich auch mühte, die Einzelteile zu sortieren. Ich wusste noch zu wenig. Insgeheim habe ich damals schon an fragwürdige Spenden gedacht. Aber das war nur eine von mehreren Möglichkeiten, die ich nicht mal als nahe liegend empfunden habe. Mir fehlte der Überblick über das Finanzgebaren, alle Verbuchungspraktiken und Konten. Zudem wollte ich mich als Neuling nicht gleich so weit aus dem Fenster hängen.

Zustände wie im alten Rom

Meine nächtlichen Aktendurchsichten warfen auch ein bezeichnendes Licht auf den Stil der Schatzmeisterei. Dort muss es früher ein wenig wie im alten Rom zugegangen sein. Die Herrschaften hatten üppig gefeiert und gelebt. Geld war ja im Überfluss vorhanden. Die jährlichen Bewirtungskosten wurden von mir auf ein Zehntel reduziert.

Damals waren natürlich die brennendsten Fragen: Wer greift hier ungefragt auf vertrauliche Akten zu? Und: Wenn Dokumente manipuliert werden, welcher Zweck steckt dahinter? Ungeschminkte Offenheit konnte ich nicht erwarten. Aber ich hatte auch keine Lust, mir auf der Nase herumtanzen zu lassen. In mir brodelte es. Das konnte ich so natürlich nicht zeigen. Ich versuchte, meinen Ärger einigermaßen unter der Decke zu halten. Mir war daran gelegen, keinen Fehler zu machen, keine unnötige Angriffsfläche zu bieten. Noch war meine Position nicht gefestigt. Ich bin schließlich zu Uwe Lüthje gegangen und habe ihn nach den Akten gefragt. Der wimmelte mich ab. Er wüsste gar nicht, was ich wolle. Das seien alles Unterlagen, die den kommerziellen Spendensammler Hannes Müller betreffen würden. Vorgänge, die ohnehin nicht in meinen direkten Verantwortungsbereich fielen, mich ergo also auch nicht zu interessieren hätten. So ganz einleuchtend fand ich das natürlich nicht. Aber ich konnte keinen Eklat brauchen. Daher ging ich taktisch vor. Ich trieb Lüthje nicht in die Enge, machte aber mit meiner Wühlarbeit weiter. Und ich wurde fündig: Mir fielen Abrechnungen von Rechtsanwälten in die Hände, ich durchforstete Spenderlisten, sondierte Dokumente in Hülle und Fülle. Im Grunde war mir damals schon klar, dass ich auf eine harte Auseinandersetzung zusteuerte.

Noch aber besaß ich keine klare Orientierung. Ich konnte nicht einschätzen, wie viel noch vom alten Filz vorhanden war, wer wen deckte. In der Vergangenheit war bekanntlich nicht alles korrekt gelaufen. Mit einem Schnitt an der falschen Stelle hätte ich mich leicht selbst verletzen können. Meine Grundausrichtung war klar: Die Geldwaschanlagen der staatsbürgerlichen Vereinigungen, über die Verbände und Unternehmen lange Jahre anonym und ohne Versteuerung der Gelder an die Parteien spenden konnten, sollten jetzt endlich passee sein. Nun wurden die Spenden ganz solide gesammelt. Das sollte kein frommer Wunsch bleiben.

Die Rolle von Hannes Müller erschien mir als echte Hürde. Ich beschloss, mir diese Schlüsselfigur einmal genauer anzuschauen, seine Rechte und Funktionen abzuklären. Er schien mir verdächtig. Nach einer Weile registrierte ich mit Unbehagen, dass er eigentlich meine Arbeit ausführte. Denn es gab eine so genannte Spendenvorbehaltsliste, die mir bei meinen nächtlichen Recherchen in die Hände gefallen war. Auf dieser Liste waren die Unternehmen verzeichnet, die ausschließlich für die Bundesschatzmeisterin reserviert waren. Wenn ich mich danach gerichtet hätte, hätte ich mich vielleicht noch um zehn Firmen kümmern dürfen. Alles andere wäre mir versperrt geblieben, gehörte nach dieser Liste zum Revier von Hannes Müller und seinen Handelsvertretern. Kohl hatte also auf eine fragwürdige Weise Recht gehabt, als er mir in Norwegen eine geringe Arbeitsbelastung versprach. Das vorgesehene Pensum hätte ich – trotz meiner Belastung als parlamentarische Geschäftsführerin – wirklich ausgesprochen locker schaffen können. Nur entsprach diese Beschränkung nicht meiner Vorstellung vom Amt einer Schatzmeisterin. Ich war nicht gewählt worden, um einem kommerziellen Spendensammler den größten Teil der Arbeit zu überlassen. Das war ein unmöglicher Zustand.

Daraufhin bin ich wieder zu Uwe Lüthje gegangen. Ich wollte den Vertrag von Müller sehen. Was Lüthje damals nicht wusste: Ich hatte das Vertragswerk längst ausgiebig studiert. Und bei dem, was ich da gelesen hatte, sträubten sich mir alle Haare. Der Vertrag war eigentlich ein Skandal. Die CDU leistete sich nach der Flick-Affäre einen kommerziellen Spendensammler, der mit einer Visitenkarte als Bundesschatzmeister die Unternehmer abklapperte und von den eingehenden Spenden gemeinsam mit seinen Handelsvertretern, jetzt kommt der eigentliche Punkt, sage und schreibe 40 Prozent Provision kassierte. Die Höhe seines Anteils hat mich regelrecht geschockt, zumal die Spenden vom Staat bezuschusst wurden. In Zahlen ausgedrückt hieß das: Müller kassierte von jeder gespendeten Million 400 000 Mark.

Müllers Macht wird beschnitten

Mein Entschluss reifte, den Vertrag mit Müller zu kündigen. Doch das war nicht leicht. Denn die Vereinbarung war erst 1992 abgeschlossen worden. Im Januar 1993 ging ich den Kontrakt mit meinem nun angekommenen Büroleiter Jürgen Schornack durch, der Jurist war. Wir überprüften den Vertrag akribisch auf Schwachstellen. Eigentlich war ja ausschließlich der Bundesschatzmeister berechtigt, Spenden zu sammeln. Doch das Vertragswerk war nur schwer zu knacken. Die CDU hätte eine immense Abfindung zahlen müssen, wenn ich Müller gleich gekündigt hätte. Ganz geschlagen wollte ich mich aber dennoch nicht geben. Ich nahm mir zunächst die unsägliche Spendenvorbehaltsliste vor und begann, Verhandlungen mit Müller zu führen. Schließlich setzte ich durch, dass die Liste auf zirka 100 Firmen zu meinen Gunsten erweitert wurde. So bereitete ich zumindest den Boden dafür, dass CDU und Wirtschaft wieder direkt in Kontakt kommen würden. Für viele Firmen hatte faktisch Müller die Partei repräsentiert.

Annähernd 40 Prozent Provision waren übrigens, so habe ich später erfahren, auch bei wohltätigen Verbänden üblich, was mich trotzdem ein wenig wunderte. Ich beruhigte mich anfangs mit dem Gedanken, rechtlich würde das alles wohl einigermaßen in Ordnung sein. In dieser Zeit gab es wenig Sicherheit für mich. Ich schwankte in meiner Einschätzung, wie ich das Ganze zu bewerten hatte. Der CDU fühlte ich mich loyal verbunden. Doch schon nach kurzer Zeit kamen mir erneut Bedenken. Denn das Problematische an diesem Verfahren für mich war – neben der moralischen Anrüchigkeit – die Tatsache, dass die Spenden abzugsfähig waren. Der Staat zahlte bei der ganzen Summe zu, auch bei dem Provisionsteil, den Müller und seine Handelsvertreter für sich behielten. Zudem wussten die Wirtschaftsunternehmen nicht, dass praktisch die Hälfte der Spendengelder in Müllers Tasche landete. Wer weiß, ob sie dann noch so freigebig gewesen wären.

Ich hatte keine Lust, nach den Erfahrungen mit der Flick-Affäre in einer solchen rechtlichen Grauzone zu operieren. Also wurde ich wieder bei Müller vorstellig. Der merkte natürlich sofort, wo der Hase lang lief. Er kam mir nicht einen Schritt entgegen. Anschließend habe ich mit einem mit dem Fall Vertrauten darüber gesprochen, einem aufrichtigen Mann, der nach meinem Eindruck selbst Bauchschmerzen wegen der Spendenvorbehaltsliste hatte. Er muss mich irgendwie gemocht haben. Denn eines Tages hat er mir überraschend eine Warnung zukommen lassen: »Frau Baumeister, Sie betreten hier ein vermintes Gelände. Sie müssen aufpassen, dass Sie am Ende nicht diejenige sind, die auf der Strecke bleibt.« Damals habe ich nicht genau verstanden, was er meinte. Offenbar musste ich mit Gegnern rechnen, die mit verdeckten Karten spielten. Ich versuchte, mich nicht aus der Ruhe bringen zu lassen, nicht überängstlich mit Rückzug zu reagieren. Ich musste nur aufpassen, keinen Schritt zu tun, der nicht abgesichert war. Mein vordringliches Ziel gab ich deswegen nicht auf: Ich versuchte, Hannes Müller langsam, aber sicher aus dem Spendengeschäft zu drängen. Die Abfindung, so mein Kalkül, würden wir wieder reinholen, wenn wir die Spenden künftig auf eigene Rechnung sammelten. Nach einer Weile, da war ich mir sicher, hätte sich die aufwändige Loslösung von Müller amortisiert.

Doch so einfach war das natürlich nicht. Denn Müller war nicht nur ein Fuchs, er hatte auch eine zentrale Rolle im CDU-Finanzsystem inne. Er war nicht nur ein Spendenakquisiteur, sondern in der Vergangenheit auch für die Verlage der CDU tätig gewesen, die über zwei Wirtschaftsunternehmen geführt wurden: die Union Kommunikations- und Medien-GmbH & Co. KG (UKM) und die Wirtschaftsdienst Union GmbH (WDU). Müller hat stets darauf geachtet, dass er doppelt abgesichert war. Die UKM (CDU-Anteil 25 Prozent) gab unter anderem die *Wirtschaftsbild* heraus. Bei dieser Zeitschrift tat sich die nächste Baustelle auf. Denn dort wurden, wie sich später herausstellte, unter Vorgaukelung überhöhter Auflagen die Anzeigenpreise festgelegt. Der Sinn der teuren Anzeigen: So erschloss sich die *Wirtschaftsbild* Finanzquellen, die sonst nicht so üppig gesprudelt wären.

Das Ganze war ein dreister Missbrauch ahnungsloser Kunden, von dem unter anderem auch die CDU profitierte. Was mit den zu viel gedruckten Ausgaben der *Wirtschaftsbild* geschah, war mir ebenfalls nicht klar. Ein Teil der Zeitschriften wanderte vermutlich direkt in den Papierkorb. Zudem sind nicht einmal alle kommerziellen Anzeigen in dem Blatt erschienen. Darauf bin ich durch den Vorstand einer Bank gestoßen. Dieser hat mir erzählt, dass in seinem Haus für die *Wirtschaftsbild* Anzeigen geschaltet würden. Von Seiten des Verlags sei ihnen jedoch bedeutet worden, wenn sie nichts dagegen hätten, würden die Anzeigen gar nicht erst gedruckt werden.

Allmählich kam mir das Ganze wie ein Fass ohne Boden vor. Ich fragte mich, was sonst noch alles im Argen lag. Die Praktiken des UKM-Verlags konnte ich so nicht akzeptieren. Das habe ich Lüthje, Müller und dem Verleger Axel Walther auch relativ schnell zu verstehen gegeben. Ich verlangte eine Sitzung der Anteilseigner der UKM und drängte auf ein Verbot der Blindanzeigen. Müller, Walther & Co. haben zunächst natürlich alles bestritten. Sie wollten mich abblocken, mir falsche Rückschlüsse unterstellen. Und hielten mich ewig damit hin, sie müssten erst noch alles gründlich überprüfen. Ihre Reaktion war schon ziemlich frech. Müller und Walther hielten sowieso wie Pech und Schwefel zusammen. Sie kannten sich aus alten Tagen, als Müller für den *Bayernkurier* arbeitete und Walther am Chiemsee residierte.

Langsam kam ich in Fahrt. Ich wollte in dem Streit nicht klein beigeben und drohte mit einem Wirtschaftsprüfer. Wenn sie nicht bereit wären, vor mir die Karten auf den Tisch zu legen, wollte ich ihnen einen Profi ins Haus schicken. Dann wären ihre Machenschaften auf jeden Fall aufgeflogen. Für meine harte Vorgehensweise sicherte ich mir die Rückendeckung von Helmut Kohl zu.

Es lief einfach erschreckend viel schief in der Schatzmeisterei. Lüthje und Müller merkten, dass ich gewillt war, wirklich aufzuräumen, und nicht nur ein paar kleine Veränderungen durchsetzen wollte, um in der Öffentlichkeit mein Gesicht als Sauberfrau zu wahren. Da braute sich mächtig Ärger zusammen. Da Müller als Spendensammler nach dem Ausscheiden von Lüthje zu meinem Verantwortungsbereich gehörte, bekam ich alle Beschwerden, die ihn und seine Mitarbeiter vor Ort betrafen, auf den Tisch. Das Spendensystem Müller war in unserer föderal verfassten Partei sowieso ein Dauerbrenner.

Auch den Landesverbänden war die Truppe um Müller ein Dorn im Auge. Sie beschwerten sich ständig über deren Spenderfischzüge in fremden Gewässern. Der Streit ging ums Geld: Die Landesverbände fürchteten um ihre Einnahmen. Insbesondere in Wahlkampfzeiten konnten sie die Konkurrenz aus Bonn nun gar nicht gebrauchen. Von daher sahen es die unteren Gliederungen der Partei durchaus mit Sympathie, dass ich mich mit Müller anlegte. Anders sah es in der Bundespartei aus: Für viele in führender Position wurde ich allmählich zum roten Tuch.

Spendensammler in Schwierigkeiten

Der Streit mit Müller spitzte sich 1994 dramatisch zu. Am 1. Januar war das neue Parteienfinanzierungsgesetz in Kraft getreten, das ich selbst mit ausgearbeitet hatte. Schlecht für Müller, denn für ihn wurde es allmählich ganz schön eng. Ende 1994 war ich zu allem Überfluss auch noch dahinter gekommen, dass er zusätzlich einen florierenden Autohandel betrieb. Das Prinzip funktionierte so: Müller orderte Großaufträge unter anderem von BMW-Limousinen. Und dann sind er und zuweilen ein weiterer Eingeweihter zu mittelständischen Unternehmen und Freiberuflern gegangen. Sie warben nicht nur um Spenden, sondern boten zugleich einen schmucken Neuwagen an. Der Clou bei der Sache war, die Käufer erhielten bis zu 25 Prozent Rabatt. Sie konnten sogar Farbe, Ausstattung und sämtliche Extras bestimmen. Lediglich zwei Auflagen mussten sie erfüllen: Sie bekamen den Wagen nur, wenn sie sich zu einer Spende entschlossen. Und sie mussten zum Zeitpunkt der Bestellung bereits den Kaufpreis in bar begleichen. Müller verlangte Vorauskasse. Er betrieb regelrechte Bauernfängerei im Namen der CDU.

Begründet haben die beiden ihr Angebot damit, dass Hannes Müller beim Kanzleramt angesiedelt sei. Und aus dem Behördenrabatt, so logen sie dreist, könne Müller hin und wieder einen Wagen für großzügige und besondere Spender abzweigen, da das Kanzleramt sein jährliches Kontingent an Neuwagen nicht ausschöpfe. Letztlich fungierte die Schatzmeisterei, denn Müller nutzte ja diese Visitenkarte für seine zweifelhaften Geschäfte, als Autohändler. Ich wäre ihm nicht so schnell auf die Schliche gekommen, wenn es nicht zwei Irrläufer gegeben hätte. Müller saß im ersten und ich im zehnten Stock des Bonner Adenauer-Hauses. In der Postverteilung wussten die Mitarbeiter genau, welche Briefe und Päckchen an Müller zu gehen hatten. Aber in zwei Fällen haben sie sich ganz einfach vertan. Die Schreiben landeten bei mir auf dem Schreibtisch. Ich habe nicht schlecht gestaunt.

Ich bin damals zu Horst Teltschik gefahren, der mittlerweile im BMW-Vorstand saß und den ich noch aus dem Kanzleramt kannte. Nach dem Gespräch stand fest, dass Müller, der ein Geschäftspartner von BMW war, seinen Autokunden etwas vorschwindelte. In Wirklichkeit erhielt er keine 25 Prozent Großkundenrabatt, sondern viel weniger. Müllers Geschichte mit dem Kanzleramt war ohnehin ein Märchen, eine durchsichtige Legende. Er konnte mit maximal 13 bis 15 Prozent Abschlag kalkulieren, mehr gewährte das bayerische Motorenwerk nicht. Die Differenz musste Müller ausgleichen, indem er das im Voraus erhaltene Geld gut anlegte. Den darüber hinaus fehlenden Betrag besorgte er sich, indem er seine Mitarbeiter oftmals erst Monate später bezahlte. Müller arbeitete also mit den Zinsen der im Voraus gezahlten Gelder der Autokäufer und den Provisionsanteilen seiner Handelsvertreter. Damals waren die Zinsen ziemlich hoch. Je mehr Spenden er auf dubiose Weise akquirierte, umso höher war sein Gewinn. Pech für Müller: BMW kündigte nach meinem Vorstoß die Zusammenarbeit mit ihm auf. Auf solch Geschäftspraktiken wollte sich der Autokonzern nicht einlassen. Das Ende eines Streits.

Bis dahin war das Verfahren für die Autokunden ein gutes Geschäft gewesen, sehe ich einmal davon ab, dass Müller unter Vorspiegelung falscher Tatsachen Vorkasse verlangte. Er fand das rechtlich offenbar nicht problematisch. Doch ich war mehr als sauer. Die Schatzmeisterei als dubioser Autohändler – das fehlte mir gerade noch. Weder war ich bereit, Anzeigen zu akzeptieren, die zu teuer waren und nie erschienen, noch nahm ich seine fingierten Dienstwagengeschäfte hin.

Das neue Parteienfinanzierungsgesetz kam mir zu Hilfe und brachte Müller in finanzielle Schwierigkeiten. Die Firmenspenden waren nicht mehr absetzbar. Nur noch private Personen konnten steuerbegünstigt spenden, keine juristischen. Das wirkte sich natürlich auf den Spendenfluss aus. Zudem ließ eine leichte Rezession seine satten Spekulationsgewinne dahinschmelzen. Zu allem Unglück hatte ich ihm auch noch den Geldhahn zugedreht. Das Getrickse mit den Blindanzeigen lief nämlich ebenfalls nicht mehr. Müllers Schneeballsystem geriet langsam außer Kontrolle. Ende des Jahres kam er dann noch mehr in die Bredouille. Plötzlich hatte er nicht mehr genug Spenden, um den versprochenen Abschlag für die Autos zu bezahlen. Ein regelrechtes Chaos brach los. Bei mir trafen die Rechtsanwaltsschreiben ein, Kunden mahnten ihn ab. Auf einmal war da von vier oder fünf BMWs die Rede, die nicht rechtzeitig ausgeliefert worden waren. Und dann fielen mir Briefe in die Hände, in denen Müller um Kunden für seinen Autohandel warb. Er sprach stets von einer geheimen Mission im Kanzleramt, die ihm die besonderen Verkaufskonditionen ermöglichte. Ich musste über diese »konspirativen Schreiben« fast schon lachen. Die Leute fielen auf unheimlich simple Sachen rein. Das war nicht auszuhalten. Das ganze Lügengebäude fand ich unerträglich.

Aber auch die Handelsvertreter gingen auf die Barrikaden. Denen zahlte er ohnehin nur 15 Prozent (er kassierte nach wie vor 25 Prozent von jeder Spende; insgesamt bekam seine Truppe 40 Prozent). Zum Teil dauerte es dann auch noch Monate, bis sie endlich ihr Geld auf dem Konto hatten. Müller hatte anscheinend kaum mehr finanzielle Mittel. Die verärgerten Handelsvertreter standen bei mir auf der Matte. Sie machten die Schatzmeisterei für ihre Misere verantwortlich, denn Müller trat ja abstruserweise nach außen hin unter dem Titel »Der Bundesschatzmeister« auf, was ihm ausdrücklich zugesichert worden war. Seine Mitarbeiter dachten, wir hätten Müller nicht rechtzeitig ausgezahlt. Alles wurde immer verworrener und undurchsichtiger.

Einer der Handelsvertreter hatte offenbar so die Nase voll, dass er mir belastendes Material gegen seinen Chef anbot. Der machte angeblich, so behauptete dieser Informant jedenfalls, auch noch Geschäfte mit Bundestagsabgeordneten zu Lasten der Bundespartei. Ein Parlamentarier hatte demnach eine finanzielle Zuwendung in bar von einer Firma oder einer Privatperson entgegengenommen. Anstatt sie aber an die Partei weiterzuleiten, gab er sie als eigene Spende aus und reichte die Summe kurzerhand an Müller weiter. Auf diese Weise sicherte sich der Parlamentarier die Provision Müllers und Müller sich die Provision der CDU, vermindert um das, was er dem Abgeordneten gegeben hatte. Von solchen Händeln habe ich lieber die Finger gelassen. Mir war das alles zu windig. Warum ich den Handelsvertreter dennoch getroffen habe? Ich wollte die Chance nicht verpassen, möglicherweise etwas Neues über das Geschäftsgebaren von Müller zu erfahren.

Treffen mit einem Informanten

Zusammen mit Jürgen Schornack hatte ich mich mit dem vermeintlichen Informanten in der Lobby des Zeppelin Hotels in Stuttgart getroffen. Wir haben uns damals nicht mal den Kaffee bezahlen lassen, so sehr waren wir um Abgrenzung bemüht. Ein belastendes Schreiben mit dem geschwärzten Namen eines Abgeordneten nahm ich hingegen mit. Mein Vertrauen zu Müller war zu diesem Zeitpunkt längst auf dem Nullpunkt angelangt. Der Handelsvertreter war übrigens einer von der härteren Sorte. Nachdem ich ihn abblitzen ließ, hat er sich postwendend an Helmut Kohl gewandt, um sich über mich zu beschweren. Viel erreicht hat er dort offenbar aber auch nicht. Der Beschwerdebrief an den Parteivorsitzenden landete schließlich wieder bei mir. Ich sollte mich darum kümmern. Aber ich sah nach wie vor keinen Gesprächsbedarf. Auf solche Drohungen reagierte ich grundsätzlich nicht.

Ich habe Hannes Müller dann mehrfach abgemahnt, seinen Autohandel sofort einzustellen. Sein Rechtsanwalt hat mir das auch immer wieder zugesagt. Viel passiert ist vor dem Teltschik-Besuch nicht. Aber ich war bereit, ein dickes Brett zu bohren.

Parallel zu den juristischen Streitigkeiten trotzte ich Müller immer mehr potenzielle Spender ab. Müller musste komplett kaltgestellt werden. Nur einer von uns beiden konnte in der Schatzmeisterei arbeiten. Er stellte ein beträchtliches Sicherheitsrisiko dar – für die CDU, aber auch für mich. Denn Hannes Müller verkörperte die alten anrüchigen Praktiken. Zu einem sauberen Neuanfang passte er ganz und gar nicht, zumal er auch nicht im Geringsten bereit war, sich den neuen Regeln unterzuordnen. In diesen Tagen erinnerte ich mich hin und wieder mit einem Seufzen in der Brust an die Worte Helmut Kohls, der mir in Norwegen eine lockere und dennoch prestigeträchtige Aufgabe angeboten hatte. Doch in Wahrheit hatte ich mir einen Full-Time-Job eingehandelt, der mich an die Grenzen meiner Belastbarkeit führte. Für einen Rückzug war es jetzt zu spät.

Ich war gewillt, Müller frontal anzugehen, den Knebelvertrag mit ihm zu kündigen. Doch das war ein harter Brocken. Ich musste erst einmal Rechtsbeistand einholen. 1994 bin ich mit den ganzen Unterlagen, auch dem Vertrag, ins Kanzleramt gefahren. Der Kanzleramtsminister Fritz Bohl fing mich ab. Ich zeigte ihm die Dokumente und sehe ihn noch die Stirn runzeln. Er tat ausgesprochen erstaunt: »So etwas kann doch nicht wahr sein.« Später hatte ich dann einen Gesprächstermin bei Helmut Kohl. Auch der erschien höchst verwundert. Er meinte sinngemäß, er könne gar nicht verstehen, dass ein solcher Vertrag unterzeichnet worden sei. Kohl war mit Sicherheit nicht in Einzelheiten eingeweiht. Ob er aber von dem Vertrag wirklich nichts wusste und Lüthje komplett eigenmächtig gehandelt hatte, vermag ich nicht einzuschätzen. Tatsache ist, dass es für die CDU bei dem Provisionssystem um enorm hohe Summen ging. Ich selbst musste bereits bei viel kleineren Summen beim CDU-Generalsekretär exakt Rechenschaft ablegen.

Mein Glück war, dass sich weder Kohl noch Bohl meinem Ansinnen verweigern konnten. Die Sachlage war klar, die Argumente waren nicht zu leugnen. Zudem habe ich ihnen deutlich zu verstehen gegeben: Entweder wir kündigen den Vertrag mit Müller oder ihr müsst euch eine neue Schatzmeisterin suchen. Theoretisch hätte mich Helmut Kohl damals zum Rücktritt auffordern können. Einen solchen Skandal konnte er sich aber nicht leisten. Niemand hätte ihm mehr abgenommen, dass ihn die Flick-Affäre zur Einsicht gebracht hatte. Aber auch für mich stand viel auf dem Spiel. Ich hätte mich komplett lächerlich gemacht, wäre Hannes Müller weiter unser Partner geblieben. Mein Auftritt auf dem Düsseldorfer Parteitag hätte sich im Nachhinein als Farce entpuppt, hätte ich so etwas gedeckt.

Kohl, Bohl und auch Horst Weyrauch lenkten ein. Ich hatte mich für die Gespräche gerüstet, als wollte ich in eine Schlacht ziehen. Aber ich musste nicht mal kämpfen, nicht einmal Druck machen. Plötzlich ging alles ganz einfach. Wir lösten den Vertrag sang- und klanglos auf. Niemand zuckte auch nur mit der Wimper. Wenn ich mir diese Stunden noch einmal in Erinnerung rufe, muss ich bei den Ereignissen an einen schlechten Film denken. Weyrauch gab einem Mittelsmann einen Scheck von dem Frankfurter Bankhaus Georg Hauck & Söhne, das heute unter »Hauck & Aufhäuser Privatbankiers KgaA« firmiert. Mit diesem Mittelsmann traf ich mich um 5.00 Uhr morgens auf dem Stuttgarter Hauptbahnhof. Wir tranken noch einen Kaffee, dann drückte er mir den Scheck mit Müllers Abfindung in die Hand: Unser einstiger Spendensammler erhielt die stolze Summe von 1,2 Millionen Mark. Gefordert hatte er erheblich mehr. Mit dem Scheck fuhr ich dann zu Müller nach München. Damit war die Zusammenarbeit nun auch offiziell beendet, dachten wir.

Ich war mir sicher, dass ich in ein Wespennest gestochen hatte. Doch in der CDU regte sich nichts. Heftig reagierte nur die Presse. Denn dort wurde ich auf einmal beschimpft, als hätte ich Unregelmäßigkeiten vertuscht und gedeckt. Die Welt stand irgendwie Kopf. Manchmal habe ich mich abends gekniffen und mir gesagt, das kann doch alles nicht wahr sein.

Besonders befremdlich kam mir Weyrauchs Verhalten im Streit mit dem CDU-Spendensammler vor. Der Knebelvertrag mit Müller hatte schließlich seine Unterschrift getragen. Dennoch kämpfte er keine Sekunde für den Kontrakt. Er akzeptierte klaglos meinen harten Kurs. Wie merkwürdig: Weyrauch verhielt sich damals so, als hätte er den Vertrag mit Müller niemals groß befürwortet, als ginge ihn das alles gar nichts an. Ich wurde einfach nicht schlau aus ihm.

Einzig Lüthje hatte im Laufe des Streits versucht, sich für Müller einzusetzen, die Auflösung des Vertrags zu verhindern. Schließlich agierte Müller zunächst unter seiner Aufsicht. Mein großer Rivale wollte die weitere Beschneidung seines Machtbereichs nicht hinnehmen.

Mit Lüthje geriet ich immer öfter aneinander. Meine Reformbemühungen empfand er als Kompetenzüberschreitung. Doch ich war nicht bereit, die Augen vor dem zu verschließen, was in seinen Geschäftsbereichen vor sich ging, zumal ich die politische Gesamtverantwortung hatte, wenn ich ihm gegenüber auch nicht weisungsbefugt war. Lüthje indes ließ nicht locker. Selbst meinen Sparkurs versuchte er zu hintertreiben, weil er sich offenbar alten CDU-Gönnern verpflichtet fühlte und daher nicht bereit war, die günstigsten Anbieter zu nehmen – etwa bei der Einführung des neuen EDV-Systems. Ich hatte mich für Hewlett-Packard (HP) entschieden, er wollte mit Siemens abschließen. Doch HP hatte eindeutig die bessere Hardware, daher blieb ich bei meiner Entscheidung.

Unsere Streitigkeiten eskalierten schließlich in einem bitterbösen Beschwerdebrief, den er an mich sandte – mit einer Kopie und einem Begleitschreiben an Helmut Kohl. Ich bot dem CDU-Vorsitzenden daraufhin meinen Rücktritt an.[8] Der

Machtkampf musste entschieden werden. Kohl wollte unbedingt, dass ich bleibe. Damit war klar, dass Lüthje gehen und damit auch seine verbliebenen Zuständigkeiten abgeben musste. Hätte ich seine Geschäftsauffassung hingenommen, wäre meine Arbeit ins Gegenteil verkehrt worden. Ich wäre auf der Stelle Teil des Systems geworden, mit dem ich Schluss machen wollte und eigentlich auch sollte.

Nach seinem Rückzug, der ihm durch eine fürstliche Abfindung vergoldet wurde, habe ich nie wieder ein Wort mit Lüthje gesprochen. Darin lagen weder Bestrafung noch demonstrative Distanz. Wir hatten uns einfach nichts mehr zu sagen. Ich schrieb ihm eine Karte zum Geburtstag, weil ich keine Feindschaft zwischen uns wollte. Darin erschöpfte sich dann aber auch unsere Beziehung. Ich bin mir heute sicher, dass Lüthje persönlich nichts gegen mich hatte. Ich nahm ihm sein Reich weg. Und dagegen begehrte er auf. Im Jahr 2003 ist er nach schwerer Krankheit verstorben.

Die unendliche Geschichte

Die Trennung von Müller wurde zur unendlichen Geschichte. Erst später erfuhr ich – der erste Vertrag war bereits aufgelöst – wo er sich noch überall verhakt hatte. Besonders ärgerlich waren die Regelungen des so genannten KK-Modells (Kontakter-Modell). Nach dieser Vereinbarung erlaubten Spender für ein oder zwei Jahre die Abbuchung von vereinbarten Beträgen. Daraus erhielt Müller eine vertraglich gesicherte Provision von der Schatzmeisterei. Die unangenehme Konsequenz: Diese Zahlungen konnten erst in einem zweiten Auflösungsvertrag im Mai 1995 abgerechnet werden, da bis dahin die allermeisten der vereinbarten Abbuchungen ausliefen. Nur deswegen hatten wir das Band der Zusammenarbeit noch nicht gänzlich durchtrennen können.

Doch erneut spiegelte die Mehrheit der Presse den Sachverhalt nicht richtig wider. Denn plötzlich tauchten Artikel auf, in denen ich bezichtigt wurde, Müllers Dienste noch immer zu nutzen, als hätte ich den sauberen Schnitt nur vorgegeben und heimlich weitergemacht. Was für ein Unsinn! Überhaupt hatte ich es nicht immer leicht mit der Öffentlichkeit. Die Materie war kompliziert und auch meine Gegner wussten ihre Zugänge zu bestimmten Häusern und auch zu einzelnen Journalisten zu nutzen.

Ich konnte nicht mal frei reagieren, weil ich Schaden von der CDU abhalten wollte. Dazu gehörte auch, die Berichterstattung in der Presse nicht zu forcieren, zumal der Streit mit Müller auch ein schlechtes Licht auf die Schatzmeisterei der CDU warf und ich nicht darauf setzen konnte, dass die Fakten korrekt wiedergegeben werden würden. Nichts kam mir weniger gelegen als eine Schmutzkampagne, bei der immer etwas hängen bleiben würde. Also versuchte ich, mein Temperament im Zaum zu halten.

Zudem musste ich den Hebel gleich an mehreren Stellen ansetzen. Müller war noch nicht am Ende. Er hatte sich, wie ich im Frühling 1995 erfuhr, eine Rückkehroption in den UKM-Verlag gesichert, um sich einen beruflichen Fluchtweg offen zu halten. Den wollte ich ihm jetzt abschneiden. Dazu musste der entsprechenden Vereinbarung die Grundlage entzogen werden. Müller hatte, raffiniert, wie er war, mit Walther vertraglich festgelegt, dass er weiter für den UKM-Verlag arbeiten durfte, sollte er einmal bei der CDU seinen Arbeitsplatz räumen müssen. Vermutlich hat er geahnt, dass die goldenen Zeiten in der Schatzmeisterei für ihn irgendwann vorbei sein würden.

Um endlich reinen Tisch zu machen, entschied ich mich für die Übernahme der UKM. Ich war es leid. Und mir erschien das als der einzig mögliche Schachzug, um Müller endlich und definitiv draußen zu haben. Walther strich ziemlich bald die Segel. Nach zähen Verhandlungen konnten mein Büroleiter Jürgen Schornack und ich ihm im Auftrag der CDU für vier Millionen Mark seinen Verlagsanteil abkaufen. Er stand ohnehin wegen der Blindanzeigen unter Druck.

Irgendwann sah ich keine Veranlassung mehr, den öffentlichen Konflikt zu scheuen. Ich ging Müller nicht mehr nur intern frontal an. Der Hauskrach hatte damals einen riesigen Wirbel ausgelöst, zumal wir am Ende erfolgreich gegen Müller klagten. Nicht nur an die Handelsvertreter, auch an die CDU hatte er nicht alle Spenden ordnungsgemäß weitergeleitet. Wir erstatteten Strafanzeige. So weit war noch nie ein Schatzmeister gegangen. Das Echo war entsprechend – und natürlich nicht allen recht. Während die CDU-Landesverbände, in deren Teichen Müller gefischt hatte, voll des Lobes für mich waren, hielt sich die Führung der Bundespartei vornehm zurück. An mir wurde zwar keine offene Kritik geübt, aber ich war vielen schon ein wenig suspekt. Ich merkte in den nächsten Monaten, wie die Fäden anders gezogen wurden – ich erhielt nicht mehr so viele interne Informationen.

In der CDU wurde, abgesehen von ein paar beherzten Einzelaktionen, die öffentliche Auseinandersetzung tunlichst vermieden. Das hatten Leute wie Müller ausgenutzt. Sie wussten, dass die Partei den Skandal scheuen würde, und gingen relativ ungeniert ihren illegalen Machenschaften nach, alles hinter der Fassade einer respektablen Volkspartei. Hannes Müller wurde später übrigens – wegen anderer betrügerischer Verfehlungen – zu einer dreieinhalbjährigen Haftstrafe verurteilt. Wegen einer »Herzerkrankung« saß er einen Großteil der Strafe in einem gemütlichen Sanatorium in Bayern ab. Auch so eine Eigentümlichkeit.

Weyrauch gibt Rätsel auf

Während ich mich mit Müller und Lüthje offensiv anlegte, war Weyrauch nicht recht zu fassen. Als unabhängiger Wirtschaftsprüfer kam ihm eine Sonderrolle zu. Für mich stellte er erst einmal eine Instanz dar. Weyrauch war ein Urgestein und befand sich von daher auch ein Stück außerhalb meiner Reichweite. Er wirkte ausgesprochen loyal – natürlich in erster Linie Helmut

Kohl gegenüber, dem er sich besonders verpflichtet fühlte. Dennoch war er mir nicht ganz geheuer. Ich wusste nicht genau, welche Funktion er eigentlich ausübte. Das irritierte mich. Zumal er nicht nur ein hoch bezahlter Wirtschaftsprüfer war, sondern auch einen Status als Finanzberater besaß. Er war zudem derjenige, der den Kontakt zur Hausbank hielt. Weyrauch verbuchte die Spenden, er kanalisierte den Geldfluss. Hätte es die Spendenaffäre nicht gegeben, wäre das keine besonders aufregende Tätigkeit gewesen. Weyrauch gewährleistete die stete Abwicklung der CDU-Finanzen.

Seine Aufgabe erschien mir nicht so angelegt, dass sie auch noch eine gute Bezahlung als Berater gerechtfertigt hätte. Ich ahnte ja nicht, welche Rolle er sonst noch spielte. Von wenigen Ausnahmen abgesehen, nahm ich Weyrauchs Tätigkeiten als die eines Chefbuchhalters wahr. Umso mehr wunderte ich mich, dass Weyrauchs Büro zu Beginn meiner Amtszeit pro Jahr eine Summe im sechsstelligen Bereich kassierte. Ich fragte mich ernstlich, wofür? Er hatte offenbar ein gutes Verhältnis zu dem Hauptabteilungsleiter Hans Terlinden, natürlich auch zum Parteivorsitzenden. Weyrauch tauchte öfter im Adenauer-Haus auf und führte vermeintlich wichtige Gespräche. Hin und wieder redete ich selbst mit ihm.

Doch was Weyrauch nun genau tat und vor allem, wofür er dieses enorme Salär erhielt, wollte sich mir partout nicht erschließen. Offenbar standen ihm undefinierbare Beraterhonorare zu. Da wir aber damals schon unter einem Spardiktat standen, wagte ich den Schnitt und kürzte die Zuwendungen an das Büro Weyrauch drastisch. Seine Beraterdienste schränkte ich ein, eigentlich ein Affront gegen ihn.

Spätestens hier hätte er in eigener Sache kämpfen und mir begründen müssen, warum sein Beitrag für die CDU weitaus mehr wert war, als ich ihm künftig zahlen wollte. Aber zu meinem großen Erstaunen geschah nichts dergleichen. Aus welchem Grund auch immer, Weyrauch beschwerte sich nicht einmal über diesen enormen Verlust an Einnahmen. Die Kürzung schien ihn nicht zu stören. Ich bemerkte weder Verärgerung noch Widerstand bei ihm. Das empfand ich mehr als seltsam. Aber wichtiger als seine ausbleibende Reaktion war, dass ich erreicht hatte, was ich erreichen wollte: Ich erfüllte mein Sparziel, weil ich hartnäckig genug darauf gepocht hatte.

Weyrauch muss in seiner pikanten Doppelrolle Überlebensstrategien perfektioniert haben. Er scheute immer wieder die direkte Konfrontation. Bevor es zum Konflikt kommen konnte, arrangierte er sich lieber. Weyrauch bot kaum Angriffsfläche. Seine Geheimnisse blieben gut geschützt.

Als Kohl 1998 den CDU-Vorsitz abgab, schlug sich Weyrauch meiner Beobachtung nach relativ schnell auf Wolfgang Schäubles Seite. Ich kann das nur so interpretieren, dass er hoffte, auf diese Weise seine Pfründe nicht zu verlieren. Schließlich kontrollierte er ein finanzielles Schattenreich. Was Schäuble tatsächlich in all den Jahren von den Machenschaften Weyrauchs und Lüthjes wusste, kann ich nicht sagen. Darüber möchte ich an dieser Stelle auch nicht spekulieren.

Weyrauch pflegte undurchsichtige Kontakte. Aus vielerlei Andeutungen habe ich geschlossen, dass er auch den Rüstungslobbyisten Karlheinz Schreiber kannte, der sich in Kanada der Auslieferung an die deutschen Behörden entzieht. Bevor Schreiber in die Negativschlagzeilen geriet, hatten die beiden offensichtlich öfter miteinander zu tun, sie sollen sich häufiger getroffen haben. Mir schien es so, als würde Weyrauch und Schreiber gar eine private Freundschaft verbinden. Worum es bei ihren Treffen ging, ist mir bis heute schleierhaft. Nur so viel steht fest: Schreiber ist natürlich ebenso wie Weyrauch einer der Schlüsselfiguren der Spendenaffäre. Und der Geschäftsmann aus Kaufering hat mir eines Tages ohne große Umschweife von einer kurzen Unterredung mit Weyrauch berichtet. Von Schreiber hörte ich, dass Weyrauch gesagt habe, ich wüsste ja gar nicht, auf was für ein Glatteis ich mich mit der Schatzmeisterei begeben hätte. Ich habe bei Schreiber natürlich sofort nachgehakt, was denn damit gemeint sein könnte. Aber so gesprächig Schreiber oft sein konnte, in diesem Moment blieben seine Lippen verschlossen. Er gab sich völlig ahnungslos und meinte, er könne Weyrauchs Warnung auch nicht richtig zuordnen.

Hätte ich aussteigen sollen?

Die ersten Jahre in der Schatzmeisterei waren für mich alles andere als leicht. Wenn ich zurückblicke, muss ich sagen, dass ich es manchmal bereut habe, nicht schon 1995 ausgestiegen zu sein. Ich hätte ahnen können, dass das alles nur die Spitze des Eisbergs war. Im Grunde hatte ich nicht wirklich eine Chance, gründlich nachzuforschen. Nach wenigen Metern außerhalb meines Verantwortungsbereichs stieß ich auf Widerstände. Von daher war es eine Illusion, ein System verändern zu können, das ich nicht mal richtig kannte. Das wurde mir mit jedem Jahr klarer. Auf eine mir selbst nicht ganz bewusste Art habe ich irgendwann angefangen, mich damit zu arrangieren.

Diese veränderte Einstellung hätte ich vermutlich nur abwenden können, wenn ich auf der Stelle ausgestiegen wäre. Aber so ein schneller Rückzug hätte damals nicht zu mir gepasst. Ich war noch längst nicht aller Illusionen beraubt. Der Gedanke beseelte mich nach wie vor, etwas Neues zu versuchen. Und es war vor allem die Neugierde, die mich dabei bleiben ließ. In der Politik konnte ich unglaublich viel lernen – und wenn es auch nur die Verantwortung für das große Ganze war. Ich liebte und liebe ein weites Gesichtsfeld. Und schließlich hatte ich damals ja schon einige Erfolge erzielt, die ersten harten Kämpfe siegreich beendet. Wenn ich letztlich auch in meinem Wirkungsbereich beschränkt blieb, bin ich doch meinem ursprünglichen Auftrag einigermaßen treu geblieben, die Schatzmeisterei umzubauen. Selbstkritisch muss ich allerdings anmerken, dass mich die Erfahrungen im Zuge der Müller-Affäre zunehmend vorsichtiger gemacht haben. Wenn Müller und seine Verbündeten mich damals auch nicht stoppen konnten, haben sie mir doch viel von meiner spontanen Angriffslust genommen. Ich bin später nicht mehr mit diesem unglaublichen Elan an Erneuerungen gegangen, wusste, wie leicht Gegenattacken zu platzieren waren – auch bei zweifelhaftem Wahrheitsgehalt. Die Siege, die ich davontrug, waren teuer erkauft. Und es war nicht immer leicht, Freund und Feind zu unterscheiden, auch in der eigenen Partei nicht.

Nun würde es ein völlig falsches Bild auf meine Arbeit als Schatzmeisterin werfen, ließe ich es dabei bewenden, ausschließlich die Problemfälle zu schildern. Diese wollte und musste ich damals abarbeiten, um mir eine solide Basis zu schaffen. Aber viel schöner war natürlich, einen neuen Stil und einen neuen Umgang mit der Wirtschaft zu etablieren. Ich wandte viel Zeit für Überlegungen auf, wie ich den weitgehend brach liegenden Dialog von CDU und Wirtschaft wieder in Gang bringen könnte. Nachdem die Schlacht mit Müller (und seinen Verbündeten) geschlagen war, konnte ich mich dieser reizvollen Aufgabe voll und ganz widmen. Irgendwann griff ich eine Idee auf, die mir auch wirklich Erfolg einbrachte. Ich etablierte Wirtschaftsgespräche, die in einer Schriftenreihe der Adenauer-Stiftung – *Wirtschaft trifft Politik* – sogar dokumentiert wurden. Diesen Einfall hatte ich mir in den USA abgeguckt. Immerhin war ich mit einigen Abgeordneten unserer Fraktion zuständig für die Partnerparteien im spanisch- und englischsprachigen Raum. Dabei erfuhr ich: Auch die Torys in Großbritannien hatten schon längst eigene Wirtschaftsrunden, die parallel zu ihren Parteitagen liefen. Warum sollten also ausgerechnet wir mit den Unternehmen weiter so stiefmütterlich umgehen?

Als Ausgangspunkt trieb mich eine ganz banale Frage um: Wie komme ich an Geld für die CDU? Mir wurde sehr schnell klar, dass zwei Bedingungen erfüllt sein mussten, um die gewünschte Reaktion auszulösen. Zunächst war das Vertrauen der Wirtschaft in die CDU und natürlich auch in mich als Gewährträgerin wichtig. Und zweitens musste ich den Firmen im Gegenzug einen konkreten Nutzen bieten können. Dazu entwickelte ich folgendes Modell: Mein Entgegenkommen an die

Unternehmen bestand darin, ihnen ein Gesprächsforum zu organisieren, einen Ort des Austauschs, aber auch eine Kontaktbörse für Politiker und Geschäftsleute. Dabei sollten die Treffen sowohl fach- und branchenspezifisch als auch übergreifend strukturiert sein. In Teilen stellte ich schließlich so etwas wie einen gemeinsamen Arbeitskreis von BDI (Bundesvereinigung der Deutschen Industrie) und BDA (Bundesvereinigung der Deutschen Arbeitgeberverbände) zusammen – unter Beteiligung der Politik. Und das alles lief unter der Schirmherrschaft der CDU.

Für dieses Projekt begeisterte ich mich regelrecht. Entsprechend zügig stellte ich es auf die Beine. Ich habe es immer genossen, wenn ich etwas gestalten konnte. Daraus habe ich Kraft geschöpft. Helmut Kohl segnete die neuen Foren ab – und los ging's. Viermal im Jahr startete in Bonn die Reihe »Wirtschaft trifft Politik«. Und immer stand ein besonderes Fachgebiet auf der Tagesordnung. Mal ging es um das Thema »Verkehr«, da kam Bundesverkehrsminister Matthias Wissmann als Referent. Oder wir hatten den ehemaligen Bahnchef Heinz Dürr zu Gast, wenn Chancen und Risiken des Schienenverkehrs diskutiert wurden. Heinz Riesenhuber informierte die geladenen Firmenchefs über innovative Forschungsbereiche. Natürlich brachte ich auch bundespolitische Prominenz zu den Wirtschaftsrunden. Mal übernahm Helmut Kohl, mal Wolfgang Schäuble oder Kanzleramtsminister Fritz Bohl den herausragenden Part.

Im Vorfeld habe ich mich dann mit meinen Mitarbeitern hingesetzt und Unternehmenslisten studiert, um die richtigen Leute einzuladen. Das war eine mühselige Arbeit. Unzählige Firmen wurden angeschrieben. Die Liste mit den Zusagen wurden dann zur Vorbereitung an den Hauptreferenten geschickt, damit er sich auf sein Publikum einstellen konnte. Und am Schluss des jeweiligen Abends bedankte ich mich bei allen und äußerte die Hoffnung, dass die Firmen uns nicht im Stich lassen, wenn ich im Laufe des Jahres mit der Bitte um eine Spende auf sie zukommen würde. Meistens haben sie mich nicht enttäuscht.

Es brauchte natürlich eine Weile, bis sich diese Form der Veranstaltung etabliert hatte. Am Anfang war der Rücklauf eher schleppend. Aber das besserte sich. Und vor allem baute ich mir ein erstklassiges Netz von Kontakten in die Führungsebenen auf. Es entwickelten sich gute Bekanntschaften, die selbst heute noch halten.

Manche waren geradezu irritiert, als ich 1998 das Amt des Schatzmeisters abgeben musste. Mir war es offenbar gelungen, die Kämmerei wieder stärker politisch zu profilieren. Der ehemalige Vorstandsvorsitzende von Reemtsma, Ludger Staby, meinte zum Beispiel sinngemäß zu einem Parlamentskollegen: »Ich verstehe gar nicht, warum ihr die Brigitte Baumeister abgelöst habt. Sie war die beste Schatzmeisterin, die die CDU jemals hatte.«

Ich habe aber nicht nur die Wirtschaftsrunden veranstaltet. Da gab es auch das Begegnungstreffen einmal im Jahr in Cadenabbia am Comer See, wo Konrad Adenauer seinerzeit so gerne seinen Italienurlaub verbrachte. Dabei verfolgte ich auch den Hintergedanken, die geschichtsträchtige Villa di Collina mit Leben zu füllen. Der Tabakkonzern Reemtsma beispielsweise mietete das ehrwürdige Adenauer-Domizil für ein ganzes Wochenende an, um dort zu tagen und zugleich das Formel-1-Rennen in Monza mitzuerleben. Dort jettete die Tagungsgesellschaft mal schnell per Helikopter hin.

Die Begegnungen mit der Wirtschaft organisierte damals die Partei zusammen mit der Adenauer-Stiftung, wofür ich vor allem dem Abteilungsleiter Paul Wink noch heute dankbar bin. Wir haben den Unternehmern richtig was geboten, ein Golfturnier, einen Abend mit Solisten der Mailänder Scala, hochwertige Kulturveranstaltungen. Es wurde kontrovers diskutiert, argumentiert, gestritten. Vieles, was in einer solchen Runde besprochen wurde, floss später wieder in die politischen Debatten in Bonn ein. Man konnte diese Zusammenkünfte auch als eine Art Anhörung auf hohem gesellschaftlichen Niveau und mit einem erstklassigen Rahmenprogramm bezeichnen.

Für diese Veranstaltung unterbrach der damalige BMW-Chef Bernd Pischetsrieder auch mal seinen Urlaub. Aber ebenso waren Merck-Vorstandschef Hans Joachim Langmann und Hilmar Kopper, Vorstandsvorsitzender der Deutschen Bank, als Gastredner aufgetreten. Auf diese Weise bin ich mit vielen Unternehmen ins Gespräch gekommen. Nicht nur die ganz Großen waren darunter. Ich habe mich auch um mittelständische und kleine Betriebe gekümmert.

Nachdem ich dann 1998 als Bundesschatzmeisterin abgetreten bin, wurde diese Tradition nur noch einmal aufgegriffen. Danach war Schluss. Mein Nachfolger Matthias Wissmann schlug andere Wege ein.

Ich habe mir in meiner Amtszeit auch noch alternative Methoden überlegt, um möglichst viele Geschäftsleute zu erreichen. Wir führten damals ein Mailing-Verfahren ein und schrieben testweise rund 200 Leute an. Die Rückläufe waren höchst ermutigend. Denn Firmenchefs und als CDU-nahe geltende Privatleute konnten verschiedene Optionen ankreuzen. Beispielsweise ob sie mehr Informationen brauchten oder zu Parteitagen eingeladen werden wollten. Diesen Service haben die Angeschriebenen in großer Zahl genutzt. Bescheidener sah es beim Spendenrücklauf aus. Von daher wurde in der Partei heftig diskutiert, ob sich die hohen Kosten lohnten. Damals habe ich vehement für das seinerzeit innovative Mailing-Verfahren gestritten. Ich war bemüht, neue Formen der Spendenakquise und der Kommunikation mit der Wirtschaft zu finden. Aus unserer internen Statistik war klar ersichtlich, dass die Großspenden immer weniger wurden. Wir mussten also andere Quellen auftun, um finanziell keine Nachteile zu erleiden. Daher versuchte ich, kleinere Spenden an Land zu ziehen. Und dafür musste auch der Kreis derer erweitert werden, auf den die CDU gezielt zuging.

Insgesamt bin ich ziemlich erfolgreich gewesen. Mein letzter Stand im Wahljahr 1998 war ein Spendenvolumen von mehreren Millionen Mark im Jahr. Angefangen hatte ich mit knapp über einer Million. Redlicherweise muss ich natürlich hinzufügen, dass die Bilanz auch deswegen so gut war, weil zu dieser Zeit keine horrend hohen Provisionen mehr an Müller und seine Leute gingen.

Wenn ich aber darüber nachdenke, warum ich damals Erfolg hatte, lag es sicher in erster Linie daran, dass ich den persönlichen Dialog zu den Spendern gesucht habe. Ich schickte keine Drückerkolonnen los, schob keinen kommerziellen Spendensammler vor. Der Schlüssel war das Vier-Augen-Gespräch. Ich habe mich nie gescheut, auch bei einem kleineren Betrieb anzuklopfen. Für mich ging es nicht darum, mich bei Empfängen im Glanz der Hochfinanz zu sonnen. Das Amt der Bundesschatzmeisterin sah ich nicht in erster Linie als strategische Basis für meinen Aufstieg in der CDU, sondern ich wollte wirklich etwas für die Partei erreichen. Das ist mir auch nicht schwer gefallen. Denn ich war zutiefst davon überzeugt, dass wir im Wettstreit mit der Opposition die bessere Wirtschaftspolitik entwickelt hatten. Von daher habe ich mich nie als Bittsteller gegenüber den Unternehmern gefühlt. Ich ging zu ihnen, um sie zu überzeugen oder vielleicht auch nur in ihrer Haltung zu bestätigen. Was aber mindestens genauso wichtig war: Ich hatte den Firmen selber etwas zu bieten: meine Kontakte, die Wirtschaftskompetenz der Union, aber auch mein persönliches Interesse an jeder einzelnen Firma.

Bei meinen Besuchen in den Betrieben nahm ich mir Zeit, mir die Sorgen und Nöte der Unternehmer anzuhören. Auf solche Begegnungen habe ich mich immer gründlich vorbereitet. Ich kannte unsere jüngsten Gesetzesvorhaben im Detail, so dass ich bei keiner Frage passen musste. Zudem hatte ich das Profil, die Struktur der jeweiligen Firma abgecheckt. Ich informierte mich über meine Gesprächspartner, klärte vorher ab, ob ich einen Familienbetrieb oder die Tochter eines großen Konzern besuchte. Ich hatte Kenntnis davon, wie das Unternehmen wirtschaftlich am Markt stand. Im Gespräch konnte ich dann gezielte Fragen zur Geschäftsbilanz stellen, mich nach Gründen für finanzielle Einbrüche oder Höhenflüge erkundigen. Dabei hatte ich die Verantwortung des Gesetzgebers im Blick.

Vor Ort wurden mir die Auswirkungen der bundesdeutschen oder auch der europäischen Gesetzgebung viel eher deutlich.

Selbstverständlich wollte ich wissen, welche Anregungen uns die Unternehmer mit auf den Weg geben konnten, wie sie unsere Politik bewerteten. Manchmal nahm ich eine lange Liste von Fragen und Ideen mit nach Hause. Zuweilen leitete ich auch eine Anfrage an einen Staatssekretär oder einen Abteilungsleiter weiter. Meine Erfahrungen machte ich für unsere Partei nutzbar, oft genug habe ich sie in den internen Diskussionen unserer Fraktion eingebracht. Der Vorteil für mich: Ich war immer gut informiert – zu beiden Seiten hin. Es erwies sich als ausgesprochen günstig, dass ich sowohl das Amt der Schatzmeisterin als auch das Amt der parlamentarischen Geschäftsführerin innehatte. So war ich für die Unternehmer besonders interessant.

Und ich verfolgte auch nie die Absicht, in jedem Fall und um jeden Preis eine Spende ergattern zu wollen. Für mich hatte ein jedes Treffen mit einem Unternehmer auch einen Wert an sich. Ich war nicht traurig, wenn ich am Ende keine Überweisung erhielt. Und ich glaube, diese Unabhängigkeit haben die Unternehmer gespürt. Sie merkten, dass da jemand das Gespräch mit ihnen suchte, der ein wirkliches Interesse an ihnen hatte. Ich hätte niemals so viel Spenden sammeln können, wenn ich nicht auch einen menschlichen Draht zu den Firmenchefs hätte aufbauen können. Diese gute Bilanz stärkte mir natürlich in der CDU auch politisch den Rücken. Ich gewöhnte mich an Macht und Einfluss.

4

Meine Beziehungen zu Wolfgang Schäuble und Helmut Kohl

Nichts als Scherben

Wolfgang Schäuble und ich haben einmal sehr vertrauensvoll zusammengearbeitet. Wir waren fast so etwas wie Freunde, wenn dieser Begriff im klassischen Sinne in der Politik überhaupt Gültigkeit hat. Heute reden wir kein Wort mehr miteinander. Von der einstigen Nähe ist nichts mehr übrig. Ich habe mich damit abfinden müssen. Die 100 000-Mark-Affäre steht unverrückbar zwischen uns. Noch immer. Wir können nicht einmal sachlich-distanziert miteinander umgehen. Wenn wir uns zufällig begegnen, spielen sich groteske Szenen ab. Sie zeigen, wie tief unser Zerwürfnis ist. Zwei Beispiele möchte ich schildern.

Ich erinnere mich an eine Begegnung mit Schäuble auf dem Stuttgarter Flughafen. Damals war unser Zusammenprall längst öffentlich, mein erzwungener Abgang besiegelt. Ich stellte kaum mehr eine Gefahr für ihn dar. Schäuble wartete wie ich auf seinen Flug. Ich hatte ihn nach dem Einchecken in der Senator Lounge entdeckt. Er verfolgte ein Formel-1-Rennen, anscheinend wollte er wie ich die Maschine nach Berlin nehmen.

Um Komplikationen zu vermeiden, kehrte ich zum Schalter zurück und fragte, wo Schäuble denn sitzen würde. Er hatte einen Platz auf der linken Seite ganz vorne in der Maschine. Schäuble platzierte sich immer zum Gang hin, des leichteren Zugangs wegen. Wie gewohnt hatte ich mir die 1A geben lassen, einen Fensterplatz – ebenfalls auf der linken Seite. Das wollte ich nun korrigieren. Schäuble und ich mussten ja nicht den gesamten Flug in unmittelbarer Nähe sitzen. Ich bat das Bodenpersonal, mich auf die zweite Reihe umzubuchen und erhielt einen Fensterplatz ganz rechts, es war die 2F.

Zu der Frau am Schalter sagte ich, dort könne ich besser in Ruhe Zeitung lesen. Sie grinste verständnisvoll. Das Personal am Stuttgarter Airport wusste um unseren abstrusen Streit. Irgendwann machte sich Schäuble mit seinen Sicherheitsleuten von der Senator Lounge in Richtung Flieger auf. Wenig später traute ich meinen Ohren nicht. Ich entnahm einer Durchsage, dass die Businessclass um zwei Reihen erweitert worden war. Als ich in den Flieger kam, sah ich, dass Schäuble in der letzten Reihe dieser Klasse Platz genommen hatte. Der räumliche Abstand zwischen uns war ihm zuvor offenbar nicht groß genug erschienen. Ich hatte den Eindruck, dass er möglichst weit weg von mir sitzen wollte. Und was mich wunderte: Die Businessclass war ausgeweitet worden, obwohl kaum Passagiere im Flugzeug saßen.

Über den Wolken spielte sich noch eine zweite, ähnlich bezeichnende Szene ab. Es war in Berlin, am 1. Oktober 2000, nach dem CDU-Festakt zum zehnten Jahrestag der Vereinigung der CDU in Ost- und Westdeutschland, bei dem Altkanzler Helmut Kohl nach längerer Abstinenz wieder eine große Rede gehalten hatte. Ich dachte, Schäuble sei nicht im Flieger nach Stuttgart, und ließ mich auf die 1A platzieren. Plötzlich sah ich, wie mein ehemaliger Chef hereingebracht wurde. Er saß auf der 1C, der Platz zwischen uns war frei. Ich habe ihn angeschaut und ganz normal »guten Tag, Wolfgang« gesagt. Er schwieg eisig. Neben mir hatte ich drei, vier Zeitungen liegen. Er griff sich eine davon und fing an zu lesen. »Ach«, meinte er dann noch zu sich, »meine Sicherheitsleute haben mir die Zeitungen schon hingelegt.« Ich verbarg meine innere Unruhe und entgegnete ihm einigermaßen beherrscht: »Nein, Wolfgang, das sind meine Zeitungen, aber ich leihe dir gerne eine.« Schäuble warf die Zeitung sofort wieder auf den Sitz. Kommentarlos begann er in einem Buch zu blättern.

Ich versank in Gedanken, während ich so stumm und sprachlos an seiner Seite saß. Ich erinnerte mich an vieles, was ich mit dem einstigen Fraktions- und Parteichef der Union erlebt hatte. Und manchmal hatte ich den Gedanken, ihn zu rütteln, ihn zur Vernunft zu bringen. Vielleicht war es ein Harmoniebedürfnis, jedenfalls war ich noch immer zu einer Wiederannäherung bereit. So kaltschnäuzig konnten alte Freunde einfach nicht miteinander umgehen. Mir kam das alles unwirklich vor. Doch Schäuble war wie zugemauert. Er verweigerte sich jedem Kontakt. Ich spürte wütende, fast schon verächtliche Ablehnung. Nachdem das Flugzeug in Stuttgart aufgesetzt hatte, sprach Schäuble noch immer kein Wort mit mir. Inzwischen hatten wir die endgültige Parkposition erreicht. Ich musste über ihn klettern, da er immer als Letzter herausgetragen wurde. Das tat ich nicht, ohne mich höflich von ihm zu verabschieden. Er sah nicht auf, krallte sich förmlich an seinem Buch fest. Vermutlich hat er in diesen Momenten ein- und denselben Satz auswendig gelernt, nur um nicht auf mich eingehen zu müssen. Schäuble reagierte selbst noch emotional auf mich, wenn er Ignoranz zu demonstrieren versuchte.

Ein zugkräftiges Gespann

In den ersten Jahren meiner Zeit als parlamentarische Geschäftsführerin waren Wolfgang Schäuble und ich ein gutes, zugkräftiges Gespann. Ich schätzte seinen scharfen Verstand, seine Durchsetzungskompetenz, seinen strategischen Überblick. Schäuble führte die CDU/CSU-Fraktion mit harter Hand. Mir oblag es, manche Wunde zu verbinden, die er mit seiner ruppigen Art geschlagen hatte. Ich vermittelte zuweilen, wo seine Motive unverständlich blieben, seine Willenskraft Widerspruch provozierte. Als parlamentarische Geschäftsführerin liefen viele Fäden der Fraktionsarbeit bei mir zusammen. Ich befand mich im Zentrum der Bundestagsarbeit, war dort eine Art Mädchen für alles.

Ich bin sicher, Schäuble schätzte meine Zuarbeit, für ihn war ich eine loyale, verlässliche Mitstreiterin. Wir mochten uns, vertrauten uns, galten als effektives Team. Ich denke da beispielsweise an das Bonn-Berlin-Gesetz. Schäuble hatte ja immer für die Verlegung von Regierung und Parlament nach Berlin gekämpft. Als es dann um die Modalitäten ging, wurden die parlamentarischen Geschäftsführer – also auch ich – von ihm beauftragt, zu schauen, wie sich die Meinungsbildung in den Landesvertretungen entwickelte, welche Positionen die Vorsitzenden der Landesgruppen vertraten. Wir hielten oft Rücksprache. Mehrheiten zu organisieren kann ein hartes Stück Arbeit sein.

Parlamentarische Geschäftsführer werden eigentlich kaum öffentlich wahrgenommen. Dabei sind sie unerlässlich für eine funktionierende Parlamentsarbeit. Sie wirken im Verborgenen, bereiten Entscheidungen vor, halten das Ohr am Puls der Fraktion, betreuen die Abgeordneten. Sie kommunizieren und organisieren, sorgen dafür, dass das politische Räderwerk geschmeidig ineinander greift.

Kurz vor einer Riesenblamage

Natürlich gab es auch heikle Situationen zu meistern. Bei der Bundestagswahl im Oktober 1994 hatte Helmut Kohl äußerst knapp über seinen rheinland-pfälzischen Landsmann Rudolf Scharping (SPD) triumphiert. Die Unions-Fraktion verfügte über eine hauchdünne Mehrheit weniger Mandate. Bei der Wahl zum Kanzler durfte also nichts schief gehen, wenn wir uns nicht vor aller Welt blamieren wollten. Entsprechend groß war der interne organisatorische Aufwand. Wir hatten uns drei und vierfach abgesichert, dass auch ja alle unsere Parlamentarier rechtzeitig im Plenarsaal waren. Alle zehn Minuten wurde nachgeschaut, telefoniert, wo die Leute sind. Doch einer der neuen Abgeordneten hatte den Ernst der Lage nicht begriffen. Wir waren bei der Stimmabgabe schon bei M oder N – es wurde alphabetisch aufgerufen – und der Abgeordnete war noch immer nicht da. Ich habe telefoniert und telefoniert – und schließlich die Pension ausfindig gemacht, in der er wohnte. Ich rief voller Ungeduld an. Nach kurzer Wartezeit hob er tatsächlich ab. Mein Anruf überraschte ihn. Er kam gerade aus der Dusche, hatte sich vor dem Spiegel frisiert, als sein Telefon klingelte. Ohne jegliches Schuldbewusstsein meinte er, auf seine Stimme käme es ja wohl nicht an. Am Abend vorher hatte er sich aus lauter Freude über seinen Eintritt in den Bundestag herzhaft einen hinter die Binde gegossen. Ich machte ihm klar, dass er zu Beginn seines Wirkens als Parlamentarier gerade dabei war, Helmut Kohls Kanzlerwahl zu vereiteln. Für lange Reden war keine Zeit. »Sie kommen jetzt sofort«, drängte ich ihn.

Ich bestellte ihm ein Taxi, anschließend eilte ich zur Parlamentspräsidentin Rita Süssmuth. »Bitte, mach ganz langsam, damit der noch rechtzeitig kommen kann«, raunte ich ihr zu. Wir waren schon nahezu am Ende des Alphabets angelangt, als der Abgeordnete endlich aus dem Taxi stieg. Ich schob ihn nahezu in den Plenarsaal. Seine Abstimmungskarte hielt ich bereits in der Hand. Wir hetzten an Schäuble vorbei und der rief mir noch scherzhaft hinterher: »Füll dem bitte noch den Stimmzettel aus, damit der auch alles richtig macht.« Endlich waren wir bei der Stimmabgabe und alle konnten aufatmen. Zurück bei Schäuble, beugte ich mich wie immer, wenn ich mit ihm sprach, zu ihm herunter, um auf Augenhöhe mit ihm zu sein. Da strich er mir über den Kopf, nur diese kurze herzliche Geste, sah mich an und sagte: »Mensch, Brigitte, das hast du prima gemacht.« Ich glaube, das waren Momente, wo wir uns nah waren, wo ich spürte, wie sehr er mich mochte. Wäre das anders gewesen, hätte er später nicht so kämpfen müssen – vor allem in der 100 000-

Mark-Affäre. Er wollte mich ursprünglich nicht fallen lassen. Ich sollte eher eine seiner Bastionen im Kampf gegen Helmut Kohl sein. Als ich dann aber nicht mitspielte und es schließlich für Schäuble um Sein oder Nichtsein, um ihn oder mich ging, brachen alle Dämme der Rücksichtnahme.

Mehr als nur ein Dienstverhältnis

Es ist schwer, meine Beziehung zu Wolfgang Schäuble zu beschreiben. Zunächst war da natürlich das Dienstverhältnis. Aber darin erschöpfte sich unsere enge Zusammenarbeit nicht. Ich weiß, dass ich mich mit der Schilderung unserer Vertrautheit auf einen schmalen Grat begebe. Und ich habe lange abgewogen, wie genau, wie detailliert ich von der menschlichen Seite unserer Beziehung berichten möchte. Zu leicht könnte der Verdacht aufkommen, ich wollte mich im Nachhinein mit einem besonderen Verhältnis schmücken, Schäuble aus niederen Motiven Gefühle unterstellen, die sein Bild in der Öffentlichkeit ankratzen, seine Integrität in Frage stellen und seine Familie verletzen. Es ist schon genug mit Schmutz geworfen worden.

Ich habe Wolfgang Schäuble, bevor unser Zerwürfnis begann, immer sehr geachtet. Ich habe gerne für ihn und mit ihm gearbeitet. Und gerade weil ich ihn immer auch als Mensch mochte und schätzte, habe ich ihn lange zu decken versucht – zu lange. Meine öffentliche Glaubwürdigkeit war schon längst angeschlagen, da konnte ich mich noch immer nicht zu einem klaren Wort durchringen. Ich konnte mich nur schwer gegen einen Menschen stellen, der mir auch privat etwas bedeutete, den ich einmal als Freund empfunden hatte. Wenn es etwas wie eine politische Familie gibt, hat er für mich immer zum engsten Kreis gehört. Aber auch sein Verhalten war nicht frei von Emotionalität und ist es bis heute nicht.

Die Art und Weise, wie er mich unter Druck setzte, wie er gegen mich kämpfte, wie er mich mit kalter Arroganz und einer geradezu vernichtenden Brutalität abzuservieren versuchte, habe ich nie als nüchternen politischen Vorgang zu deuten verstanden. Ähnlich wie sein Kampf mit und gegen Helmut Kohl hatte auch unser Konflikt eine zutiefst menschliche Dimension. Um sie verständlich zu machen, muss ich etwas tiefer gehen, von ihm und der Qualität unserer Beziehung erzählen.

Wolfgang Schäuble ist ein stolzer, kontrollierter Mensch. Nach dem schrecklichen Attentat hat er mit eiserner Disziplin sein Leben gemeistert. Das verdient Respekt. Noch heute absolviert er ein enormes Arbeitspensum. Er mutet sich nicht weniger zu, als sich jeder Spitzenpolitiker zumutet, der nicht den Beschränkungen und Belastungen einer Behinderung unterworfen ist, dessen Körper keiner besonderen Schonung bedarf. Schäuble musste im besten Mannesalter lernen, mit seiner Behinderung umzugehen, sie zu akzeptieren. Es ist eine psychologische Binsenweisheit, dass es viel leichter ist, von Geburt oder frühester Jugend an mit einer solchen Einschränkung zu leben. Die Folgen des Attentats haben ihn mit Sicherheit härter gemacht, vielleicht sogar ein Stück verhärten lassen. Man konnte das manchmal in seinem Gesicht, in seiner Mimik sehen. Das Attentat hat ihm ein Versteckspiel aufgezwungen. Schäuble wollte nie, dass ihn jemand in seiner körperlichen Schwäche sehen konnte, wenn er ins Auto getragen wurde. Vermutlich hat er diesen Anblick als unwürdig empfunden.

Umso mehr habe ich es zu schätzen gewusst, dass er vor mir diese Scham ablegte. Ich war dabei, wenn er zum Dienstwagen gebracht wurde, wenn er sich auf den Rücksitz hangelte. Von mir ließ er sich in seinem Rollstuhl fahren. Er war sich meiner Zuwendung sicher; er vertraute mir. Ich habe mich um ihn gekümmert. Ich kannte ihn bis in die kleinen Alltäglichkeiten hinein. Ich wusste, was er braucht, was er gerne isst. Ich habe ihn – so skurril das klingen mag – von all den lästigen Lasten befreit, die ihn sonst Umstände und Kraft gekostet hätten. Ich packte das Pfeifentäschchen in seine Tasche, füllte ihm bei einem Büfett den Teller. Oft meinte er dann einfach nur: »Du weißt schon, was mir schmeckt.« Manchmal sagte er auch gar nichts. Ich kannte ihn, er kannte mich. Das genügte.

In einer Bundesvorstandssitzung bin ich einmal wie selbstverständlich aufgestanden und habe Schäuble ein Stück Kuchen geholt. Ein Kollege, der die Szene beobachtet hatte, fragte mich etwas verwundert: »Weshalb bist du eigentlich so sicher, welchen Kuchen Wolfgang Schäuble mag?« Ich antwortete lapidar: »Inzwischen weiß ich das einfach. Wir kennen uns ja lange genug.« Ich habe damals gar nicht verstanden, auf was mich der Kollege möglicherweise hinweisen wollte. Ein namhaftes Mitglied der Regierung ging eines Tages sogar noch einen Schritt weiter und meinte spöttisch zu mir: »Frau Baumeister, Sie haben ihn zu sehr verwöhnt.« Oder Rita Süssmuth sagte nach einem langen Gespräch über die Abgründe der Spendenaffäre: »Du warst es, die Schäubles Behinderung für uns vergessen machte.«

Mit der Zeit habe ich den Alltag aus der Perspektive eines Behinderten zu sehen gelernt. Das ging ganz automatisch. Als Obfrau unserer Fraktion in der Baukommission legte ich größten Wert darauf, dass der Reichstag komplett behindertenfreundlich geplant wurde. Das betraf den Plenarsaal, die Rampe zum Rednerpult, die Anordnung der Stühle, ebenso wie alle Büros im Abgeordnetenhaus. Ich habe mich akribisch darum gekümmert. Die möglichst mühelose Integration behinderter Menschen ist zu einem Teil meines Denkens und Planens geworden und die Fürsorge für Schäuble wurde zum organischen Bestandteil meines beruflichen Alltags. Ich habe darüber nicht mehr nachdenken müssen, so selbstverständlich war das für mich. Ich weiß noch, wie ich in Bonn zur Bundestagsrampe gespurtet bin, als ich Schäuble da runtersausen sah. Für einen Moment hatte ich befürchtet, er könnte mit seinem Rollstuhl in voller Fahrt umkippen. Das wäre sein Albtraum gewesen. Nicht einmal so sehr, weil er Angst hatte, sich zu verletzen. Vielmehr wegen der Fotografen. Ein Bild in den Medien von einem Kanzleranwärter, wie er hilflos unter seinem Rollstuhl lag, das hätte ihn getroffen und sicher auch ganz objektiv seinen Ambitionen geschadet. Aus Mitleid wählt man keinen Kanzler. Schäuble wusste das. Und diese Schmach wollte er sich ersparen.

Gemeinsame Heimfahrten

An meine Hilfe und Fürsorge hatte er sich irgendwann gewöhnt wie an seinen Rollstuhl. Beide waren einfach da, zuverlässig, unentbehrlich. Im Nachhinein denke ich, dass ihn nicht allein meine mütterlich-sorgende Seite anzog.[1] Sicher, ich spürte, wie er es genoss, wenn ich für ihn da war, und ich gab gerne. Aber er suchte in einer Art und Weise meine Nähe, die sehr besitzergreifend sein konnte. Waren wir zusammen auf Sitzungen – und das kam naturgemäß oft vor –, bot er mir häufig an, meinen Fahrer in den Feierabend zu entlassen. Sein Chauffeur brachte dann erst mich, dann ihn nach Hause, zuweilen ein stattlicher Umweg. Unsere gemeinsamen Heimfahrten wurden ebenso zum Ritual wie unsere langen Gespräche im Fond seines Wagens. Und Rituale in Frage zu stellen zieht Erklärungszwänge nach sich, kommt schnell einer Störung der Beziehung gleich. Ich beließ es dabei.

Gelegentlich rief er mich morgens an und wollte wissen, wie ich den Abend verbracht hatte. Ich fühlte mich zunehmend kontrolliert, eingeengt, umklammert. Er verfügte über mich. Er, den ich einst als Vorbild bewundert hatte, der mich förderte und unterstützte, hatte zu viel Macht über mich gewonnen. Damals fehlte mir die Distanz, um diesen Fallstrick zu erkennen. Ich fühlte mich lediglich irgendwie unbehaglich. Dabei unterschätzte ich den Sprengstoff, der in dieser Form der Beziehung steckte. Ich sah die Gefahr nicht, die durch diese Vertrautheit heraufbeschworen wurde. Und ich deutete Zeichen nicht oder falsch. Wenn wir beispielsweise im Fond seines Wagens saßen, kam es vor, dass er meine Hand nahm, eine liebenswerte Geste. Jedem anderen hätte ich mich verweigert, ihn in die Schranken gewiesen. Abgesehen von der Tatsache, dass wir beide verheiratet waren, war es der Umstand, dass ich Beruf und Privatleben nicht noch mehr vermischen wollte, der jede Form der Beziehung für mich sofort auf die Grenzen einer Freundschaft beschränkte – mehr wäre mir nie in den Sinn gekommen. Eine künstlich konstruierte Barriere, um Abstand zu wahren? Vielleicht. Damals jedenfalls fühlte ich mich sicher. Und konnte mich so auf eine Nähe einlassen, die mich ansonsten in Bedrängnis gebracht hätte, die ich unter anderen Umständen als riskant empfunden hätte.

Ich muss mir im Nachhinein vorwerfen, dass mir nie ernsthaft der Gedanke in den Sinn kam, für Schäuble könnte das anders sein. Er hat sich mir auch nie in eindeutiger Weise genähert. Und doch halte ich es heute für alles andere als ausgeschlossen, dass er mich auf eine schmerzliche, zerrissene Art auch als Frau besitzen wollte. Ob es so war, kann ich nicht mit Sicherheit sagen. Hätte er es gewollt, müsste er unter den Grenzen gelitten haben, die für ihn unüberwindbar blieben. All seine Macht lief hier ins Leere. Anders lässt sich für mich die unbändige Wut nur sehr schwer erklären, aus der heraus er seinen Vernichtungsfeldzug gegen mich startete, nachdem ich mich ihm – politisch – verweigert hatte. Er reagierte mit solch einer bitteren Enttäuschung, solch einer fassungslosen Empörung, die mich noch heute sprachlos macht. Die Vehemenz seiner Attacken, das bedrohlich laute Schweigen, nachdem er alle Verbindungen zwischen uns gekappt hatte, lassen sich meines Erachtens nicht allein aus dem enormen Druck heraus erklären, unter dem er damals als CDU-Parteivorsitzender und Fraktionschef der Union stand. Auch sein Hang zur Rechthaberei, den ihm sogar alte Mitschüler bescheinigen, reicht meines Erachtens nicht, um sein Verhalten zu verstehen. Da schwingt zusätzlich noch eine gehörige Portion gekränkte männliche Eitelkeit mit. Eine Verletzung, für die er mich hat büßen lassen. Die 100 000-Mark-Affäre wurde in ihrer Endphase zum Austragungsort eines persönlichen Rachefeldzugs.

Gerüchte über ein Verhältnis

In Berliner Politkreisen kursierte ein Gerücht, ich hätte ein Verhältnis mit Schäuble gehabt. Darauf bin ich mehrfach von Journalisten angesprochen worden. Schäuble wird die Spekulation nicht ungelegen gekommen sein, hätte es doch seinen Parteifreunden eine plausible Erklärung für seinen plötzlichen Sinneswandel geliefert, seine Feindschaft mir gegenüber, für mein – seiner Ansicht nach – irrationales Pochen auf einen Modus der Geldübergabe, gemeint sind Schreibers 100 000 Mark, der ihn in größte Schwierigkeiten brachte. Das war leichter möglich, wenn ich als gekränkte, verwirrte Geliebte erschien, die im Taumel ihrer verletzten Gefühle die Fakten durcheinander warf und ihrerseits Rache nahm – an ihm. Mit mir war eben nicht mehr zu reden. Was konnte er da schon tun?

Die offene Flanke, die ich Schäuble bot, war eine Form von Abhängigkeit, die ich heute so nie mehr akzeptieren würde. Ich arbeitete für ihn, ließ mich aber auch privat in Beschlag nehmen, was eine gesunde, abgegrenzte Arbeitsbeziehung erschwerte. Er nahm mich wie andere enge Mitarbeiter und Abgeordnete auf Flügen mit, sorgte dafür, dass ich aus meinem Urlaub antanzen musste. Aus dem Fördern wurde klammheimlich ein Besitzen – mit fließenden Grenzen.

Ich will dennoch nicht bestreiten, dass ich meine besondere Beziehung zu ihm, bevor sie zunehmend problematischer wurde, durchaus genossen habe. Die Tatsache, ein derart enges Verhältnis zu ihm zu haben, schmeichelte mir. Schäuble kann inspirierend sein, auch noch, wenn man ihn lange und gut kennt. Und natürlich genoss ich auch meinen Status als Schäuble-Vertraute. Wie bei vielen Politikern hatte die berufliche Welt auch bei mir längst mehr Raum eingenommen als die private. Das war das Parkett, auf dem ich erfolgreich sein wollte, das der Ort, wo ich nach Anerkennung suchte. Schäuble und ich haben uns ein Stück Einsamkeit genommen, Halt gegeben. Und zugleich wusste ich natürlich auch, dass neben der fachlichen Leistung, persönliche Bindungen über politische Positionen entscheiden. Mir waren die Ämter als Schatzmeisterin und parlamentarische Geschäftsführerin vor allem wichtig, weil sie mir die berufliche Unabhängigkeit sicherten. Aus vielerlei Gründen wollte ich nicht auf meinen damaligen Ehemann angewiesen sein. Zudem garantierte mir meine Doppelfunktion einen Platz nah am Zentrum der Macht. Ich erlebte und gestaltete wichtige Entscheidungen hautnah mit. Das verdankte ich in erster Linie Schäuble. Ich weiß noch, wie wir beide die Auswahl der stellvertretenden Fraktionsvorsitzenden diskutierten. Ich habe ihm – und da war ich sicher nicht die einzige – Friedrich Merz vorgeschlagen. Damals war natürlich noch nicht abzusehen, dass Merz Schäuble eines Tages unter tragischen Umständen als Fraktionschef beerben würde.

Meine Verbundenheit mit Schäuble und auch die Faszination dieser Arbeit haben mich 1995 sogar ein Angebot aus der Industrie ablehnen lassen. Die Offerte war alles andere als unattraktiv. Diese Aufgabe hätte mir als Jahresgehalt die Summe von 500 000 Mark eingebracht – plus Haus, plus Auto, plus Fahrer. Ich besprach mich mit Schäuble. Der sagte in etwa: »Die Politik ist doch viel spannender als ein Job in der Industrie. Denk gut darüber nach.« Ich hatte den Eindruck, dass er mich als vertraute Mitarbeiterin behalten wollte. Also verglich ich kurz Vorteile und Nachteile und sagte dann ab. Der Fall war für mich erledigt.

Schäuble als guter Mentor

Schäuble habe ich viel zu verdanken. Wenn ich dieses Kapitel unserer Beziehung aufblättere, gehe ich zwangsläufig noch einmal an den Anfang zurück. Von dort aus erschließt sich am ehesten, warum ich mich mit Schäuble so lange so sehr verbunden fühlte. Ich erinnere mich noch gut an meine ersten Jahre im Bundestag, wo er zu meinem wichtigsten Fürsprecher avancierte. Von 1990 an, also nach meinem Einzug ins Parlament, hatte ich im Forschungsausschuss einen guten Einstieg gehabt. 1991 dann, bei einer Bundestagssitzung im Wasserwerk, bahnte sich für mich eine unerwartete Entwicklung an.

Mein Name war offenbar bereits herumgereicht worden. Wolfgang Schäuble bat darum, dass ich mich neben ihn setzte.

Damals gab der große alte Fahrensmann der Union, Alfred Dregger, den Fraktionsvorsitz ab. Da fragte mich Schäuble, ob ich mir vorstellen könne, bei ihm parlamentarische Geschäftsführerin zu werden. Ich musste erst einmal kurz innehalten. »Welche Aufgaben kommen auf mich zu?«, fragte ich ihn. Er schilderte sie kurz und meinte anschließend: »Überlegen Sie sich das. Es ist eine interessante Aufgabe.« Er verschwieg mir auch nicht, dass der Geschäftsführerposten viel Arbeit nach sich ziehen würde. Schäuble wusste ja, dass ich Familie hatte. Sein Angebot schmeichelte mir natürlich, es war eine reizvolle Herausforderung. Ich erkundigte mich nach dem Zeitaufwand, überlegte, was das für mein Privatleben bedeuten würde. Als Ehefrau und Mutter von zwei Kindern würde es nicht leicht sein, allen Ansprüchen gerecht zu werden, das wusste ich. Aber ich war zuversichtlich, ich hatte schon viele schwierige Situationen mit Fleiß und Organisationstalent gemeistert. »Warum nicht?«, dachte ich mir. Schließlich schlug ich ein. Ab sofort gehörte ich zum Schäuble-Team. Jürgen Rüttgers (CDU) war damals Erster parlamentarischer Geschäftsführer, Rudi Kraus (CSU) sein Stellvertreter und Ingrid Roitzsch (CDU) Geschäftsführerin wie ich.

Zu diesem Zeitpunkt kannte ich Schäuble nur oberflächlich. In erster Linie hatte ich ihn als einen der wichtigsten baden-württembergischen Politiker in der Bundespartei wahrgenommen. In dieser Position war er unangefochten. Ich war ihm allenfalls auf Parteitagen Ende der Achtzigerjahre begegnet – und das stets in einem größeren Kreise.

Meine Ernennung, die einen steilen politischen Aufstieg bedeutete, löste natürlich Ärger in der baden-württembergischen Landesgruppe aus. Der Posten des parlamentarischen Geschäftsführers ist finanziell lukrativ, mit Prestige und einem ziemlichen Machtwissen verbunden, weil man überall einen Fuß in der Tür hat. Niemand hat damals verstanden, wie Schäuble ausgerechnet auf mich, eine Newcomerin kommen konnte. Das hatte es so noch nicht gegeben. Am Anfang hatte ich ziemlich mit Neidern zu kämpfen. Manche, die selbst ambitioniert gewesen waren, haben darauf gehofft, dass ich mich ziemlich schnell als Fehlbesetzung erweisen würde. Aber den Gefallen habe ich ihnen nicht getan. Ich habe mich durchgesetzt. Nach einer Weile war ich, soweit ich das selbst beurteilen kann, ziemlich beliebt. Ich nahm neben meinen fachlichen Aufgaben die Funktion einer Art »Mutter der Fraktion« wahr, war für die allumfassende Seelsorge zuständig, gleich, ob es um berufliche oder private Belange ging.

Die Zusammenarbeit mit Schäuble war anregend. Ich habe sie – trotz allem, was später passieren sollte – in guter Erinnerung behalten. Er legte Wert auf inhaltliche Debatten. Manchmal zogen sich die Diskussionen aber auch quälend in die Länge. Er hatte meist Themen vorbereiten lassen, manchmal referierten Spezialisten. Schäuble ist ein wieselflinker Denker, er kann komplizierte Sachverhalte blitzschnell erfassen. Dafür habe ich ihn immer bewundert. Analytisch ist er kaum zu schlagen. Er hörte uns aufmerksam zu, verfügte aber zugleich über die große Gabe, im Endeffekt alle hinter seinen Vorstellungen zu vereinen. Meistens wurde dann die Marschrichtung eingeschlagen, die er selbst vor der Diskussion bereits als richtig auserwählt hatte.

Gefürchtet in der Fraktion

Wolfgang Schäuble kann unheimlich scharf und überheblich sein, wenn er jemanden nicht schätzt. Und er hat sich nie groß die Mühe gemacht, seine Ablehnung zu verbergen. Zuweilen griff er Kollegen offen in der Fraktionssitzung an. Kritik sagte er einem Menschen oft mitten ins Gesicht. Das hat ihm natürlich nicht nur Freundschaften eingetragen. Aber respektiert wurde er von allen.

Manche Kollegen hatten sicher Angst vor ihm, aber zu denen gehörte ich nicht. Was ich hatte, war ein gehöriges Maß an Respekt vor ihm. Seine hohen Ansprüche konnten mir wenig anhaben. Ich habe mir selbst kaum Fehler verziehen. Schäuble konnte mich da nur schwerlich unter Druck setzen. Zudem lernte ich ihn besser und besser kennen, wurde auch mit Seiten vertraut, die lange nicht so gut geschützt waren. Das gab mir Sicherheit im Umgang mit ihm.

Das heißt aber nicht, dass ich vor Konflikten gefeit war. Einmal bin ich in Ungnade gefallen, als es um die Pflegeversicherung ging. Damals stand deren Einführung an. Um sie wurde eine der großen Debatten in Deutschland geführt. Ich vertrat die Position, und die vertrete ich auch heute noch, dass man ein gemischtes System hätte einführen sollen: Die Jüngeren sofort in die private Pflegeversicherung rein und die älteren Jahrgänge, für die das nicht mehr möglich war, hätten vom Staat abgesichert werden müssen – wie auch immer. Nur so konnte man meiner Meinung nach verhindern, ein Desaster zu provozieren, wie wir es später bei der Rentenversicherung erlebten. Der Beitrag von 1,7 Prozent innerhalb der Sozialabgaben würde langfristig hinten und vorne nicht ausreichen, dachte ich damals. Ich hatte also für die private Versorgung gefochten, mich gründlich in Statistiken eingearbeitet, mit Versicherungsmathematikern alle möglichen Varianten durchgerechnet, Modelle überprüft. Ich war präpariert. Und von daher hatte ich auch keine Scheu, in der baden-württembergischen Landesgruppe klar meine persönliche Meinung zu sagen.

Am nächsten Morgen nach der Sitzung erhielt ich einen Anruf von Wolfgang Schäuble. Er zitierte mich in sein Büro. Reichlich verschnupft machte er mir klar, dass er von einer parlamentarischen Geschäftsführerin erwarte, dass sie seine Meinung vertrete. Und nichts anderes. Punktum. Er verpasste mir ziemlich ungerührt einen Maulkorb. Dabei war das nicht einmal eine öffentliche Debatte gewesen. Ich hatte mich in einer internen Diskussion geäußert. Doch mit meiner Verteidigungsrede drang ich nicht zu ihm durch. Er blieb hart, machte mir unmissverständlich klar, dass ich auf seiner Linie zu argumentieren hatte.

Schließlich gab ich klein bei. Schäuble konnte eine unheimliche Autorität ausstrahlen, wenn er wollte. Aber auch da half mir die Doppelstruktur unserer Beziehung. Ich hielt mich – trotz innerem Sträuben – an die Regeln, ließ mich aber nicht groß einschüchtern. Unsere persönliche Nähe nahm solchen Konflikten die Schwere. Schon bald redeten wir wieder ganz zwanglos miteinander. Dann kam er ins Plaudern, ließ die alten Geschichten aufleben, machte Pläne oder redete über Helmut Kohl, zwangsläufig ein großes Thema. Im Laufe der Zeit war er immer häufiger unzufrieden mit Kohls Politik und nahm intern auch kein Blatt vor den Mund. Gelegentlich schimpfte er, dass der Alte schon wieder Mist gebaut habe. Ich glaube, er fühlte sich als eine Art Schadensbegrenzer, als der bessere Kanzler. Loyal war er eigentlich nur nach außen hin.

Zusammenfassend kann ich sagen: Schäuble war zweifellos mein wichtigster Mentor in der Politik. Er stand mir von allen Kollegen am nächsten. Ohne ihn wäre mir vieles verschlossen geblieben. Er gewährte mir tiefe Einblicke in den Ablauf politischer Entscheidungsprozesse. Doch unsere Beziehung war nicht belastbar, nicht ehrlich, nicht wirklich offen. Als ich ihm die Gefolgschaft verweigerte, um mich nicht in Gefahr zu bringen, reagierte er, als hätte ich ihn ganz persönlich zurückgewiesen. Der Preis für meine Nähe zu ihm war das Umschlagen der Freundschaft in eine persönliche Feindschaft, nachdem ich seine Erwartungen enttäuscht hatte.

Verbündeter in schwerer Zeit

Wenn ich an Helmut Kohl denke, empfinde ich als Erstes ein Gefühl der Dankbarkeit. Ohne ihn hätte ich die schwere Zeit der 100 000-Mark-Affäre, die Phase der Ausgrenzung und Verunglimpfung so nicht überstehen können – Kohl hat selbst viele Kämpfe durchfechten müssen, ist oft mit Häme überschüttet worden. Er hat gelernt, sich zu verteidigen, auch wenn man ihn denunziert, in die Ecke drängt. Wenn es für ihn eng wird, mobilisiert er seine Kraft, wenn er in den Ring steigen muss, spannen sich seine Muskeln wie von selbst. Kohl hat immer wieder die Erfahrung gemacht, am Ende zu gewinnen, übrig zu bleiben, seine Kritiker zu überdauern und sie schließlich zumindest zu zwingen, ihn zu respektieren. Das, was ich erlebte, kannte er selbst nur zu gut. Und damit meine ich nicht nur die Spendenaffäre, in der er wirklich Schuld auf sich geladen hat. Es geht mir nicht darum, den Mythos eines alten, unverwüstlichen Schlachtrosses zu nähren, das würde Kohl gar nicht gerecht werden. Neben aller Härte, die vielleicht für jemand unverzichtbar ist, der sich so lange an der Spitze einer großen Volkspartei und im Kanzleramt halten konnte, verfügt Kohl über eine tiefe Menschlichkeit. In der Zeit, wo kaum jemand zu mir gehalten hat, war er es, der sagte: »Gehen Sie in die Fraktion, zeigen Sie sich, verstecken Sie sich nicht.« Er hat mir Mut gemacht, mir den Rücken gestärkt. Und das auch in einer Phase, wo sein politisches Erbe langsam, aber sicher zu zerfallen drohte, wo der historische Sockel seiner Lebensleistung Risse erhielt, wo er von der CDU zunehmend als Mühlstein betrachtet wurde, dessen man sich schnell entledigen wollte, wo er sich durch seine sture Verweigerungshaltung in die größte Sackgasse seines Lebens manövriert hatte.

Kohl war verletzt, empört, aber nicht gebrochen. Seine moralische Unterstützung mir gegenüber gab mir Halt, das wog für mich in dieser Zeit erheblich schwerer als seine Verfehlungen in der Spendenaffäre. Und ich glaube, dass er sich durchaus seiner Verantwortung mir gegenüber bewusst war. Er hatte mich in die Schatzmeisterei geholt und – unter zweifelhaften Vorgaben – zu einem tragenden Bestandteil in seiner Finanzarchitektur gemacht. Ich war offenbar für die Fassade gedacht, hinter der die schwarzen Kassen ungestört geführt werden konnten. In gewisser Weise wurde ich getäuscht, auch wenn Kohl selbst sicherlich nie die Absicht hatte, mir persönlich zu schaden. Ihm muss bewusst gewesen sein, dass ich mich all die Jahre durchaus in Gefahr befunden habe. Um mich herum tickten politische Zeitbomben.

Und letztendlich wäre mein Konflikt mit Wolfgang Schäuble nie so tief und existenziell geworden, hätte ich nicht als Schatzmeisterin eine Schlüsselposition eingenommen, die mich plötzlich in etwas hineinzog, in das ich nie hineingezogen werden wollte. Kohl wusste all das. Und er gab mir – mehr oder minder – offen zu verstehen, dass er sich durchaus in der Pflicht fühlte, mir beizustehen, um meine Loyalität ihm gegenüber nicht zu sehr auf die Probe zu stellen. Schäubles Verhalten konnte er im Grunde nicht verstehen. »Ich hätte Sie elegant entsorgt«, sagte er einmal zu mir. Mit anderen Worten: Kohl hätte sich nie auf diesen zermürbenden, öffentlichen Kleinkrieg eingelassen, bei dem beide Seiten nur verlieren konnten. Er hätte mir an Schäubles Stelle eine attraktive Perspektive – etwa einen gut dotierten Posten weit weg im Ausland – angeboten, um mich nicht zu sehr herauszufordern, den Medien kein gefundenes Fressen zu bieten. Da stellt sich natürlich die Frage, ob Kohl nicht auch mir gegenüber taktisch agierte. Auch darüber habe ich lange nachgedacht. Aber, so wie ich ihn über viele Jahre hinweg kennen gelernt habe, wäre es zu einfach, sein solidarisches Verhalten mir gegenüber nur aus Kalkül heraus zu erklären, als reinen Akt präventiver Schadensbegrenzung misszuverstehen. Er mochte mich, er hielt zu alten Weggefährten.

Wenn ich zu den Anfängen meiner Beziehung zu Kohl zurückkehre, war da zunächst natürlich so etwas wie eine überragende politische Leitgestalt, eine Art Übervater der CDU, obwohl er damals noch gar nicht diese barocke Väterlichkeit seiner späten Jahre ausstrahlte. Kohl stand in seiner zweiten Amtsperiode als Kanzler. Seine Position war gefestigt, seine Autorität im Grunde unumstritten. Aus der Nähe habe ich ihn eigentlich in den ersten Jahren nur sehr selten erlebt. Ich lernte Kohl erst besser kennen, nachdem ich 1992 auf sein Angebot eingegangen war, mich um das Amt der Schatzmeisterin zu bewerben. Meine Wahl änderte unser Verhältnis dramatisch. Ganz pragmatisch meinte er: »Ab jetzt arbeiten wir eng zusammen. Das heißt, wir vertrauen uns gegenseitig.« Weiter sagte er lakonisch wie selbstverständlich: »Das heißt, ich bin, wenn möglich, immer für Sie zu sprechen.« Kohl hatte keine leeren Worte gemacht. Ich hatte jederzeit Zugang zu ihm, konnte ihn privat in seinem Haus in Oggersheim anrufen. Unser Verhältnis entwickelte sich ausgesprochen unkompliziert.

Privat in Strickweste

Plötzlich erlebte ich ihn jenseits von Amt und Würden, sah die andere Seite eines Lebens als Kanzler und Parteichef, begegnete ihm auf Augenhöhe, zuweilen ganz privat. Manchmal saß ich mit ihm zusammen, er trug Hosenträger und eine Strickweste, und wir plauderten immer erst einmal ein wenig. Meist erkundigte er sich nach der Familie. Diese persönliche Sphäre war ihm immer wichtig, er reduzierte den Kontakt nicht auf das sachlich Notwendige. Ich hatte stets das Gefühl, dass es ihn wirklich interessierte, wie es mir menschlich ging. Nicht insistierend, aber es war auch keine Masche, um die Atmosphäre aufzulockern. Für ihn gehörte das einfach dazu; so war er eben.

Er plauschte stets eine Weile über banale, ganz alltägliche Dinge. Und manchmal erzählte er einfach nur, dass er wieder einmal in der Sauna geschwitzt hatte oder wie er sich Socken gekauft hatte, weil ihm plötzlich aufgefallen war, dass er ein Loch in einem Strumpf hatte. Damals ist er in einen Laden in Bonn rein, um das Malheur zu beheben. Kohl erzählte mir mit einer gewissen Verwunderung, wie viel Herrensocken kosten – manchmal konnte er von einer rührenden Unbedarftheit sein. Die Normalität bleibt einem Bundeskanzler natürlich immer ein Stück versperrt. Die Sicherheitskräfte wollten gleich das Geschäft absperren lassen, die anderen Kunden abdrängen. Aber davon wollte Kohl nichts wissen.

Privat war Kohl gewinnend und handfest. Ihm haftete nichts von dünkelhafter Distanz an. Ich erlebte ihn in keiner Weise abgehoben, das Jackett des Staatsmanns hatte er im Flur seiner

Privaträume abgelegt. Wenn wir uns unterhielten, verputzte er mit Vorliebe einen kleinen Berg leckerer Törtchen, die liebte er. Und wenn alles aufgegessen war, wusste ich, jetzt geht's zur Sache. Kohl war wie immer gründlich vorbereitet. Er wollte grundsätzlich vor einem Besuch von mir eine schriftliche Vorlage haben, in der ich mein Ansinnen zusammenfassen sollte. Das Papier hatte er dann aber auch haarklein durchgearbeitet, wenn wir uns trafen. Ich konnte das an den Bemerkungen erkennen, die er an den Rand geschrieben hatte. In der Regel wusste er schon, bevor unser eigentliches Gespräch begann, wie er entscheiden würde; den Eindruck hatte ich jedenfalls. Manchmal benötigte er auch noch Informationen, fragte nach, hörte zu. Diese Gespräche fand ich sehr vertrauensvoll, die Atmosphäre war konzentriert, aber nicht angespannt. Natürlich hat er auch schon mal nach der Fraktion gefragt, die von Schäuble geführt wurde. Später hatte ich dann bei solchen Gelegenheiten das Gefühl, regelrecht zwischen den Stühlen zu sitzen.

Kohl unterschätzte mein Naturell

Ich konnte mit Kohl sehr gut zusammenarbeiten. Das heißt nicht, dass es keinen Konfliktstoff gab. Er hatte sich sicher insoweit in mir getäuscht, dass er dachte, ich würde in die innere Mechanik der Schatzmeisterei nicht eingreifen. Er glaubte, ich würde charmant ein paar Spenden sammeln und ansonsten keine großen Ambitionen entwickeln. Aber das entsprach nicht meinem Naturell. Als der Streit um das Provisionssystem in der Schatzmeisterei tobte, hatte Kohl schließlich nachgegeben, meine Haltung akzeptiert – und die war ja nicht frei von einer gewissen Öffentlichkeitswirkung. Ich gewann den Eindruck, mit höchster Rückendeckung etwas verändern zu können. Auch deshalb verfestigte sich der Gedanke nicht in mir, dass er etwas Entscheidendes vor mir verbarg. Er wirkte sicher in dem, was er tat.

Insgesamt klappte die Kooperation mit Kohl ausgezeichnet. Er ließ mich beispielsweise das Parteienfinanzierungsgesetz machen – in enger Abstimmung mit ihm. Kohl fuhr eine Doppelstrategie. Er legte Wert auf Konsens, eine einvernehmliche Lösung mit den anderen Parteien und einen Entwurf, der die Öffentlichkeit nach den Turbulenzen um die Flick-Affäre versöhnlich stimmen würde. Zugleich wollte er aber auch unseren strategischen Vorteil nicht verspielen, die Nähe zur Wirtschaft. Dafür war es wichtig, dass die Unternehmen die Möglichkeit behalten würden, über Verbände zu spenden. Hätte man ihnen diesen Weg verbaut, wäre für die CDU eine ganz entscheidende Finanzquelle versiegt.

Für das neue Gesetz hieß das konkret: Spenden von Verbänden, hinter denen sich letztlich Firmen verbargen, konnten auch in Zukunft legitim an die Parteien geleistet werden. Allerdings mit einer gewichtigen Einschränkung: Die Verbände mussten auf diesen Betrag nochmals 50 Prozent zusätzlich an den Fiskus abführen. Das Spendengeld überwiesen sie dann, so war die gängige Praxis, an die Parteien. Für die Unternehmen hatte das Verfahren den Vorteil, dass sie anonym bleiben konnten. Ihre Spende tauchte nirgendwo öffentlich auf. Letztlich hat die Union sich damals an der für sie wichtigsten Stelle durchgesetzt. Die Kröte, die wir schlucken mussten, war die Veröffentlichungsgrenze. Sie wurde auf 20 000 Mark herabgesetzt. Wer also 20 000 Mark und einen Pfennig spendete, konnte das nicht mehr im Verborgenen tun. SPD und Grüne gingen an dieser Stelle als Sieger aus den Verhandlungen heraus. Beide Parteien waren traditionell weniger stark auf Zuwendungen aus der Wirtschaft angewiesen.

Helmut Kohl konnte dennoch mit der Novelle zufrieden sein. Unsere Zusammenarbeit hatte sich bewährt. Anflüge von Misstrauen spürte ich nur in wenigen Fällen, was auch nicht immer ausschließlich auf Kohl zurückzuführen sein musste. Da war zum Beispiel mein Kontakt zu Dieter Holzer, einem einflussreichen Geschäftsmann aus dem Saarland.

Holzer – der große Unbekannte

Dieter Holzer ist im Zuge der Spendenaffäre immer der große Unbekannte geblieben. Ihm gelang es am erfolgreichsten, sich der Ausleuchtung durch die Medien konsequent zu entziehen. Das hatte mit seiner Art zu leben, aber auch mit der lautlosen Professionalität zu tun, mit der er seine Geschäfte abwickelte. Holzers Kredit war seine Vertrauenswürdigkeit. Wenn ich ihn mit einem Attribut charakterisieren wollte, würde ich das Wort »verschwiegen« wählen. Ich habe ihn als loyalen und einflussreichen Mann kennen gelernt, dessen Verbindungen weit verzweigt waren und vermutlich auch heute noch sind. Er pflegte Verbindungen zur politischen Elite, in Deutschland, Frankreich, aber auch weit über Europa hinaus nach China, Australien und in den Nahen Osten.

Der Kontakt zu dem Unternehmer ist mir von der eigenen Partei schon bald nach meiner Ernennung zur Bundesschatzmeisterin vermittelt worden. Er galt als Persönlichkeit, die ein Unionspolitiker nicht ignorieren sollte. Mir wurde angeraten, ihn zu einer persönlichen Begegnung einzuladen. Ein CDU-Kollege spielte den Türöffner. Eines Tages rief mich dieser an und meinte sinngemäß: »Brigitte, da ist jemand, den musst du unbedingt kennen lernen.« Er sei gut bekannt mit Kiep, möchte aber in der Öffentlichkeit nicht gesehen werden, erläuterte er weiter zur Begründung für dieses eigenartige Treffen. Ich war zwar gewohnt, diskret mit Geschäftsleuten umzugehen, aber diese Geheimnistuerei hat mich stutzig gemacht. Ein Treffen wollte ich dennoch nicht verweigern. Danach wollte ich entscheiden, wie ich mich weiter verhalten würde. Ich rief Dieter Holzer an.

Am Telefon strahlte er mürrisches Selbstbewusstsein aus, gab sich kurz angebunden. Er wollte sich mit mir zum Frühstück treffen, trug mir aber noch auf, ich solle ihm ja »etwas Ordentliches hinstellen«. Bei allem Misstrauen war ich auch neugierig auf diesen angeblich so wichtigen Menschen, dem es offensichtlich nicht an Selbstsicherheit mangelte.

Dieter Holzer kam dann auch tatsächlich in mein Bonner Büro der parlamentarischen Geschäftsführerin. Auf meinem Gästetisch war ein üppiges Präsidentenfrühstück aufgetragen worden. Doch Holzer machte, nachdem wir uns begrüßt hatten, erst mal keine Anstalten, sich zu setzen. Es schien so, als müsse er dafür eine innere Hürde überwinden. Etwas arbeitete sichtlich in ihm. Holzer blieb vor der Bücherwand stehen, ging unruhig auf und ab. Offenbar versuchte er, sich mit etwas völlig Ungewohntem zurechtzufinden. Dann hielt er inne, musterte mich eindringlich durch seine schwarze Hornbrille und meinte lakonisch: »Das kann ich mir kaum vorstellen, eine Frau als Schatzmeisterin.« Und schließlich sagte er, ohne mir auch nur das kleinste Stück Entgegenkommen zu zeigen: »Sie müssen sich natürlich an Kiep messen lassen.« Ich blieb ruhig, ließ mich nicht einschüchtern. Das muss Eindruck bei ihm hinterlassen haben.

Gespräche über Leuna

Nachdem er den Weg einmal zu mir gefunden hatte, taute er bei unserem Frühstück ein wenig auf. Wir kamen ins Gespräch. Als wir uns verabschiedeten, klafften in dem Eis der ersten Minuten bereits ein paar Risse. Er schien mich zumindest halbwegs akzeptiert zu haben. Es sollte nicht unsere letzte Begegnung bleiben. Er rief mich fortan gelegentlich an. Ich mochte ihn, seine Verlässlichkeit, seine Weltläufigkeit. Mit der Zeit entdeckten wir eine Gemeinsamkeit: unser Faible für Frankreich. Ich mag Land und Leute und spreche einigermaßen passabel Französisch. Zu den französischen Parlamentariern pflegte ich einen guten Kontakt. Das öffnete mir neue Türen. Denn Holzer gründete eine Deutsch-Französische Stiftung in Frankreich. In Paris lernte ich über ihn Georges de la Loyère, einen hohen Politiker des liberal-konservativen Parteienbündnisses UDF, kennen. Die UDF wollte damals die Parteienfinanzierung neu regeln, ein Thema, mit dem ich mich zu dieser Zeit exzellent auskannte. Schließlich lud mich der UDF-Politiker ein, einen Vortrag in der französischen Hauptstadt zu halten. Dem kam ich gerne nach. Später kam das Gespräch auf Leuna. Aus aktuellem Anlass: Zu dieser Zeit wurde über den Verkauf des alten DDR-Chemiegiganten verhandelt, den Kohl als Symbol für den industriellen Aufschwung der neuen Bundesländer retten wollte. Dieter Holzer schien, so habe ich den UDF-Mann verstanden, eine zentrale Rolle zu spielen.

Über meine Begegnungen mit Holzer habe ich mit Kohl nie geredet. Aber ich spürte deutlich, dass das Kanzleramt plötzlich ein wachsames Auge auf mich geworfen hatte. Kontakte zu Holzer berührten möglicherweise sensible Bereiche. In solchen Momenten spielte Fritz Bohl eine Schlüsselrolle, seinerzeit Kanzleramtsminister. Der hatte alle Kontrollleuchten im Blick.

Holzer ist später vor allem durch den so genannten Leuna-Prozess bekannt geworden. In Paris hatte nach achtjährigen Ermittlungen am 17. März 2003 der Schmiergeldprozess des Ölkonzerns Elf Aquitaine begonnen. Angeblich sollten hohe Summen veruntreut oder als illegale Provisionen ausgezahlt worden sein. Vor allem leitende Direktoren des einstigen staatlichen Ölkonzerns standen unter Anklage; in der Elf-Führungsetage müssen über Jahre katastrophale Zustände geherrscht haben.

Auch Holzer musste sich in der französischen Hauptstadt vor Gericht verantworten. Die vielfach diskutierte Frage lautete: War er tatsächlich, wie immer wieder behauptet wurde, eine Schlüsselfigur beim Verkauf der ostdeutschen Leuna-Raffinerie an Elf? Und hatte er sich dabei etwas zu Schulden kommen lassen? Nicht nur die Franzosen, auch der Deutsche Bundestag hatte sich zu dieser Zeit bereits mit der Frage beschäftigt, ob beim Leuna-Verkauf Schmiergelder an deutsche Politiker geflossen waren, mit denen die Elf-Führung sich günstigere Konditionen für das Milliardengeschäft erkaufen wollte. Aber nicht einem Regierungsmitglied konnte Bestechlichkeit nachgewiesen werden – auch im Leuna-Prozess nicht.

Holzer wurde im November 2003 zusammen mit seinem früheren französischen Partner Pierre Lethier zu jeweils 15 Monaten Haft ohne Bewährung und zu je 1,5 Millionen Euro Geldstrafe verurteilt. Nach Einschätzung eines Pariser Strafgerichts hatten sie für ihre millionenschweren Beraterhonorare keine reelle Gegenleistung erbracht. Holzer und Lethier legten postwendend Berufung ein. Holzers Anwälte wurden nicht müde zu betonen, dass die deutsche Staatsanwaltschaft und die Generalbundesanwaltschaft das Leuna-Verfahren längst eingestellt hatten. Und doch rollte die französische Justiz Leuna in einem spektakulären Gerichtsverfahren wieder auf. Mit schwer wiegenden strafrechtlichen Konsequenzen – unter anderem für Holzer und Lethier, aber auch für einige der früheren Elf-Manager wie Loïk Le Floch-Prigent und Alfred Sirven.

Ein überraschender Anruf

Doch zurück zu Helmut Kohl. Heikel war auch der Moment, als ich eines Tages als Schatzmeisterin eine telefonische Anfrage erhielt, ob wir einer unserer europäischen Schwesterparteien finanziell unter die Arme greifen könnten. Dieses Gespräch landete wohl eher versehentlich bei mir. Ich rief Helmut Kohl an, er weilte gerade am Wolfgangsee. Er bat mich, den zuständigen Ministerialdirektor im Kanzleramt anzurufen. Beunruhigt reagierte Kohl schließlich auch, als er erfuhr, dass ich die 100 000 Mark von Schreiber aus den Händen Schäubles bekommen hatte, was ich an anderer Stelle noch ausführlich schildern werde. Dieser Umstand brachte ihn – warum auch immer – in Rage. Damals ging ich relativ schnell über diese Episode hinweg, weil mein Grundvertrauen in den Führungszirkel unserer Partei im Großen und Ganzen intakt war. Ich war kurz irritiert und machte anschließend meine Arbeit weiter. Mein Verhältnis zu Kohl wurde nie ernsthaft getrübt.

Das heißt natürlich nicht, dass ich seine Art zu führen immer gutgeheißen habe. Im Laufe der Zeit verkleinerte er seinen

Beraterstab. Er verließ sich auf immer weniger Menschen. Doch er verfügte weiterhin über die Gabe, die Gremien in Bundestag und Regierung dazu zu bewegen, seiner Linie zuzustimmen. Wer sich gegen ihn stellte, wurde mit der Zeit isoliert, dann ignoriert. Man hat das ja oft mit dem Gebaren eines Politmonarchen verglichen, der an seinem Hof keine originellen Denker mehr duldete. Das ist nicht ganz falsch, aber auch nicht ganz richtig. Kohl hat schon oft die Erfahrung machen müssen, dass aus politischen Freunden Feinde wurden. Das hat vielleicht auch dazu geführt, dass er mit seinen verlässlichsten Getreuen eine Art Wagenburg bildete. Aber er ließ sich dennoch genau informieren, über die Partei sowieso, aber auch über Zukunftsfragen und neue Entwicklungen. Mit seinem kleinen, halboffiziellen Team arbeitete er ziemlich selbstständig.

Wenn ich ihn in dieser Hinsicht kritisiere, dann weil die Auswahl seiner Gesprächspartner im öffentlichen Leben oft zu einseitig war. Die meisten Wirtschaftskapitäne erschienen ihm tendenziell als suspekt. Er setzte lieber auf die CDU-Sozialausschüsse; die Idee der sozialen Marktwirtschaft war tief in ihm verankert. Er hatte sicher einen kleinen Kreis an Unternehmern, die seine Freunde waren. Aber auf breiter Front suchte er den Dialog mit der Wirtschaft nicht. Irgendwie dachte er, die Unternehmen laufen von alleine, da muss sich die Politik gar nicht so sehr einmischen.

Bei mir beschwerten sich dann die Firmenchefs. Sie beklagten heftig, dass sie nicht ausreichend Zugang zum Kanzler fänden. Doch auch wenn Kohl Distanz hielt, hieß das nicht, dass er mich einschränkte. Er ließ mich machen. Er bestärkte mich darin, Wirtschaftsrunden zu etablieren, um Kontakte zu halten und Spenden zu akquirieren. Das Feld überließ er mir gerne. Er kam mir auch entgegen, wenn ich ihn bat, vor einem erlesenen Kreis von Unternehmern zu sprechen. Da sperrte er sich nicht, forcierte die Kontakte aber eben auch nicht aus eigenem Antrieb. Er hatte seinen Kreis, der mir auf ewig verschlossen blieb, was ich allerdings erst später realisierte. Dazu gehörte der *WAZ*-Verleger Erich Schumann, Nestlé-Chef Helmut Maucher und Siemens-Vorstand Heinrich von Pierer. Und ich pflegte Kontakte zu Menschen, mit denen er sich nicht befasste. Jeder von uns verfügte also über einen eigenen Spenderkreis, neben-, nicht gegeneinander.

Kohls Problem war es sicher auch, dass er sich den Unternehmern, die nicht vom alten Schlag waren, nur mit Mühe öffnete. Porsche-Chef Wendelin Wiedeking war beispielsweise so einer, mit dem er überhaupt nicht konnte. Auch Computerspezialisten waren nicht Kohls Welt. Vielleicht ist er sogar an dieser mangelnden Flexibilität am Ende gescheitert. Die Menschen nahmen ihm nicht ab, dass er der richtige Lotse auf dem Weg ins Internet- und Hightech-Zeitalter war. Die SPD wirkte da dynamischer.

Informelle Sitzungen im Kanzleramt

Den Führungsstil des Parteivorsitzenden konnte ich bei den Präsidiumssitzungen studieren. Aber ich war auch hin und wieder zu den informellen Zirkeln eingeladen, die in der Öffentlichkeit oft als legendär beschrieben worden sind. Selbst wenn wir in der Privatwohnung des Kanzleramts tagten, war Kohl immer gut präpariert. Er hatte Zahlenmaterial parat, war glänzend informiert. In der Regel referierte ein Experte. Kohl hörte aufmerksam zu und glich alles mit den Fakten ab, die ihm vorlagen. Anschließend wurde diskutiert. Und manchmal fielen recht schnell und spontan Entscheidungen, die so nicht geplant waren. Kohl war offener, als viele ihn beschrieben haben. Er vertrat nicht apodiktisch eine Meinung. Es kostete einige Überzeugungsarbeit, ihn von einem gedanklich einmal eingeschlagenen Weg abzubringen. Aber es war nicht unmöglich. Abseits von Grundsatzfragen folgte er nicht immer seinen tiefsten Überzeugungen. Manchmal änderte er seine Meinung durchaus, weil er witterte, auf diesem Wege könne er die CDU wieder populärer gestalten. Der deutsche Populismus ist keine Erfindung Gerhard Schröders, wenn Kohl ihn auch nie in dieser Form auf die Spitze trieb. In den »Kanzlerrunden« wurde ständig abgewogen zwischen der Notwendigkeit in der Sache und der vermuteten Akzeptanz bei den Wählern. Viel Zündstoff also für stundenlange Debatten. In diesen Zirkeln wurde richtig Politik gemacht, wurden Karrieren beflügelt oder beendet. Und das war kein Geschäft für Menschen mit schlechter Kondition. Oft wurde bis spät in die Nacht hinein getagt.

Einen besonderen Draht hatte und hat Kohl zu Bernhard Vogel, dem er nach seinem erzwungenen Abgang in Rheinland-Pfalz, in Thüringen eine zweite, höchst erfolgreiche Karriere als Regierungschef verschaffte. Kohl belohnte die Loyalen, nichts schätzte er mehr als Weggefährten, die nie versucht haben, sich auf seine Kosten zu profilieren, an ihm vorbeizuziehen. Vogel war so jemand. Er war nicht mit den Verschwörern in Bremen verbündet, er ließ sich auch nicht von Schäuble einbinden. Eine besonders enge Bindung besaß Kohl auch zur katholischen Kirche. Er traf sich öfter mit Karl Lehmann in Mainz, dem Vorsitzenden der Deutschen Bischofskonferenz, der mittlerweile zum Kardinal erhoben wurde. Zwischen beiden gab es einen intensiven Austausch, aber dieser war für Kohl weit mehr als ein enger Kontakt zu einem Würdenträger des öffentlichen Lebens. Er überprüfte in solchen Treffen die Koordinaten seines Wertesystems.

Sorge um sich und die Vertrauten

Um Kohl zu verstehen, darf man nicht nur den Machtmenschen betrachten. Er fühlte sich wohl, wenn er eine unmittelbare Nähe zu anderen Menschen hatte, in der Menge baden konnte. Wir haben alle die Bilder im Kopf, wo er bei einem Parteitag oder einer Kundgebung unablässig Hände schüttelte, Helmut-Helmut-Rufe im Hintergrund. Das war pure Energie für ihn, da tankte er auf. Kohl reichte es nie, Menschen zu sehen und zu hören, er gehört zu den Personen, die Körperkontakt brauchen, die ihr Gegenüber spüren, berühren wollen. Er suchte den Händedruck.

Ich war einmal mit ihm in einem Helikopter in den neuen Bundesländern unterwegs. Plötzlich sagte er dem Piloten, er wolle da unten landen. Der Pilot änderte den Kurs, setzte zum Landeanflug an. Wir stiegen mit wehenden Haaren aus dem Hubschrauber, Kohl steuerte ein Gasthaus an. Der Wirt war natürlich völlig aus dem Häuschen, unvermutet den Bundeskanzler als Gast zu haben. Der Kanzler bestellte etwas zu trinken. Seine spontane Rast sprach sich in Windeseile im ganzen Dorf rum. Die halbe Einwohnerschaft kam angelaufen. Kohl scherzte und lachte, er fühlte sich pudelwohl. Solche Momente waren die schönsten für ihn.

Aber Kohl interessierte nicht nur die Begegnung mit der Masse, sondern auch der einzelne Mensch. Ich kann mich noch an einen Abend in der Villa Hammerschmidt erinnern. Wir waren bei Bundespräsident Roman Herzog eingeladen. Und der Kanzler fragte mich, ob ich nächste Woche bei ihm vorbeikommen könnte. »Das geht leider nicht, ich muss ins Krankenhaus«, erklärte ich ihm. Ich hatte eine schwierige Operation vor mir, die mich ziemlich belastete. Kohl wollte wissen, welcher medizinische Eingriff in welchem Krankenhaus vorgenommen werden würde. Ich habe es ihm erzählt. Und dann meinte er: »Warten Sie mal mit dem Eingriff, ich werde Ihnen Bescheid geben, ich frage mal nach, ob Sie da auch wirklich in guten Händen sind.« Kohl hat sich wirklich darum gekümmert.

Deshalb habe ich es auch nie verstanden, dass Thomas Schäuble, der als Innenminister in Baden-Württemberg amtiert, behauptet hat, Kohl hätte sich nicht um seinen verletzten Bruder Wolfgang in der Zeit nach dem Attentat gekümmert. Thomas Schäubles hasserfüllte Attacke gipfelte damals in dem Vorwurf, Kohls Tränen wären nur gespielt gewesen, ein Schmierentheater für die Presse. Das passt nicht zu Kohl. Er kümmert sich um seine engen Mitstreiter. Ihm ist das Attentat auf Wolfgang Schäuble damals unheimlich nahe gegangen, darin lag nichts Gespieltes. Ihn als menschlichen Eisblock hinzustellen, das sagt mehr über Thomas Schäuble aus als über Kohl selbst.

Die beiden Schäuble-Brüder haben ihre Karriere weitgehend Kohl zu verdanken. Nicht, dass einen diese Tatsache in irgendeiner Form zur Dankbarkeit verpflichtet, auch Kohl hatte seinen Nutzen, ihr Talent zu fördern. Aber diese unverfrorene, manipulative Respektlosigkeit, wie sie Thomas Schäuble an den Tag legte, kann ich nicht akzeptieren. Das ist schlechter Stil. Ich kann jemanden inhaltlich angreifen, aber nicht derart persönlich verletzen. Vielleicht ist das der Trend unserer Zeit, die Waffe der öffentlichen Anklage auf den privaten Raum zu richten, auf die Zone, wo jeder Mensch naturgemäß am wehrlosesten ist. Eine solche Attacke kann man kaum parieren, wenn man sich nicht auf das gleiche Niveau begibt. Das ist eine so genannte »no win situation«. Derjenige, der auf der öffentlichen Anklagebank sitzt, hat schon verloren, weil er in dieser Position ins grelle Scheinwerferlicht der öffentlichen Wahrnehmung gerückt wird. Jemand, der so denunziert wird, weiß nur eines sicher: Es bleibt immer etwas an ihm hängen. Ein armseliges Spiel.

Kohl hält zu mir

Im Zuge der Spendenaffäre und des erbitterten Kampfes mit Schäuble ist Kohl in eine Form von Isolation geraten, die er so nicht kannte. Das war vielleicht die härteste Strafe für ihn. Inzwischen erlebe ich ihn aber wieder wie früher. Und ich vergesse ihm nicht, dass er nie einen Schritt von mir zurückgetreten ist. In einer Zeit, in der Friedrich Merz und andere CDU-Größen lieber einen großen Bogen schlugen, nur um mir nicht im Bundestag zu begegnen oder gar mit mir zusammen auf einem Foto abgebildet zu werden, hat er sich oft demonstrativ zu mir gesetzt. Er kam herzlich auf mich zu und erkundigte sich nach meinem Befinden.

Normalerweise lässt Kohl immer alle zu sich kommen. Aber bei meiner ersten Sitzung im Bundestag, nachdem ich nach der Affäre im Wahlkreis abgesägt worden war, durchquerte er das halbe Plenum, um mich aufzurichten. Er sandte das Signal: »Ich stehe zu Ihnen.« Manchmal sprach er auch einen Kollegen oder eine Kollegin an, die keine Scheu hatten, sich zu mir zu setzen. »Das finde ich aber schön, dass Sie zu ihr halten«, sagte er dann. Das hat mir damals natürlich unheimlich gut getan. Neben Kohl haben mich auch seine alten Weggefährten ein wenig moralisch unterstützt – etwa Fritz Bohl, der frühere Kanzleramtsminister. Ebenso standen mir einige Frauen aus der CDU-Landesgruppe Nordrhein-Westfalen innerhalb der Unionsfraktion bei.

Inzwischen verflüchtigen sich auch für Helmut Kohl allmählich die rauen Zeiten. Er reist viel um die Welt, hält Vorträge, trifft sich mit seinen alten politischen Weggefährten. Er hat zu seiner alten Kraft zurückgefunden. Die Zeit läuft jetzt für ihn und nicht mehr gegen ihn.

Der tragische Tod Hannelore Kohls

Seine neue Lebensweise hat natürlich auch eine ganz persönliche Seite. Er beginnt, den Tod seiner Frau zu verarbeiten. Ihr Selbstmord hat ihn unheimlich getroffen. Alle Medienmärchen, die Kohl als hartleibigen Patriarchen zum Mitschuldigen an dieser Tragödie erklären, entbehren meiner tiefen Überzeugung nach jeder Grundlage. Ich traf ihn einen Tag vor dem tragischen Freitod seiner Frau in Berlin. Ich weiß noch, dass ich auf ihn zugegangen bin und ihn fragte, wie es seiner Frau ginge. Kohl sagte zu mir: »Frau Baumeister, ich weiß mir manchmal nicht mehr zu helfen.« Kohl hat alles getan, um ihre Lichtallergie zu lindern. Er ist mit seiner Frau zu Spezialisten in aller Welt gefahren. Aber da war offenbar einfach nichts zu machen.

Dennoch hätte ich nie gedacht, dass Hannelore Kohl sich jemals das Leben nehmen würde. Sie war eine starke, selbstbewusste Frau. Mit ihr konnte ich fantastisch reden. Ich habe sie als sehr selbstständig und blitzgescheit erlebt. Sie war belesen, immer auf dem Stand der Zeit, sprach mehrere Sprachen. In der Öffentlichkeit spielte sie kontrolliert und professionell ihre Rolle; sie hielt sich zurück. Das wird ihr nicht immer leicht gefallen sein. Ich bin mir aber sicher, dass sie die traditionelle Mutterrolle mit einer großen Selbstverständlichkeit wahrgenommen hat. Mit viel Geschick hat sie es verstanden, ihre Kinder vor dem Zugriff der Medienöffentlichkeit zu schützen.

Manchmal konnte Hannelore Kohl sehr spontan sein. Sie kam einmal auf einem Parteitag zu mir und sagte: »Heute sehen Sie aber toll aus, das gefällt mir.« In solchen Momenten gab sie die Distanz auf. Oder sie befragte mich nach meiner Urlaubsreise. Auf meine Gegenfrage meinte sie dann augenzwinkernd: »Ich war wieder dort. Glauben Sie denn, das wäre Urlaub für mich? Mein Mann lädt immer die ganzen Leute ein und alle kommen. Das ist doch kein richtiger Urlaub.« Sie hat sich einmal scherzhaft als Telefonistin ihres Mannes bezeichnet. Dennoch bin ich mir sicher, dass die beiden eine glückliche Ehe führten.

Die Rivalität von Kohl und Schäuble

Der Kanzler und sein Kronprinz, Helmut Kohl und Wolfgang Schäuble – was ist nicht alles darüber geschrieben worden? Die beiden lebten in einer Art politischer Symbiose, zwei höchst gegensätzliche Charaktere, die einander brauchten. Schäuble lieferte die strategischen Entwürfe, glänzte mit intellektueller Brillanz, Kohl suchte den Kontakt zur Basis, hielt die Partei mit einer Mischung aus herzlicher Unmittelbarkeit und Führungsstärke zusammen. Schäuble stand für umsichtige Veränderung, Kohl für Stabilität. Mit seinem Nimbus als Staatsmann weckte er Vertrauen. Ein ungleiches, höchst erfolgreiches Duo. Jeder war in seiner Rolle nahezu perfekt. Das heißt aber auch: Die Rollen waren nicht variabel. Schäuble konnte bei all seiner

Intellektualität den Platz Kohls nicht ausfüllen. Ihm fehlte die integrative Kraft, das Quäntchen Volkstümlichkeit, das einem Politiker die breite Akzeptanz erleichtert. Schäuble war nicht wirklich ein Kronprinz mit Anspruch auf die Kanzlerwürde, vielmehr jemand, der Kohls Macht absicherte und dadurch selbst mächtig wurde.

Der Fehler Schäubles war, dass er sich Kohl irgendwann überlegen wähnte, gegen alle Dementis die Kanzlerschaft zu seinem Lebensziel erkoren hatte. Kohls Fehler bestand darin, dass er Schäuble nicht die Wahrheit sagte. Er ließ ihn in dem Glauben, irgendwann selbst einmal die Regierungsgeschäfte zu führen. Kohl wollte auf Schäuble nicht verzichten, deswegen kürte er ihn zu seinem ewigen Nachfolger.

Schäuble wurde zu einer tragischen Figur, eine Art Prinz Charles der deutschen Politik. Kohl hatte nicht wirklich im Sinn, seinen Platz für Schäuble zu räumen. Er musste ihm nur den ersehnten Aufstieg in Aussicht stellen, um ihn zu binden und ruhig zu halten. Kohl hatte natürlich ohnehin wenig Neigung, aus dem Kanzleramt auszuziehen, das längst sein zweites Zuhause geworden war. Mit der großen Politik war er so verwoben, dass er sie vermutlich gar nicht mehr ohne sich selbst denken konnte. Aber das allein bestimmte nicht die Zurückhaltung gegenüber Schäubles Ambitionen. Mein Eindruck war: Kohl traute ihm das Kanzleramt einfach nicht zu. Schäuble hätte sich vermutlich gar nicht so lange neben Kohl halten können, wäre von ihm nicht geduldet worden, wenn er über jenes Charisma verfügt hätte, das Kohl hätte gefährlich werden können.

Irgendwann ahnte Schäuble natürlich, dass Kohl ihn hinhielt, dass er ihn nicht wirklich als seinen Nachfolger installiert hatte. Das kühlte die Beziehung Kohls und Schäubles zunächst ab, ließ beide misstrauisch werden. Sie belauerten sich, beobachteten argwöhnisch, wer sich mit wem verbündete. Schäuble hatte 1997/98 noch immer die Hoffnung, dass Kohl, sollte er nicht aus Einsicht weichen, von der Partei zum Abdanken gezwungen werden würde. Er sammelte unablässig seine Truppen. Aber Kohl war in der Union viel tiefer verwurzelt als Schäuble. Er symbolisierte die CDU so sehr, dass er nur schwer zum Rückzug gedrängt werden konnte, ohne die Identität und auch den Erfolg der CDU zu gefährden. Schäuble steckte in der Sackgasse einer unangenehmen Warteposition fest. Das machte ihn zunehmend gereizter, aggressiv. Mir gegenüber hat er sich oft – in einer fast schon abfälligen Weise – über Kohl aufgeregt, seine Entscheidungen harsch kritisiert. Doch sein Schicksal war so mit dem Kohls verkettet, dass er sich nicht gewaltsam losreißen konnte, ohne Verletzungen zu erleiden.

Dabei hatte Schäuble nach Kohl den größten Einfluss. Er hielt jahrelang die Innenpolitik in seinen Händen. Das war nicht immer von Vorteil für die Regierung. Ich erinnere mich an das Jahr 1992, an den Streit um das Asylrecht. Damals hat Kohl Schäuble gewähren lassen, obwohl er eine andere Position vertrat. Den Schaden hatte die CDU in Baden-Württemberg. Sie musste bei der Landtagswahl deutliche Einbußen an Wählerstimmen hinnehmen.

Schäuble war innovativ, kooperativ, was seine Verhandlungen mit der Opposition anging, sachkundig bis ins Detail. Aber Kohl hat sich, eher auf die Außenpolitik fixiert, zuweilen doch zu sehr auf ihn verlassen. Etwa bei der gesamten Diskussion um die Steuerreform 1997/98. Schäuble dachte, dass Oskar Lafontaine sich eine Blockadehaltung nicht leisten könnte, dass die Reform auf jeden Fall durchkommen würde. Kohl war sich da nicht so sicher, er wollte sie schnell oder gar nicht. Letztlich trat der Worst Case ein, eine quälende Hängepartie ohne Erfolgserlebnis für die Regierung. Schäuble gelang es nicht, Lafontaine zum Einlenken zu bewegen, der öffentliche Druck auf die SPD war nicht groß genug. Zudem hielt der Saarländer die Reihen der Sozialdemokraten fest geschlossen. Zu allem Unglück sträubte sich auch noch der damalige Finanzminister Theo Waigel gegen die Pläne. Am Ende hatte Schäuble sich total verrechnet und die SPD in eine komfortable Position gebracht.

Genau genommen lag Schäuble gleich zweimal daneben. Er hatte meines Erachtens auch auf eine Große Koalition spekuliert, die das Ende der Ära Kohl bedeutet und Schäuble endlich den Sprung ins Kanzleramt ermöglicht hätte. Aber die SPD hatte längst gewittert, dass mit den Grünen der Machtwechsel zu schaffen war. Sie brauchte Schäuble nicht, um einen Fuß in die Regierungstür zu bekommen.

Dennoch hatte Schäuble vor den Wahlen 1998 eine Chance, seinen Traum vom Kanzleramt doch noch zu verwirklichen. Damals wollte die Mehrheit der Bundesbürger ja nicht unbedingt eine rot-grüne Regierung, sondern sie wollte Kohl abwählen. Mit etwas Glück hätte es Schäuble schaffen können.

Hoffnung auf Kohls Abtritt

Ich erinnere mich noch gut an diese Zeit. Schäuble sagte zu mir, unsere Umfragewerte seien katastrophal. Das Meinungsforschungsinstitut Allensbach sagte uns voraus, dass wir die Wahl verlieren würden. Schäuble sah seine Zeit gekommen, wartete auf den Ruf der Partei. Das war an Ostern 1998. Kohl fastete wie gewohnt am Wolfgangsee. Wir trafen uns zu einer Präsidiumssitzung, in der offen darüber diskutiert wurde, ob Kohl noch einmal antreten sollte. Er selbst hatte sich nicht klar geäußert, nur erklärt, »wenn ich zurückkomme, werde ich mir das überlegt haben«. Da war uns allen klar, dass er seinen Rückhalt in der Partei abklärte, den ganzen Tag telefonierte, Besucher und Ratgeber empfing.

Die Spannung war groß, denn niemand glaubte mehr so richtig daran, dass Kohl noch einmal aus dem demoskopischen Tief herauskommen würde. Der Wahlsieg schien in unerreichbare Ferne gerückt. Nach Ostern hatten wir dann die erste Präsidiumssitzung mit Kohl und er erklärte sinngemäß: »Meine Familie und ich haben beschlossen, dass ich noch einmal kandidiere.« Für Schäuble war das eine Katastrophe, schlimmer hätte es nicht kommen können. Aber er saß da mit unbewegter Miene und sagte einfach gar nichts. Der einzige, der das Wort ergriff, war Kurt Biedenkopf. Der meinte relativ unverblümt, dass diese Entscheidung falsch wäre, sie würde in der Wählerschaft nicht akzeptiert werden. Kohl ließ sich nicht umstimmen, schon gar nicht von einem alten Rivalen, der ohnehin nicht besonders hoch in seiner Gunst stand. Kohls Auffassung war, dass niemand außer ihm die CDU noch einmal zu einem Wahlsieg würde führen können. Dabei stützte er sich auch auf die CSU, deren Vertrauen zu ihm – er meinte wohl vor allem deren Vorsitzenden Theo Waigel – er zusätzlich ins Feld führte. Ob Schäuble in diesem Moment wohl auf offenen Widerstand spekulierte? Aber nach Biedenkopf sprach dann niemand mehr im Präsidium. Alle anderen gingen in Deckung, fügten sich in ihr Schicksal. Auch wenn viele von ihnen nicht gerade begeistert von Kohls neuerlicher Kandidatur waren. Schäuble hatte so gut wie keine offenen Verbündeten. Seine Geheimdiplomatie fruchtete nicht.

Irgendwann muss der Faden gerissen sein. Ich könnte mir gut vorstellen, dass Schäubles Enttäuschung an diesem Tag dazu führte, dass seine – ohnehin eher zweckmäßige – Freundschaft zu Kohl in eine unversöhnliche Gegnerschaft umschlug. Abgekühlt war sie schon lange zuvor. Meiner Ansicht nach dachte Schäuble, dass Kohl seinen Aufstieg systematisch vereitelt, mit falschen Karten gespielt hatte. Die Weigerung Kohls, die Spendernamen zu nennen, machte den Bruch im Januar 2000 eigentlich nur noch öffentlich und damit unumkehrbar. Ich bin davon überzeugt: Schäuble hegte schon lange eine gewaltige Wut gegen den Kanzler und musste Kohl zunehmend für einen gefährlichen Intriganten halten, der ihn mit allen Mitteln vom Kanzleramt fern halten wollte. Vielleicht ahnte Schäuble auch, dass Kohl ihn, seinen eigenen Zögling, am Ende mit nach unten ziehen würde. Kohl hat sicher Herrschaftswissen gegenüber Schäuble abgeschottet; ihr Konkurrenzverhältnis war ja kein Geheimnis. Aber Schäuble wusste zu viel, als dass er sich fern der Gefahrenzone wähnen konnte. Zugleich konnte Schäuble sich so lange von Kohl nicht distanzieren, wie er dessen Wohlwollen brauchte, um das letzte Stückchen zum Gipfel seiner Karriere zu bewältigen. Als Schäuble sich zur offenen Rebellion entschloss, war sein Kampf vermutlich schon verloren. Der Konflikt um die 100 000-Mark-Spende des Geschäftsmanns und Lobbyisten Karlheinz Schreiber bildete schließlich nur einen weiteren Höhepunkt im Misstrauensverhältnis der beiden Parteigrößen – wenn auch einen besonders tragischen.

Noch unpolitisch: Brigitte Baumeister bei ihrem Abschlussball 1962

Mit Willi Stächele und Wolfgang Schäuble
auf dem CDU-Parteitag 1987

Brigitte Baumeister in ihrem Abgeordnetenbüro in Bonn (1992)

Fraktionsvorstandssitzung (1993): Brigitte Baumeister, Eduard Oswald, Wolfgang Schäuble, Joachim Hörster, Karl-Heinz Hornhues, Clemens Schwalbe, Jürgen Rüttgers (v.l.n.r.)

Christo und Jeanne-Claude präsentieren ihre Pläne zur Reichstagsverhüllung (1993)

Auf dem CDU-Parteitag 1992

Im Gespräch mit Rita Süssmuth (CDU-Bundesparteitag 1994)

Mit Helmut Kohl (Wahlkampf-Foto 1994)

Mit Helmut Kohl im Bonner Wasserwerk (1996)

Karlheinz Schreiber am 5. Januar 2000 nach einer Anhörung durch ein Gericht in Toronto

Wolfgang Schäuble am 13. August 2000 auf dem Weg zum Parteispenden-Untersuchungsausschuss

Brigitte Baumeister am 29. August 2000 nach einer Aussage vor dem Parteispenden-Untersuchungsausschuss

Helmut Kohl am 25. Januar 2001 nach einer Aussage vor dem Parteispenden-Untersuchungsausschuss

Brigitte Baumeister, ihr Anwalt Gottfried Klotz und Wolfgang Schäuble am 28. August 2000 vor dem Parteispenden-Untersuchungsausschuss

5

Karlheinz Schreiber – der Mann mit dem Geldkoffer

In der Rolle des Bösewichts

Wenn es eine Figur in der CDU-Spendenaffäre gibt, die eindeutig die Rolle des Bösewichts innehat, dann ist es Karlheinz Schreiber. In den deutschen Medien wird er in erster Linie als Schurke beschrieben, als undurchsichtiger Waffenlobbyist, als großspuriger Propagandist in eigener Sache, der sich in Kanada dem Zugriff der deutschen Behörden entzogen hat. Er war es, der im August 1991 eine Million Mark in bar an Kiep und Weyrauch in der Schweiz übergeben hatte, nicht aus »reiner Nächstenliebe«, wie er später zu verstehen gab. Und Schreiber legte im Herbst 1994 den Grundstein für die 100 000-Mark-Affäre, indem er mir einen Umschlag übergab. Gegen ihn wurde im Mai 1997 ein Haftbefehl ausgestellt, weil man vermutete, dass er Steuern hinterzogen und Bestechungsgelder gezahlt habe. Sein früherer Geschäftspartner Giorgio Pelossi, mit dem er sich überworfen hatte, war bei der Staatsanwaltschaft vorstellig geworden. Bei einer Durchsuchung in Schreibers Haus in Kaufering wurde dann jener berühmte Terminkalender gefunden, in dem angeblich in verschlüsselter Form Schmiergeldzahlungen für diverse Rüstungsprojekte verzeichnet worden waren. Bewiesen ist das alles nicht. Schreiber hat das Weite gesucht.

Das allein würde schon reichen, ihn nach außen hin als dunkle Gestalt wahrzunehmen: der Mann mit den Geldkoffern. Dazu kommen noch seine zahlreichen öffentlichen Erklärungen, die häufig recht deftig ausgefallen sind. Schreiber ist ein Meister der Ankündigung großer Enthüllungen. Doch seine wüsten Behauptungen und Anklagen wusste er nicht immer zu belegen. Dadurch büßte er viel Glaubwürdigkeit ein. Ob – und wenn, wie tief – er in das System schwarzer Kassen verstrickt war, konnte nie aufgeklärt werden. Doch er hat selber nie ein Hehl daraus gemacht, dass im Big Business manchmal unkonventionelle Mittel eingesetzt werden mussten.

Viele Politiker sind inzwischen auf Distanz zu ihm gegangen. Mittlerweile wird er auch von der CSU, der er viele Jahre eng verbunden war, nahezu geächtet. Schreiber zog die Konsequenzen und kam mit seinem Austritt aus der CSU 2003 einem Ausschluss zuvor – nach rund dreißigjähriger Parteimitgliedschaft. Den Christsozialen hatte er zuletzt illegale Finanzmachenschaften unterstellt, war aber auch hier zunächst stichhaltige Beweise schuldig geblieben.

Nie Teil einer Verschwörung

Mir selbst ist häufig unterstellt worden, dass ich ein besonderes Verhältnis zu Schreiber hatte, da er in der 100 000-Mark-Affäre in erster Linie meine Version bestätigte. Vor allem Wolfgang Schäuble hat in seinem Buch *Mitten im Leben* eine verdächtige Nähe zwischen mir und Schreiber suggeriert. Unter anderem führte er an, dass wir uns duzten und angeblich ziemlich häufig trafen.[1] Ersteres stimmt, Zweiteres ist übertrieben. Insgesamt kam es vielleicht zu fünf Begegnungen, die ich durchaus in guter Erinnerung behalten habe. Darunter war eine Zusammenkunft auf seinem Gut in Kaufering anlässlich einer seiner berühmt-berüchtigten Kaminabende. Ich nahm diese Einladung an, weil ich mir von ihr Kontakte zu wichtigen Wirtschaftsleuten erhoffte, die ich als Spender für die CDU gewinnen wollte. Aber diese Hoffnung erfüllte sich nicht. Die Wirtschaftsvertreter dort hatten offenbar ein eindeutiges Interesse, an die CSU zu spenden. Für die CDU gab es nicht viel zu holen. Im Laufe der Zeit gewann ich den Eindruck, dass ich Schreiber und sein Umfeld überschätzt hatte. Sein Radius an Verbindungen, die für unsere Bundespartei hätten nützlich sein können, war kleiner, als es am Anfang den Anschein erweckt hatte.

Schreiber wiederum suchte eine gewisse Nähe zu mir, da er zwar gute Kontakte in Bayern, nicht aber zu entscheidenden Bundespolitikern der Union hatte. Er muss geglaubt haben, obwohl er das nicht zum Ausdruck brachte, dass ich ihm bei seinen Geschäften behilflich sein könnte. Unserer Zusammenarbeit waren allerdings natürliche Grenzen gesetzt. Kontakte zu bayerischen Unternehmern, die er mir sicher hätte verschaffen können, durfte ich gar nicht zur Spendenakquise nutzen. Da galt der Spendenvorbehalt zwischen den Schwesterparteien CDU und CSU. Niemand wilderte im Revier des anderen.

Für mich war es im Übrigen nicht problematisch, spezifische Anliegen von Unternehmern wie ihm weiterzuleiten. Manchmal betrafen diese Anfragen die Auslegung eines Gesetzes, die Bitte um Investitionshilfen oder etwa den Wunsch, bei einer Auslandsreise mit zur Delegation eines Spitzenpolitikers zu gehören. Diese Vermittlerfunktion war als Schatzmeisterin, als parlamentarische Geschäftsführerin und – vor allem – als Abgeordnete mein täglich Brot. Ich habe mich immer auch als Dienstleister verstanden – für Spitzenkräfte ebenso wie für den Durchschnittsbürger. Darin lag und liegt nichts Anrüchiges. Jeder Politiker ist von Lobbyisten umgeben, von Unternehmern, Verbandsvertretern, Sprechern von Interessensgruppen, die ihre Anliegen durchsetzen, ihre Sichtweise bei wichtigen Leuten platzieren wollen und daher um Zugänge bitten. Diese

Bitten zu kanalisieren ist eine Selbstverständlichkeit. Wer es nicht tut, zeichnet sich in der Regel nicht durch eine hehre Distanz zu allen möglichen Einflussnehmern aus. Er vernachlässigt einfach nur seine Pflicht als Bundestagsabgeordneter, als Fürsprecher seiner Wähler. Was nicht heißt, dass keine Vorsicht gegenüber dem einschmeichlerischen Gewerbe der Lobbyisten geboten ist.

Schreiber, einen kleinen, rundlichen Mann, behandelte ich nicht anders als alle anderen Firmenvertreter auch. Dass er sich von seinen Spenden möglicherweise mehr als die Unterstützung einer von ihm bevorzugten Partei erhoffte, ist sicher problematisch. Aber mit dieser Motivation steht und stand er nicht alleine da. Einflussnahme ist ohnehin ein Agieren in rechtlichen Grauzonen. Da passiert es nicht selten, dass Unternehmer ihre Spielräume ausnutzen, Politiker hofieren, umwerben, ihnen Vergünstigungen anbieten, die gerade noch so legal sind. Andere drohen mit Arbeitsplatzverlusten, Parteiaustritt, malen finstere gesellschaftliche Konsequenzen an die Wand. In diesem Spannungsfeld steht jeder Politiker, zumal dann, wenn er über ein gewisses Maß an Macht verfügt.

Die Skandale der jüngeren Zeit zeigen ja, dass Politiker immer wieder der Versuchung erliegen und bestechlich werden, das Gemeinwohl aus dem Blick verlieren. Aber wie so vieles im Leben lässt sich auch das nicht verallgemeinern. Weiße Schafe fallen nicht auf, obwohl sie die Mehrheit in der Herde bilden. Ich kann für mich sagen: Ich war nie bestechlich. Das ist keine platte, plakative Rechtfertigung, sondern eine tiefe Überzeugung. Ich gehöre nicht zu den Menschen, die sich von anderen etwas schenken lassen, schon gar nicht, wenn man mich damit kaufen will. Das gilt für Schreiber und auch für all jene Menschen in meinem Dunstkreis, die im Zuge der Spendenaffäre in Misskredit geraten sind. Ich könnte mit einem solchen Fehltritt nicht leben.

Und was meine angebliche Kungelei mit Schreiber angeht, kann ich nur betonen, eine solche hat es nie gegeben. Es stimmt, Schreiber duzte mich. Aber diese Vertraulichkeit erklärt sich über seine bayerisch-bodenständige Art. Schreiber knüpfte leicht Kontakte. Ich wollte ihn nicht zurückweisen oder gar kränken, also willigte ich – wie viele andere auch – in das Du ein. Meine Distanz zu ihm wurde damit nicht aufgehoben. Schreiber war zu keinem Zeitpunkt Teil einer ausgekochten Verschwörung gegen Wolfgang Schäuble. Wenn Schäuble mich in seine Nähe rückt, scheint er damit stets das gleiche Motiv zu verfolgen: Ich bin davon überzeugt, dass er mich als Halbkriminelle hinstellen will. Wahrscheinlich hofft er, dass er diesen Vorwurf nur oft genug wiederholen muss, damit er an mir haften bleibt.

Doch zurück zu Schreiber. Als ich seiner Einladung auf sein legendäres Gut folgte, befand ich mich in guter Gesellschaft mit viel bayerischer Landes-, aber auch Bundesprominenz – sogar von der SPD. Später habe ich Schreiber dann zu einem Spenderessen im September 1994 eingeladen, an dem auch Wolfgang Schäuble teilnahm – die Vorgeschichte der 100 000-Mark-Affäre. Eigentlich war er gar nicht vorgesehen für diesen Kreis. Er rückte nach, weil einfach zu viele Unternehmer abgesagt hatten.

Damals ging die unselige Geschichte mit dem CDU-Spendensammler Hannes Müller wieder einmal durch die Presse. Mir war ungerechtfertigt vorgeworfen worden, Müller Spenden weggenommen zu haben, um sie für die CDU-Schatzmeisterei direkt zu vereinnahmen. Auf diese Weise hätte ich mich darum gedrückt, ihm eine Provision zu zahlen. Schwerer noch wog der Vorwurf, ich hätte die Spenden einer vermögenden Unternehmerfamilie anschließend gestückelt und damit gegen die Bestimmungen des Parteienfinanzierungsgesetzes verstoßen. Tatsächlich aber hatte ich gar keinen Einfluss darauf gehabt, auf welchem Wege die Einzahlungen der Unternehmerfamilie bei der CDU eintrafen. Da hatten Privatpersonen getrennt voneinander gespendet. Das war legal, wenn es auch manchmal dazu diente, dass eine Firma ihren Namen bewusst als Spender außen vor lassen wollte. Die für mich und die CDU unangenehme Kampagne war offenbar von Müller selbst lanciert worden. Damals tobte ein Machtkampf zwischen ihm und mir.

Vieles blieb im Dunkeln

Schreiber war kein Unbekannter in Politkreisen. Den Platz als Nachrücker in die exklusive Wirtschaftsrunde gewährte ich ihm, weil er zuvor einen Abend in der Atlantik-Brücke gesponsert hatte, bei dem Kiep sein Bundesverdienstkreuz verliehen bekam. Folglich hielt ich ihn für einen zahlungskräftigen Unternehmer. Woraus seine Geschäfte bestanden, welche Beziehungen er pflegte, hatte er mir gegenüber nur andeutungsweise erklärt. Er ließ vieles im Dunkeln. Ich wusste, dass er in Bayern eine Firma besaß, die offenbar unter anderem Fahrbahnmarkierungen vornahm. Mir hatte er nicht ohne Stolz erzählt, dass er sich als einfacher Teppichhändler zum Firmenbesitzer hochgearbeitet hatte. Unter anderem verfügte er, wie er mir selbstbewusst berichtet hatte, über ein Patent für eine Nudelmaschine.

Zudem sprach er von seinen guten Beziehungen zu Thyssen. Noch wichtiger war ihm, dass er zu Lebzeiten von Franz Josef Strauß ein freundschaftliches Verhältnis zu dem bayerischen Landesvater gepflegt hatte. Für Strauß wollte Schreiber einige Geschäfte abgewickelt haben. Er scheute es nicht, offen zuzugeben, dass er einen Teil seines Einkommens über Provisionen bezog. Der Umfang seiner Geschäfte war offenbar alles andere als bescheiden. Denn Schreiber erklärte mir, dass er beim Verkauf von Airbussen für Air Canada entscheidend mitgewirkt hatte. So wurde mir allmählich klar, warum er anscheinend über so viel Geld verfügte, dass er selbst große gesellschaftliche Ereignisse sponsern konnte und es ihm möglich war, eine Residenz in Bayern zu unterhalten.

Mir blieb dennoch verborgen, wodurch sich sein politischer Stellenwert herleitete. Ich war keine intime Kennerin der bayerischen Verhältnisse. Als einstiger Partner von Franz Josef

Strauß hatte Schreiber im Freistaat natürlich einen guten Stand. Sein Stern begann langsam zu sinken, je stärker das Andenken des verstorbenen bayerischen Ministerpräsidenten und einstigen Kohl-Herausforderers in den Hintergrund rückte. Schreibers große Zeit war unabänderlich mit dem Namen Strauß verknüpft. Sein Zugang zur CSU wurde allmählich immer schmaler. Die Türen öffneten sich nicht mehr so leicht. Irgendwann begann sich Schreiber mit vielen Parteioberen gründlich zu überwerfen. Später hat er alles unternommen, um auch die – für ihn mittlerweile verhasste – CSU mit in den Strudel der Spendenaffäre zu ziehen.

Dennoch hatte der aus der Ortschaft Hohegeiß im Harz stammende Mann zweifellos seine Qualitäten. Aufgewachsen in armen Verhältnissen, arbeitete er sich mit kaufmännischem Geschick nach oben, ein typischer Selfmademan. Franz Josef Strauß imponierten Willenskraft und Raffinesse, mit denen Schreiber seinen Aufstieg schaffte. Irgendwann gehörte der umtriebige Kaufmann, längst fest in Bayern ansässig, zum Hochadel des Freistaates. Er durfte auch schon mal sonntags mit der Familie Strauß frühstücken.[2]

Als Geschäftsmann war er mit allen Tricks vertraut. Er handelte mit den unterschiedlichsten Produkten. Schreiber wurde ein mächtiger Mann, der nach eigener Aussage nicht zimperlich war, wenn er Ziele erreichen wollte. Er beherrschte die Regeln des Lobbyismus auf höchster Ebene, hatte sich ein hochwertiges Netzwerk an Kontakten aufgebaut und konnte für die Rüstungsindustrie einige imposante Erfolge verbuchen. Schreiber machte Geschäfte möglich, bahnte sie an, versuchte, den deutschen Waffenschmieden neue Absatzmärkte in Kanada oder sonst wo auf der Welt zu erschließen. Das ließ er sich natürlich gut bezahlen, aber daran gibt es auch erst einmal nichts zu beanstanden. Leute wie Schreiber konnten, wenn es gut lief, hunderte von Arbeitsplätzen sichern helfen. Sie waren oft entscheidend, wenn es darum ging, einen wichtigen Konkurrenten auszuschalten. Ein Metier, in dem mit harten Bandagen gekämpft wird.

Haltlose Drohungen

Schreiber verstand es, Menschen für sich zu gewinnen, sie einzuwickeln, bierselige Herzlichkeit zu versprühen. Sein Geltungsbedürfnis stand ihm dabei offensichtlich eher im Wege. In der Strauß-Ära war er ganz oben gewesen. Seine angeblichen Verdienste um die bayerische Wirtschaft gaben ihm vielleicht das Gefühl, unantastbar zu sein, aus einer höheren Berufung heraus über den Gesetzen zu stehen. Er sah später sowohl auf die Staatsanwälte herab als auch auf eine CSU, die sich von ihm distanzierte. Schreiber klagte eine Art Bringschuld der Partei ein. Und als diese ausblieb, erging er sich – seine Rolle überschätzend – in haltlosen Drohungen. Ein folgenschwerer Irrtum, dem auch schon andere erlegen sind, die den Verlust ihres Ansehens nicht ertragen konnten.

Ihn aber deshalb komplett als Spinner abzutun, der wirr und denunzierend daherredet, ist zu kurz gegriffen. Schreiber, so schillernd er auch sein mag, hat sich über Jahre in einer wichtigen Mittlerrolle behaupten können, für die er das Vertrauen von einflussreichen Unternehmern und Politikern gewinnen musste – nicht nur in Deutschland. In Kanada ist er noch heute ein angesehener Mann, der zu den höchsten gesellschaftlichen Kreisen Zutritt hat.

Und in Deutschland war er es, der mit den Spenden an Kiep und Weyrauch, aber auch mit den 100 000 Mark an Schäuble die politische Landschaft veränderte. Vermutlich ohne es zu wollen, hat er Kohl und Schäuble mehr geschadet als jeder andere Lobbyist. Er übernahm eine der Hauptrollen in einem Politkrimi, der mich gut zwei Jahre in Atem hielt: die 100 000-Mark-Affäre.

6

Die 100 000-Mark-Affäre

Mehr als nur eine Geldübergabe

Wenn ich mich in den vergangenen Monaten an die 100 000-Mark-Affäre erinnerte, war da zunächst das Gefühl, eine kaum verheilte Wunde berührt zu haben. Erst dann kamen die Gedanken, die Fragen. Aus der Distanz wirkte dieser Streit so unendlich überflüssig, da er von Wolfgang Schäuble und mir mit taktischem Geschick durchaus hätte vermieden werden können. Und das, obwohl es um viel mehr ging als um die banalen Modalitäten einer Geldübergabe. Aber Schäuble konnte am Ende offenbar keinen gemeinsamen Weg mehr erkennen. Das Einzige, was ihn zu interessieren schien, war, einsam den Sieg davonzutragen. Für eine Weile hat mir dieser ungleiche Kampf das Leben zur Hölle gemacht.

Inzwischen bin ich aus dem Schatten der Affäre herausgetreten, habe ein neues Leben begonnen, obwohl noch nicht alle Bitterkeit verflogen ist. Doch wenn ich noch einmal in Gedanken dorthin zurückkehre, erscheint mir das alles wie ein böser Angsttraum. Ohne dieses unselige Zerwürfnis würde ich heute noch im Bundestag sitzen. Meine Karriere hätte keinen Knick erlitten. Ich hätte keine schlaflosen Nächte durchlitten, gequält von Selbstzweifeln, gekränkt, gedemütigt. Irgendwann hätte ich mich in Ehren aus dem Leben einer Abgeordneten zurückziehen können, wäre dann vielleicht für ein paar Jahre in die Wirtschaft gegangen. Oder ich hätte mich irgendwo bei einer internationalen Organisation engagiert, etwa in der lateinamerikanischen Wirtschafts- und Entwicklungshilfe. Wolfgang Schäuble wäre mit etwas Glück noch immer der Vorsitzende der CDU. Vielleicht hätte er noch einmal nach den politischen Sternen gegriffen und Gerhard Schröder zum Duell um die Kanzlerschaft herausgefordert.

Stattdessen lieferten wir uns einen zermürbenden Abnutzungskrieg, den ich am Ende verloren habe. Aber auch Schäuble hatte nichts von seinem vermeintlichen Triumph. Er errang einen Pyrrhussieg. Die Auseinandersetzung mit mir hatte ihn so geschwächt, so angreifbar gemacht, dass Angela Merkel ihn leicht vom Thron stoßen konnte. Damit zerstoben alle seine hochfliegenden Träume. Der erfahrenste und vielleicht auch talentierteste aktive Unionspolitiker wurde in die zweite Reihe gestoßen. Bei all der professionellen Gelassenheit, die Schäuble öffentlich zur Schau trug, bin ich mir sicher, dass er diese erzwungene Degradierung niemals innerlich angenommen hat. Schäuble will die Richtung vorgeben; er drängt nach vorne. Am Ende von Kohls Regentschaft hatte er massive Schwierigkeiten, den großen alten Parteivorsitzenden als die Nummer eins zu akzeptieren. Warum sollte das bei Angela Merkel plötzlich anders sein? Sein Selbstbewusstsein und sein Ehrgeiz waren viel zu groß, um alle ein politisches Leben lang gehegten Ambitionen in den Wind zu schreiben. Sein späteres Bestreben, zum Bundespräsidenten gewählt zu werden, führt diese Linie nur konsequent fort.

Manchmal frage ich mich, wie er unseren Streit in der Rückschau bewertet. Ob er in einer stillen Stunde über seine Motive nachgrübelt? Ob er etwas bereut? Die emotionale Dimension erkennt? Einen anderen, konstruktiveren Weg sieht, den er damals nicht erkennen konnte? Die 100 000-Mark-Affäre hat uns beide an unsere Grenzen gebracht. Daran ist mehr als nur eine Freundschaft zerbrochen.

Hundert hässliche Männer

Bekanntlich hat sich der ganze Streit an der auf den ersten Blick schrecklich banalen Frage entzündet: Hat Karlheinz Schreiber die berühmten 100 000 Mark direkt an Schäuble gegeben oder gab er sie mir für Schäuble?

Worum ging es also? Karlheinz Schreiber, ein vor allem in Bayern bekannter Unternehmer und Rüstungslobbyist, hatte von mir eine Einladung für den 21. September 1994 zu einem der Wirtschaftsgespräche erhalten, die ich als Bundesschatzmeisterin veranstaltete, um Spenden zu gewinnen. Der Unions-Fraktionsvorsitzende Wolfgang Schäuble hatte sich bereit erklärt, vor der kleinen, illustren Tafelrunde im Bonner Hotel Königshof eine Rede zu halten.

Ungefähr zwei Wochen später rief Schreiber in meinem Büro an. Er bat um ein Treffen in Kaufering. Ich willigte ein. Schreiber schien mir etwas Wichtiges mitteilen zu wollen. Dabei konnte es vielleicht um einen wertvollen Kontakt zu einem Wirtschaftsführer gehen oder direkt um eine Spende. Schreiber würde mich schon nicht zu einem Kaffeekränzchen einladen, da war ich mir sicher. Ich fragte nicht nach, was der Grund für unser Treffen sein sollte. Die meisten Unternehmer besprachen so etwas ungern am Telefon. Ich kannte das Ritual. Für mich war das Routine – besonders nach einem Spenderessen. Firmenchefs fühlten sich geehrt, wenn ich persönlich bei ihnen vorbeikam. Natürlich spekulierte ich bei der geplanten Begegnung mit Schreiber auf eine finanzielle Zuwendung für die Partei. Das war ja auch der Sinn der Wirtschaftsrunde im Königshof gewesen. Das aber direkt anzusprechen verbot das Gesetz der Höflichkeit.

Mein Büro checkte meine Termine und verabredete einen Besuch bei Schreiber in München am 11. Oktober 1994, der später nach Kaufering verlegt wurde. Damals musste ich ohnehin zu einer Dienstreise in die bayerische Landeshauptstadt; der Zwischenstopp bei Schreiber war leicht einzulegen.

Mein Terminkalender war prall gefüllt. In aller Frühe noch

hatte ich an diesem 11. Oktober vor den Werkstoren von Daimler im württembergischen Sindelfingen Wahlkampf gemacht. Ich wollte zum zweiten Mal in den Bundestag einziehen. Später brachte mich mein Fahrer dann zum Stuttgarter Hauptbahnhof. Mit dem ICE fuhr ich nach Augsburg und von dort nach Kaufering weiter. Zunächst traf ich Schreiber nicht an. Seine Frau Barbara empfing mich, ein sympathischer, bodenständiger Mensch, mit dem ich mich auf Anhieb gut verstand. Wir unterhielten uns, um die Wartezeit zu überbrücken und aßen Weißwürste. Barbara Schreiber kündigte mir dabei an, dass ihr Mann mir nachher etwas übergeben wollte. Es kam dann noch Jürgen Maßmann hinzu, mit dem Schreiber etwas zu besprechen hatte. Der Thyssen-Manager wurde später mit einer Bestechungsaffäre in Zusammenhang gebracht. Auch wenn interessierte Kreise andere Vermutungen streuten: Mit der Zusammenkunft von Schreiber und Maßmann hatte ich weder etwas zu tun, noch interessierte mich deren Inhalt.

Karlheinz Schreiber selbst tauchte ziemlich spät auf. Wir unterhielten uns nur noch kurz. Dann kam er zur Sache, denn ich musste wieder zurück zur nächsten Veranstaltung in meinem Wahlkreis. Der Termin in München hatte sich inzwischen zerschlagen. Ich stand schon im Flur in der Tür, da drückte mir Schreiber einen größeren Briefumschlag in die Hand. Er bat mich ausdrücklich, das Kuvert an Schäuble zu übergeben. Auf meinen fragenden Blick hin ließ er sich zu keiner genauen Äußerung über den Inhalt hinreißen. Er meinte nur in typischer verschmitzter Schreiber-Manier: »Dabei handelt es sich um einen Bildband mit hässlichen Männern drin.« Da diese Äußerung so kryptisch war, ist sie besonders fest in meiner Erinnerung haften geblieben. Ich konnte mir keinen Reim darauf machen. Ich war mir nicht mal sicher, ob Schreiber mir überhaupt Geld übergeben hatte. Mit seiner Bemerkung wollte er mich wohl auf die Folter spannen, was ihm auch gelang. Erst später wurde mir klar, dass Schreiber mit den hässlichen Männern auf die Gebrüder Jacob und Wilhelm Grimm angespielt hatte, die die 1000-Mark-Scheine zierten – die eigentümliche

Ernte meiner Stippvisite in Kaufering. Damals konnte ich nicht ahnen, dass dieser Besuch einmal über meine berufliche Zukunft entscheiden sollte.

Jahre später, im Zuge der Ermittlungen zur 100 000-Mark-Affäre, machte Schreiber dann auch das Schreiben öffentlich, das er der Spende beigelegt hatte. Es ist auf den 10. Oktober datiert und trägt folgenden Wortlaut:

> *Sehr geehrter Herr Dr. Schäuble,*
> *als Anlage überreiche ich Ihnen, wie versprochen, den Bildband »100 häßliche Männer«. Ich hoffe, Sie haben Freude daran. Bei dieser Gelegenheit möchte ich nicht versäumen Ihnen zu sagen, wie sehr meiner Frau und mir der Abend im Hotel Königshof am 21. 9. dieses Jahres ... gefallen hat. Ich gebe der Hoffnung Ausdruck, daß der 16. Oktober für uns die erhoffte Zustimmung der Wähler bringt, die Sie weiterhin in die Lage versetzt, für unser Land tätig zu sein. Es wäre für uns nicht nur eine Freude sondern auch eine große Beruhigung, die Geschicke unseres Landes weiterhin in den Händen von Männern wie Ihnen zu wissen. Sie dürfen auf mich zählen. Meine Frau und ich freuen uns schon jetzt auf ein Wiedersehen mit Ihnen.*[1]

Am 11. Oktober – dem Tag der Übergabe – wusste ich noch nicht, was sich in dem braunen DIN-A-4-Umschlag befand. Das Kuvert mit Schäubles Namen lag dann ungefähr eine Woche unbeachtet bei mir im Auto. Es war Wahlkampf, ein Termin reihte sich an den nächsten, und ich hatte nicht die Zeit, zwischendurch in die Schatzmeisterei nach Bonn zu fahren. Wenn ich heute daran denke: 100 000 Mark waren wohl einfach so im Auto deponiert. Hätte ich die Summe auch nur annähernd erahnt, wäre ich vorsichtiger gewesen. Aber eine Barspende in dieser Höhe war so außergewöhnlich, dass ich eine solche überhaupt nicht in Erwägung zog.

Die erste Gelegenheit, Schäuble den Umschlag zu übergeben, bot sich dann am 17. Oktober 1994, dem Tag nach der

Bundestagswahl. Großes Aufatmen in der CDU. Nach einer grandiosen Aufholjagd hatte Helmut Kohl seinen rheinland-pfälzischen Landsmann Rudolf Scharping knapp geschlagen. Nun mussten wir unsere Fehler analysieren und die Eckpunkte für die neue Legislaturperiode abstecken. Schäuble und ich hatten Präsidiumssitzung und Bundesvorstand. Nach dem Ende beider Sitzungen sind wir in unsere jeweiligen Büros im Bundestag gefahren. Ich war guter Dinge, spannende vier Jahre würden vor uns liegen.

Ich schaute also kurz bei Schäuble in seinem Büro vorbei und händigte ihm das Kuvert aus. Er nahm es an sich. Für mich war die Sache erledigt. Ich dachte zunächst nicht mehr an diesen Umschlag.

An einem der nächsten Tage meldete sich Schäuble am Telefon und bat mich zu sich. Er öffnete eine Schreibtischschublade, zog einen Umschlag heraus, der möglicherweise in dem Kuvert gesteckt hatte, und meinte, darin sei Bargeld von Karlheinz Schreiber, das dieser für ihn zur freien Verfügung bestimmt habe. Er brauche es aber nicht, von daher solle ich es »für die CDU verwenden«.[2] Ich weiß noch, wie ich in diesem Moment stutzig wurde. Mein Instinkt sagte mir, hier stimmt etwas nicht. Bargeld für Schäuble persönlich? Das war doch keine normale Parteispende! Bei der Übergabe der Summe an mich war mein Chef unheimlich knapp angebunden gewesen. Für einen kurzen Augenblick dachte ich ernsthaft darüber nach, ihm das Geld wieder zurückzugeben, um gar nicht erst mit dieser verdächtigen Spende in Berührung zu kommen.

Mich irritierte das freimütige Eingeständnis, Schreiber habe das Geld Schäuble zur freien Verfügung überlassen – etwa zur Verwendung in dessen Wahlkreis. Das hätte er mir gar nicht sagen müssen. Mit derart heiklen Informationen ging Schäuble ansonsten sehr, sehr diskret um. Mich beschlich ein ungutes Gefühl. Zudem war die Art und Weise, wie ich das Geld erhalten hatte, höchst untypisch. Warum legte Schreiber so großen Wert darauf, die 100 000 Mark Schäuble persönlich zukommen zu lassen? Warum hatte er mich zu sich bestellt und die Summe nicht einfach überwiesen? Wollte er nur auf sich aufmerksam machen? Oder steckte mehr dahinter? Dieser großzügige Umgang mit einer derart hohen Summe machte mich nachdenklich. Ein mögliches Motiv für Schreibers Geldgeschenk kam mir erst einige Zeit später in den Sinn, als ich von einem Millionengeschäft erfuhr. Der bayerische Geschäftsmann hatte damals mit Bearhead Industries ein gigantisches Rüstungsprojekt in Kanada laufen. Da war die Vermutung nahe liegend, dass er mit der Spende den Boden für dieses Unternehmen bereiten wollte. Eine derartige Erwartung wird natürlich nie direkt ausgesprochen. Dennoch hoffen die Spender nicht selten auf stillschweigende Fürsprache. Schreiber versuchte damals, den Bau einer Panzerfabrik in der kanadischen Provinz Nova Scotia zu realisieren. Sein Auftraggeber war Thyssen. Schreiber fungierte als Chairman für Thyssen Bearhead Industries.[3]

Der deutsche Konzern hatte mit General Motors einen harten Konkurrenten zu schlagen. Politische Rückendeckung aus Deutschland konnte da hilfreich sein. So wie ich Schreiber kennen gelernt habe, stand er nicht nur der CSU, sondern auch der CDU nahe. Mit seiner Spende wollte er sicher auch eine Wirtschaftspolitik unterstützen, die ihm als halbwegs unternehmerfreundlich erschien. Zugleich war er gewiss an einem investitionsfreundlichen Klima im Hinblick auf sein konkretes Rüstungsprojekt interessiert, was er später sogar indirekt eingestanden hat. In einem Interview mit einem Journalisten des TV-Magazins *report München* vom Bayerischen Rundfunk sprach er am 10. Januar 2000 nebulös von »Landschaftspflege«, gemeint war die Parteienlandschaft.[4]

Mit seiner Lobbyarbeit hatte Schreiber letztlich kein Glück. Bearhead scheiterte 1995. Die Panzerfabrik blieb ein Wunschtraum und wurde nie gebaut.[5] Aber zumindest eines hatte Schreiber doch erreicht. Nach seiner großzügigen Spende ließ Schäuble ihm erstaunlicherweise eine Zusage für einen Termin zukommen, der allerdings erst im Juni lag. Das Treffen hatte ich über mein Büro vermitteln lassen. Schäuble fragte bei Schreiber meines Wissens nicht einmal nach, welches Thema anstehen würde. Das machte mich stutzig. An Schäuble war normalerweise schwer heranzukommen. Und Sieghart Nehring, der Leiter der Wirtschaftsabteilung im Kanzleramt, bestätigte später, dass Schäuble sich mehrmals nach dem Bearhead-Projekt erkundigt hat. Daraus zu schließen, dass Schäuble Bearhead protegierte, wäre unredlich. Vielleicht hat er sich nach dem Erhalt der hohen Spende auch einfach nur verpflichtet gefühlt, Schreiber persönlich zu treffen. In dem Zusammenhang könnte er sich dann nach dem Stand des Panzerprojekts erkundigt haben. Doch all das konnte ich in dem Moment, als Schäuble mir den Umschlag reichte, noch gar nicht wissen.

Welche Motive hatte Schäuble?

Bleibt die Frage: Warum drückte mir Schäuble die für ihn bestimmten 100 000 Mark in die Hand? Vielleicht, weil er mit der Schreiber-Spende schlicht und ergreifend nichts zu tun haben wollte und ich die zuständige Schatzmeisterin war. Es ist denkbar, dass der bayerische Unternehmer ihm nicht ganz geheuer war. Indem er offen vor mir ansprach, dass Schreiber ihm das Geld hatte persönlich zukommen lassen, dokumentierte er, dass er nichts zu verheimlichen gedachte. Doch so harmlos erschien mir das damals nicht.

Nachdem ich den Umschlag von Schäuble erhalten hatte, nahm ich ein Flackern im Unbewussten wahr, ein inneres Alarmzeichen. Während ich kurz stehen blieb, dachte ich, hoffentlich hat er dich jetzt nicht in der Hand. Ich war mir nicht sicher, ob er mich hierbei in etwas reinzog, bewusst zur Mitwisserin machte. Das Geld von Schreiber war bei mir eingetroffen – und zwar gleich 100 000 Mark in bar. Vor allem die Form der Geldübergabe lieferte Grund, misstrauisch zu werden. So viel Bargeld war nach meiner Kenntnis noch nie in einem Umschlag in der Schatzmeisterei eingegangen. Ich wusste nicht, wie ich mit dem Geld verfahren sollte.

Zudem schwante mir damals schon, dass die 100 000 Mark offensichtlich nicht nur als großherzige Spende zum Wohle der CDU gedacht waren. Die Summe war an einen einzelnen Spitzenpolitiker adressiert, was die Motive des Geldgebers oder der Geldgeber in einem eigentümlichen Licht erscheinen ließ. Als alter Hase im politischen Geschäft muss Wolfgang Schäuble gewittert haben, um was es hier gehen konnte. Für mich war die Situation schwierig: Denn sollte mit der Spende etwas faul sein, hätte ich nachher kaum behaupten können, von allem nichts gewusst zu haben. Eine glaubwürdige Distanzierung wäre also nur unter beträchtlichem Risiko möglich gewesen.

An jenem Tag habe ich den ersten wirklich schwer wiegenden Fehler gemacht. Ich hörte nicht auf meinen Instinkt und gab das Geld nicht zurück, sondern einfach weiter, weil ich es für die CDU haben wollte. Mir fehlte die Willensstärke, Klarheit zu schaffen, meine Ängste blieben diffus. An dieser Stelle scheiterte ich mit meinem Anspruch, als Schatzmeisterin Garantin transparenter CDU-Finanzen zu sein. Vielleicht hatte der schleichende Prozess der Desillusionierung meine Widerstandskräfte bereits zu sehr aufgeweicht. Meine Kämpfe mit dem CDU-Spendensammler Müller hatten mir deutlich gezeigt, dass die Parteiführung nur bedingt hinter meinen Reformbemühungen stand. Diese Resonanz hatte ihre Wirkung nicht verfehlt. Ich vermied es jedenfalls, mit Schäuble offen über die Spende zu sprechen. So alarmiert ich war, so abwegig erschien es mir zugleich, dass er mich tatsächlich in Bedrängnis bringen wollte. Ich wollte mir das nicht ernsthaft vorstellen.

Lieber nahm ich eine Vogel-Strauß-Haltung ein und brachte den Umschlag umgehend und ungeöffnet in die Schatzmeisterei im Konrad-Adenauer-Haus. Dort drückte ich ihn meinem Büroleiter Jürgen Schornack in die Hand. Er öffnete ihn kurze Zeit später und stellte fest, dass sich darin tatsächlich die 100 000 Mark befanden. Kurioserweise habe ich die »hässlichen Männer« nie zu Gesicht bekommen. Schornack deponierte den Umschlag mit den hundert Tausend-Mark-Scheinen in unserem Tresor in der Bundesschatzmeisterei.

Ich war froh, dass ich das Geld vom Tisch hatte. Die Frage, was mit der Summe geschehen würde, verbannte ich, so gut es ging, aus meinen Gedanken, zumal mich andere Sorgen drückten. Denn verdächtiger noch als die 100 000 Mark erschien mir zu dieser Zeit immer noch das System Müller, das ich noch nicht ganz in den Griff bekommen hatte. Mein Kampf galt der Konsolidierung der Schatzmeisterei. Da war das Schreiber-Geld ein Nebenschauplatz, für den ich nicht so viel Kraft aufwenden konnte, zumal es mein Verhältnis zu Schäuble möglicherweise grundsätzlich in Frage gestellt hätte. Und nachdem ich es einmal verpasst hatte, meine Bedenken auszusprechen, versuchte ich es auch später nicht mehr. Die Hürde wuchs mit jedem Tag.

Im Frühjahr 1995 gab mein Büroleiter Schornack den Betrag an Horst Weyrauch weiter. Weyrauch, zuständig für alle Verbuchungen, war wegen einer schweren Erkrankung eine Weile nicht greifbar gewesen. Inzwischen hatte ich von einem meiner Mitarbeiter in der Schatzmeisterei erfahren, dass Schreiber keine Spendenbescheinigung wollte, was gelegentlich vorkam und gegen kein Gesetz verstieß. Nachdem die 100 000 Mark schließlich bei Weyrauch eingetroffen waren, verschwanden sie für eine lange Zeit endgültig aus meinem Gesichtskreis.

Weil ich versuchte, die Spende – so gut es ging – zu ignorieren, machte ich den zweiten Fehler. Ich fragte nicht nach, wie das Geld nun letztlich verbucht worden war. Das fiel zwar nicht ausdrücklich in meinen Arbeitsbereich, aber ich zeichnete immerhin den Rechenschaftsbericht ab. Und ich kann gut nachvollziehen, wenn es als eigentümlich erscheint, dass mir der weitere Weg, den die 100 000 Mark genommen haben, derart aus dem Blick geraten ist. Die Gründe für mein Fehlverhalten sind simpel: Ich wollte von der fragwürdigen Spende partout nichts wissen. Meine Beziehung zu Schäuble wollte ich mit dem Thema nicht belasten.

Zudem war diese Baustelle die sprichwörtliche eine Baustelle zu viel. Die tägliche Politmühle, die Vielzahl meiner Aufgaben haben mich an der falschen Stelle abstumpfen lassen.

Ich fühlte mich nicht zuständig und ließ alles treiben. Weyrauch würde das schon regeln. Nicht einmal im Rechenschaftsbericht habe ich später nachgeforscht, wie die Spende verbucht wurde. Im Nachhinein wurde die Verwendung der 100 000 Mark widersprüchlich rekonstruiert. Weyrauch behauptete, Kiep hätte das Geld erst einmal an sich genommen. Kiep wiederum wies Weyrauchs Schilderung zunächst zurück. Erst Anfang 2004 räumte der frühere Schatzmeister schließlich ein, den Schreiber-Transfer getarnt zu haben. Das brachte ihm einen Strafbefehl in Höhe von 40 500 Euro wegen Falschaussage ein. Die 100 000 DM waren 1995 übrigens unter »sonstige Einnahmen« im Rechenschaftsbericht wieder aufgetaucht.

Für Schäuble war das Schreiber-Geld mir gegenüber übrigens monatelang keinen Halbsatz wert. Von wegen ihm lag eine korrekte Behandlung der Schreiber-Gabe am Herzen, wie er später in seinem Buch *Mitten im Leben* felsenfest behauptete! Er erkundigte sich nicht einmal, was mit der Summe geschehen war. Ob Schreiber eine Spendenbescheinigung erhalten hatte und wie das Geld verbucht worden war, schien Schäuble nicht zu interessieren. War er ohnehin darüber informiert? Mühte auch er sich, den heiklen Vorgang zu verdrängen? Oder war ihm die Spende gleichgültig geworden?

Spätestens an einem Tag im Juni 1995 muss ihm der Vorfall wieder eingefallen sein. Denn dann hatte er das Treffen mit Karlheinz Schreiber. Damals kam Schreiber zuerst zu mir ins Büro. Ich erinnere mich noch, dass er ein kurzärmeliges Hemd trug. Draußen war es warm. Wir plauderten ein paar Minuten miteinander, bevor er zu Schäuble ging. Schreiber erzählte mir, dass er über das Bearhead-Projekt sprechen wolle, ohne allerdings auf Details einzugehen. Nach wenigen Minuten begleitete ihn meine Sekretärin zu Schäuble ins Büro. Ich ging ins Plenum, da ich als parlamentarische Geschäftsführerin Dienst hatte. Später schaute Schreiber noch einmal bei mir vorbei und meinte: »Es war ein gutes Gespräch.« Schäuble indes sagte zu dem Schreiber-Besuch kein Wort. Auch die 100 000 Mark wurden die nächsten Monate nicht angesprochen.[6]

Mir gegenüber begann Schäuble sich erst wieder für das Geld zu interessieren, als die Ermittlungen gegen Schreiber 1997, also gut zwei Jahre später, öffentlich wurden. Die Augsburger Staatsanwaltschaft hatte ihn seit einer Weile im Verdacht, kräftig Steuern hinterzogen und sich dabei einem Geflecht von Scheinfirmen im Ausland bedient zu haben. Auch Bestechungsvorwürfe im Zusammenhang mit Rüstungsgeschäften wurden laut. Für Schreiber, der alle Vorwürfe bestritt, wurde der Boden in Deutschland allmählich heiß. In diesem Zusammenhang kam Schäuble der Vorfall offenbar wieder in den Sinn.

Aber zunächst bat mich Helmut Kohl um ein Gespräch. Das war an einem Freitagmorgen im Frühsommer 1997, wir hatten Sitzungswoche. Er wusste natürlich, dass es nicht nur in der CSU, sondern auch in der CDU Kontakte zu Karlheinz Schreiber gab. In der Union herrschte helle Aufregung. Kohl fragte mich, ob wir von ihm eine Spende bekommen hätten.[8] Ich berichtete ihm, dass die Schatzmeisterei nie direkt zum Adressaten einer Schreiber-Spende geworden war. Diese gewundene Formulierung ließ Kohl mir natürlich nicht durchgehen. Er wollte es genau wissen. Also sagte ich ihm wahrheitsgemäß, dass Schreiber mir 100 000 Mark für Schäuble gegeben und Schäuble das Geld an die Partei weitergeleitet hätte. Mir gegenüber nahm Kohl diese brisante Information ohne sichtbare Regung auf. Aber er muss mittags regelrecht zu Schäuble ins Büro gestürmt sein. Derart impulsiv reagierte er selten.

Kohl war – weshalb auch immer – wahnsinnig erbost. Über den Grund seiner Aufregung kann ich heute nur spekulieren. Mehrere Varianten scheinen mir denkbar. Kohl wollte sicher wissen, ob die Schreiber-Spende zu einer Zeitbombe für die CDU werden könnte. Ihm lag viel daran, dass die Schatzmeisterei vom Radarschirm der öffentlichen Kritik verschwunden blieb. Eine satte Schreiber-Affäre hätte diese Aufbauarbeit mit einem Schlag ruiniert – samt seinem eigenen Ruf.

Doch Kohls Wutanfall könnte auch noch andere Hintergründe gehabt haben. Ich kann mir gut vorstellen, dass Kohl sauer war, weil Schäuble mich einbezogen hatte. Barspenden in dieser Größenordnung, das wurde im Zuge der Spendenaffäre deutlich, sollten nicht über mich laufen. Da gab es ganz andere Wege im zwielichtigen Untergrund der CDU. In den Medien ist ja immer viel darüber gemutmaßt worden, wie exakt und wie umfassend Kohl über das finanzielle Schattenreich von Weyrauch und Lüthje Bescheid wusste. Mir steht nicht an, das zu beurteilen. Ich weiß nur, dass Kohl mich nie in irgendetwas eingeweiht hatte. Kannte er das System, war ich mit Sicherheit niemals als Mitwisserin vorgesehen gewesen. Doch jedes noch so gut gehütete Geheimnis hätte im Frühjahr 1997 leicht auffliegen können. Heute weiß ich, die vermeintliche Schwachstelle war Weyrauch: Ich hätte das Geld damals nur selbst zu ihm bringen und ihn löchern müssen, wie wir mit einer solchen Barspende in der Regel umgehen. Wer weiß, ob ein unter Druck gesetzter Weyrauch mir nicht am Ende alles erzählt hätte? Doch das Verhör verkniff ich mir. Vielleicht, weil ich ahnte, dass dieses Geld nicht korrekt verbucht werden würde und ich mich nicht in noch mehr Schwierigkeiten bringen wollte.

Unangenehm war dabei für Schäuble: Kohl konnte nach meiner Offenbarung einen strategischen Vorteil aus seinem Wissen ziehen. Sein designierter Stellvertreter saß ihm im Nacken, weil er endlich ins Kanzleramt einziehen wollte. Jetzt hatte Kohl etwas gegen seinen Konkurrenten in der Hand. Er konnte ihn mit einer dubiosen Spende in Verbindung bringen – ein hilfreiches Mittel, um den Machtanspruch des ehrgeizigen Fraktionschefs zu zügeln. Das muss Schäuble natürlich besonders gefuchst haben.

Tauziehen um die Spendenbescheinigung

Damals, nach dem Kohl-Gespräch, klingelte in dem Moment das Telefon, als ich bei mir zu Hause in Böblingen durch die Tür trat. Schäuble rief mich auf meiner Privatnummer an.

»Der Dicke war da«, erzählte er mir aufgebracht. Der Zusammenstoß mit Kohl hatte ihn unheimlich verärgert. Auch auf mich war er nicht besonders gut zu sprechen. Schäuble ahnte, dass er durch die Spende in Schwierigkeiten geraten konnte. Ich glaube, er hatte erwartet, dass ich Kohl zumindest den Adressaten der Schreiber-Spende verschweigen würde. Doch davon sagte er nichts. Schäuble meinte, das sei alles sehr brisant und gefährlich. Er riet mir in fast schon beschwörendem Tonfall: »Schreib dir alles auf, das könnte irgendwann mal wichtig werden.« Ihm fiel möglicherweise wie Schuppen von den Augen, auf welches Glatteis wir uns mit Schreiber begeben hatten.

Damals wollte Wolfgang Schäuble mich noch schützen. Sollte er zu diesem Zeitpunkt schon in Erwägung gezogen haben, mich mit der Spende zu belasten, war das allenfalls sein Auffangnetz für den Ernstfall. Sein Ziel war nicht, mir ohne Not zu schaden. Dafür bedeutete ich ihm zu viel und dafür arbeiteten wir auch zu effektiv zusammen. Doch die Intensität unserer Beziehung barg natürlich auch den Keim für den gnadenlosen Konflikt, der schon kurze Zeit später beginnen sollte. Wer sich innerlich zu nah verbunden fühlt, der empfindet Selbstschutz häufig als Abgrenzung, Rückzug als Verrat – Motive, die auch bei unserem Ringen um die Spendenbescheinigung zum Tragen gekommen sind.

Im Oktober 1997 verlangte Schäuble dann jenes später so viel zitierte Schreiben von mir. Ich konnte mir damals nicht und kann mir auch heute nicht erklären, warum er Monate nach dem Kohl-Gespräch verstreichen ließ, bevor er bei mir diesbezüglich vorstellig wurde. Irgendetwas muss wohl in der Zwischenzeit vorgefallen sein, was ich aber nie erfahren habe.

Das geforderte Schreiben nannte er in guter Tradition des Finanzbeamten, der er ja einmal gewesen ist, eine Quittung. Ich sollte bestätigen, dass ich das Geld von ihm erhalten und er mich gebeten hatte, Schreiber eine Spendenbestätigung auszustellen. Das sei zu seinem Schutz, damit der Alte nicht irgendwann auf die Idee komme, er habe das Geld selber eingesteckt.

Diese Aussage spukte mir oft im Kopf herum, auch später noch. Schäuble muss eine geradezu panische Angst davor gehabt haben, Kohl könnte ihm etwas anhängen. Zumal er sich in dieser Zeit für die Übernahme des Kanzleramts rüstete. Schäuble schätzte seine Chancen als günstig ein. Mit einer derartigen Affäre am Hals wäre alles vorbei gewesen, was Kohl, der ohnehin nicht freiwillig abtreten wollte, nicht ungelegen gekommen wäre. Schließlich stand er den Ambitionen seines designierten Stellvertreters in Wahrheit reichlich skeptisch gegenüber.

Ich konnte Schäuble in seinem Konflikt mit Kohl nicht helfen – jedenfalls nicht mit der von ihm im Nachhinein geforderten Bestätigung. Denn Fakt blieb: Schreiber hatte keine Spendenbescheinigung gewollt und folglich auch keine erhalten. Schäuble kam erst reichlich spät die Idee, dass es günstiger wäre, damals ein solches Dokument verlangt zu haben. Die Praxis der Schatzmeisterei war in dieser Hinsicht eindeutig. Spendenbescheinigungen wurden gemäß den gesetzlichen Vorgaben nur nach Rücksprache verfasst und versandt. Das war kein Automatismus.

Zudem hatte ich zu diesem Zeitpunkt bereits zu meiner Beunruhigung erfahren, dass die 100 000 Mark möglicherweise keinen der vorgeschriebenen Wege genommen hatten. Niemand konnte mir genau sagen, was mit dem Geld geschehen war. Auf jeden Fall war es falsch verbucht worden. Ich ärgerte mich, der weiteren Verwendung der Summe keine größere Aufmerksamkeit gewidmet zu haben. Doch nun war das Kind in den Brunnen gefallen. Mit beträchtlichen Folgen in der Zukunft: Das Schreiber-Geld konnte höchst unangenehme Fragen aufwerfen. In diesem Fall würde sich jeder nach Kräften bemühen, möglichst wenig damit zu tun gehabt zu haben. Auch Schäuble – daher wollte er den Freibrief. Nur würde ein solches Schreiben mit teilweise falschen Angaben alle Schuld auf mich laden. Darauf wollte ich mich auf keinen Fall einlassen. Das Schreiben hätte sich bei näherer Prüfung zudem noch als Verschleierungsaktion enttarnen lassen. Stattdessen hätte ich ihm auch gleich mein bereits unterschriebenes Rücktrittsgesuch überreichen können, auf dem er nur noch das Datum eintragen musste.

Schäuble konnte mich nicht zwingen, einen Vorgang zu bestätigen, der mich fortan für den Rest meines politischen Lebens belasten würde – nur damit er mir im Zweifelsfall den schwarzen Peter zuschieben konnte. Das war mir zu heiß. Zudem wusste ich noch immer nicht, wie Horst Weyrauch mit dieser Summe verfahren war. Bei meinen anfänglichen nächtlichen Recherchen in der Schatzmeisterei hatte ich schon vor Jahren herausgefunden, dass nicht immer alle Summen auf den mir bekannten Konten gelandet waren.

Aus Selbstschutz blieb ich stur, was mir nicht leicht gefallen ist. Denn Schäuble erhöhte kontinuierlich den Druck. Er forderte von mir die gewünschte Bescheinigung – und zwar bald. Dabei schreckte er auch nicht davor zurück, mir zu drohen, mich politisch in die Wüste zu schicken.

Die andere Seite Schäubles

Wir kämpften in den nächsten Wochen einen ungleichen Kampf, der mich eine ungeheuere Kraft kostete. Ich lernte einen ganz anderen Schäuble kennen, machtbewusst, kompromisslos, knallhart. Für ihn schien sich nie ernstlich die Frage zu stellen, ob ich meinen Widerstand aufrechterhalten könnte. Er schien sich nur zu fragen, wann ich aufgeben würde. Schäuble fühlte sich sichtlich in der überlegenen Position.

Für mich war diese Zeit dennoch wichtig. Ich rang nicht nur um meine politische Zukunft, ich begann zugleich damit, mich ihm gegenüber zu emanzipieren. Er konnte mich plötzlich nicht mehr nach Belieben für seine Zwecke einspannen. Ich bot ihm zum ersten Mal die Stirn. Schäuble und ich kamen zunehmend auf Augenhöhe. Diese Zeit hat etwas in meinem Verhältnis zu ihm geändert. Meine Distanz zu ihm wuchs. Ganz langsam entwickelte sich die Bereitschaft, im Extremfall den Bruch vollziehen zu müssen. Obwohl ich ahnte, dass damit vermutlich meine Karriere ruiniert gewesen wäre.

Anfang 1998 kam es dann zu dem entscheidenden Gespräch, das ich ganz zu Anfang des Buchs beschrieben habe. Ein Vertrauter hatte mich noch inständig gewarnt, bevor ich zu Schäuble ging: »Bleiben Sie unnachgiebig.« Zudem hatte ich die zurückliegende Zeit genutzt, um mir rechtlichen Beistand zu suchen. Alle rieten mir, keine faulen Kompromisse mit Schäuble zu schließen. Das war einfach zu gefährlich für mich – juristisch und politisch. Ich konnte damals ja nicht wissen, wie der sich anbahnende Machtkampf zwischen Kohl und Schäuble ausgehen würde, wer am Ende wen gegeneinander ausspielte. Ich hatte wenig Neigung, in diesem Konflikt als Spielball benutzt zu werden. Aber mir war bewusst, dass Schäuble alle Hebel in Bewegung setzen würde, um mich zum Einlenken zu zwingen.

Ich gerate unter Druck

Angespannt betrat ich sein Büro. Ich wusste sofort, jetzt gab es keine Ausflüchte mehr. Schäuble wollte die Sache hier und heute entscheiden. Er ließ endgültig die Maske fallen, indem er mir unmissverständlich klar machte, dass ich alles verlieren würde, wenn ich sein Spiel nicht mitspielte. Seine Worte werde ich nicht vergessen: »Du wirst immer den Kürzeren ziehen. Wir reden hier unter vier Augen. Und ich bin der Stärkere. Also überleg's dir.« Ich glaube, ich hatte damals zu viel Wut im Bauch, um meine Verletztheit spüren zu können. Ich sagte ihm nichts zu, verließ nach der kurzen Unterredung wortlos den Raum. Zweifelsfrei würde ich eine schwierige Wahl treffen müssen: Entweder ich fiel bei Schäuble in Ungnade mit unabsehbaren Konsequenzen oder ich musste ihm in irgendeiner Form entgegenkommen und ein hohes persönliches Risiko in Kauf nehmen.

Nach dem Gespräch gingen wir auf beruflicher Ebene zunächst wieder professionell miteinander um. Die persönlichen

Dialoge waren schon seit einer Weile weniger geworden. Ich überlegte fieberhaft, wie ich mich halbwegs unbeschadet aus dieser Zwickmühle befreien konnte. Zunächst schickte ich ihm einen Entwurf des gewünschten Schreibens, in dem – wahrheitsgemäß – nicht enthalten war, dass Schäuble ursprünglich eine Spendenbescheinigung verlangt hatte, was er aber von mir bestätigt haben wollte. Den Vorschlag lehnte er kommentarlos ab und ließ ihn mir wieder zukommen. Anschließend erhielt ich über meinen Büroleiter eine Warnung von Horst Weyrauch: Ich solle nichts Schriftliches rausgeben, um nicht erpressbar zu werden, und schon gar nichts von einer Spendenbescheinigung erwähnen. Schreiber hatte ja nie eine erhalten. Nach Weyrauchs gut gemeinter Warnung war ziemlich klar, dass etwas faul sein musste. Die 100 000 Mark waren entgegen den Bestimmungen des Parteispendengesetzes nie veröffentlicht worden.

Schäuble nötigte mich jetzt geradezu, ihm das Schreiben endlich in der von ihm gewünschten Form zu geben. Ich verfasste im März 1998 einen neuen Entwurf. Diesen steckte ich in einen Umschlag und suchte Schäuble auf. Ich drückte ihm das Schreiben in die Hand. Er wirkte ruhig. Ich hatte das Dokument knapp und formlos abgefasst und nicht einmal das offizielle Briefpapier der Schatzmeisterei verwendet – ein letzter Protest. Und auch der gewünschte Hinweis auf die angeblich geforderte Spendenbescheinigung für Schreiber fehlte:

> *... wunschgemäß bestätige ich Ihnen, im Oktober 1994 von Ihnen einen Betrag in Höhe von DM 100 000,– erhalten zu haben, den Sie kurz zuvor von Herrn Karlheinz Schreiber erhalten hatten. Ich habe diesen Betrag umgehend an die CDU weitergeleitet. Er ist dort vereinnahmt worden.*

Schäuble flog über die wenigen Zeilen und legte das Schreiben dann zur Seite. »Jetzt bin ich dir ausgeliefert«, sagte ich zu ihm, »damit bin ich durch dich erpressbar.« Schäuble konnte mich nun ganz bequem mit der falsch verbuchten Spende in Verbindung bringen, selbst dann, wenn niemand sonst danach gefragt hätte. Er sah mich an. Seine Miene hatte die unbarmherzige Härte der vergangenen Tage verloren. Ich fragte ihn, was wohl passieren würde, wenn das Papier hier bei ihm im Büro jemand finden würde. Sinngemäß meinte er: »Brigitte, ich nehme das zu mir nach Hause. Das bleibt bei mir, und du kannst sicher sein, dass ich das nur im Notfall verwende.« Das klang schon etwas versöhnlicher. Nur was würde der Notfall sein?

Danach war unser Verhältnis meinerseits erst recht angeknackst, auch wenn ich es mir im Alltag nicht groß anmerken ließ. Ich redete mir ein, dass er tatsächlich in erster Linie Angst vor Kohl hatte, und milderte damit meine Wut über diese Nötigung. Mir war klar, dass es nie mehr so zwischen uns sein würde, wie es einmal gewesen war. Schäuble war mir fremd geworden. Ich überspielte und verdrängte unseren Konflikt, so gut es ging. Schäuble hat das Schreiben nie mehr erwähnt. Vermutlich hatte auch er gespürt, dass ich bis an die äußerste Grenze der Selbstverleugnung gegangen war. Mehr hätte er nicht von mir verlangen können, auch wenn er mich zum Austräger von Parteiprospekten degradiert hätte. Ich war ihm entgegengekommen, mehr als ich es jemals für möglich gehalten hätte. Das politische Risiko, das ich zu tragen hatte, war immens hoch. Indem er meine abgeschwächte Fassung des Schreibens hinnahm, ging Schäuble allerdings auch auf mich zu. Ich hatte ihm einen kleinen Kompromiss abgetrotzt. Gesichtswahrung nennt man so etwas. Das erleichterte den weiteren Umgang ein wenig. Ich bildete mir ein, wenigstens seinen Respekt ein Stück zurückerobert zu haben. Im Nachhinein erwies sich übrigens ein Detail der Bescheinigung für ihn als äußerst problematisch: Ich hatte die Spendenübergabe auf Oktober 1994 datiert, was Schäuble widerspruchslos akzeptierte. Später aber fußte seine Verteidigungsstrategie auf einer völlig anderen Chronologie: Da wollte er die 100 000 Mark unmittelbar nach dem Sponsorenessen im September 1994 erhalten haben.

Im Herbst 1998 verloren wir dann die Wahl. Schäuble bat mich zu sich. In der Opposition hätte er nicht mehr so viele

Ämter zu vergeben, meinte er, »du musst eins abgeben. Welches möchtest du behalten?« Ich dachte einen Tag darüber nach, besprach mich mit Vertrauten und fällte die Entscheidung, mich von der Schatzmeisterei zu trennen. Zuvor hatte ich noch mit dem baden-württembergischen Ministerpräsidenten Erwin Teufel Rücksprache genommen. Auch er meinte, das Amt der parlamentarischen Geschäftsführerin sei in der Opposition die politischere Aufgabe. Hier könnte ich mehr gestalten, war näher an den Entscheidungen dran. Als Schatzmeisterin und Bundestagsabgeordnete hätte ich nicht viel bewegen können. Also rief ich Schäuble am nächsten Tag an, teilte meinen Entschluss mit und legte meine Gründe dar. Er meinte nur, das habe er sich gedacht. Sonst nichts. Für ihn schien meine Wahl nachvollziehbar zu sein. Er hat sie nicht zu beeinflussen versucht. Der Weg war für Matthias Wissmann frei, der die Schatzmeisterei übernehmen sollte.

Schäuble behauptete im Nachhinein, ich wäre als Schatzmeisterin nicht mehr tragbar gewesen, weil ich die Spende falsch verbucht hätte.[8] Das war dreist. Denn davon war damals nicht eine Sekunde die Rede gewesen. Schäuble ging sogar so weit zu behaupten, dass ich für die Schatzmeisterei ein politisches Risiko geworden sei und deshalb abgelöst werden musste. Eine plumpe Strategie Schäubles. Es ging darum, meinen Ruf zu diskreditieren. Hier stellte er mich in eine Reihe mit Weyrauch und Lüthje, um von seinen eigenen Fehleinschätzungen abzulenken.

Die 100 000-Mark-Spende kommt ans Licht

Anfang Januar 2000 kam an die Öffentlichkeit, was zwischen Schäuble und mir schon lange schwelte: der Konflikt um die 100 000-Mark-Spende. Zuvor war im November 1999 die Spendenaffäre um Helmut Kohl aufgeflogen. Die ganze Republik war in Aufruhr. Der Kanzler der Einheit stand plötzlich nur noch als Hüter der schwarzen Kassen da. Eine Volkspartei geriet aus den Fugen, die abgewählte schwarz-gelbe Regierung unter Bestechungsverdacht. Schäuble hatte seine liebe Mühe, bei dem politischen Seegang nicht selbst unterzugehen. Seine innere Anspannung muss enorm gewesen sein.

Knapp drei Wochen nach der Aufdeckung des Skandals hatte der immer noch unter Verdacht stehende Karlheinz Schreiber in einem Zeitungsbericht beiläufig erwähnt, dass er Schäuble einmal in Bonn getroffen hätte. Mehr nicht. Kein Wort über die Spende. Ende November 1999 deutete Schäuble-Sprecher Walter Bajohr an, dass es möglicherweise ein kurzes Gespräch zwischen Schäuble und Schreiber gegeben hatte. Noch immer kein Wort zu den 100 000 Mark. Und am 2. Dezember 1999 landete ein Politiker einen Zufallstreffer, der später noch Geschichte schreiben sollte.

Während einer Bundestagsdebatte zur Einsetzung des Spenden-Untersuchungsausschusses erklärte Schäuble umständlich, dass er Schreiber »sehr wohl einmal getroffen habe«, nachdem er ihn zuvor gar nicht kennen wollte. Schäuble nannte das Sponsorenessen in Bonn. Seine Ausführungen endeten mit dem Satz: »Auf der damaligen Veranstaltung bin ich Herrn Schreiber begegnet. Das war es.« Was den Grünen-Politiker Hans-Christian Ströbele zu einer Anspielung auf die Schreiber-Million an Walther Leisler Kiep veranlasste, die ja in einem Geldkoffer übergeben worden war. Er rief provozierend dazwischen: »Mit oder ohne Koffer?« Schäuble konterte im Eifer des Gefechts: »Ohne Koffer. Das heißt, ich habe vielleicht einen Aktenkoffer dabeigehabt. Ich weiß es nicht mehr genau. Es ist jedenfalls im Spätsommer oder im Herbst 1994 weder von Panzern noch von Ähnlichem die Rede gewesen.« Eine Bemerkung, die Schäuble noch Leid tun sollte. Schließlich hatte er unmissverständlich zum Ausdruck gebracht, dass er kein Geld von Schreiber entgegengenommen hatte. Schäuble, der ohnehin mit Kohls Machenschaften in Verbindung gebracht wurde, war gezwungen, den Sachverhalt später zu korrigieren, was unendlich peinlich für ihn sein musste.[9]

Ein Anruf Schäubles

Einige Zeit später, am 20. Dezember 1999, hatte ich meine Mitarbeiter zu einer Weihnachtsfeier in meine Berliner Wohnung eingeladen. Mitten hinein platzte ein Anruf von Willi Hausmann. Der CDU-Bundesgeschäftsführer kündigte mir einen Anruf von Wolfgang Schäuble an – in wenigen Minuten. Es ging um die 100 000 Mark.

Es war die Zeit, in der die gesamten CDU-Finanzen durchleuchtet wurden. Die Wirtschaftsprüfer hatten bereits vor einigen Tagen wissen wollen, welchen Weg die 100 000 Mark genommen hatten. Ich war von der CDU aufgefordert worden, Auskunft über Herkunft und Verbleib der Spende zu geben. Daraufhin hatte mein früherer Büroleiter der Schatzmeisterei, Jürgen Schornack, der damals noch im Bonner Adenauer-Haus saß, in Absprache mit mir ein Schreiben verfasst. Kein leichtes Unterfangen, denn mir war bereits von berufener Seite angedeutet worden, wie die Erklärung ungefähr auszusehen hatte. Das fertige Schreiben ging dann an Hausmann. Datiert war es auf den 20. Dezember, den Tag meiner Weihnachtseinladung. Im Briefkopf war noch das Bundeshaus angegeben, der ehemalige Sitz des Parlaments. Folgendes hatte ich an den Bundesgeschäftsführer formuliert:

> *... auf Ihre mir schriftlich zugeleitete Frage vom 10. Dezember 1999 bezüglich einer Einzahlung in Höhe von DM 100 000,00 durch Herrn Walter Leisler Kiep ... teile ich Ihnen mit, daß es sich dabei um eine Einzahlung einer Barspende handelt, die Herr Kiep seinerzeit für mich weitergeleitet hatte. Die Barspende ist von Herrn Karl-Heinz Schreiber im Anschluß an die Wirtschaftsrunde am 21. September 1994 im Hotel Königshof in Bonn übergeben und mir später ausgehändigt worden. ...*

Mit anderen Worten: Der formale Anlass für die Spende war das Treffen im Königshof gewesen, das Geld hatte ich aber erst später erhalten – bei meinem Besuch in Kaufering. Schäuble hatte den Text von Hausmann erhalten, der Grund für seinen Anruf während der Weihnachtsfeier. In dem Telefonat forderte er mich auf, den Text zu korrigieren. Er drängte ziemlich apodiktisch auf die Streichung der Worte »und mir später ausgehändigt worden« am Schluss des Schreibens. Ich fragte ihn nach dem Grund für diesen Änderungswunsch. Er wich aus, drückte sich unklar aus, beharrte aber auf einer zweiten Fassung. Erst viel später wurde mir klar, was er im Schilde führte. Er wollte den Abstand zwischen der ersten Begegnung mit Schreiber und der Spendenübergabe verkürzen. Da störte der verräterische Nachsatz.[10]

In meinem Berliner Büro ließ ich am nächsten Morgen eine zweite Variante niederschreiben. Das Datum wurde übernommen, der 20. Dezember. Im Briefkopf stand diesmal meine Berliner Adresse. Der entscheidende Satz lautete nun:

> *Die Barspende ist von Herrn Karl-Heinz Schreiber im Anschluß an die Wirtschaftsrunde am 21. September 1994 im Hotel Königshof in Bonn übergeben worden.*[11]

Warum dieser Aufwand? Erst im Nachhinein lichtete sich der Nebel. Schäuble bemühte sich offenbar, die Schreiber-Spende als Reflexhandlung eines begeisterten CDU-Gönners hinzustellen und nicht als überlegte Handlung eines mit allen Wassern gewaschenen Lobbyisten in reiflichem Abstand zum ersten Kontakt von Spender und Empfänger. Jede noch so kleine Spur, die eine Nähe zwischen Schreiber und Schäuble suggerierte, sollte vorsorglich verwischt werden. Nichts wurde dem Zufall überlassen.

Doch zunächst gehörte der damaligen CDU-Generalsekretärin Angela Merkel die Bühne. Sie machte am 22. Dezember mit einem Artikel in der *FAZ* Furore, in dem sie einen konsequenten Neuanfang in der CDU forderte und die Ära Kohl für beendet erklärte – ein bitteres Weihnachtsgeschenk für den Altkanzler, aber auch für Wolfgang Schäuble. Denn im Grunde kappte Merkel die Seile zu der gesamten alten Garde, beschwor eine CDU, die Ballast abwerfen musste, um aus dieser existenziellen Krise herauszukommen. Und als belastet – daran konnte kein Zweifel bestehen – musste auch Kohls alter Verbündeter Wolfgang Schäuble angesehen werden, zumal er in der Öffentlichkeit als loyaler Kronprinz galt.[12]

Der Artikel traf uns alle aus heiterem Himmel. Kohl empfand die Aussagen Merkels als offene Kampfansage.[13] Er war unheimlich sauer, dass er nicht mit ihm abgesprochen war, und beschwerte sich bei Schäuble. Der Altkanzler, durch seine Weigerung, die Namen der anonymen Spender zu nennen, zur Unperson geworden, ahnte die Brisanz sofort. Er empfand den Artikel als Ohrfeige. Angela Merkel hatte eine Art Bewerbungsschreiben für den CDU-Vorsitz verfasst. Aber Schäuble schien ihren Beitrag nicht auf sich zu beziehen. Er hatte jedenfalls nichts unternommen, um die Veröffentlichung zu verhindern.

Schäubles kleines Geständnis

Über Weihnachten hatten wir also reichlich Diskussionsstoff. Doch es blieb nicht viel Zeit, Abstand zu gewinnen. Der weihnachtliche Friede währte nur kurz. Denn am 7. Januar begann bereits die CDU-Klausurtagung in Norderstedt, die bis zum 9. Januar 2000 angesetzt war – eine ausgewachsene Krisensitzung. Der Druck durch die Spendenaffäre in der Bundespartei und im hessischen Landesverband war immens geworden. In der CDU kamen ständig neue Details ans Licht. Die Medien versuchten, jeden Winkel des Schwarzgeld-Systems auszuleuchten. Die Parteibasis rebellierte. Wirtschaftsprüfer sezierten das Parteivermögen. Nur einen schien das alles nicht anzufechten: Helmut Kohl blieb stoisch bei seiner Linie, kein Wort zu viel zu verraten.

Schäuble saß in der Klemme. Ihm war klar, dass die 100 000 Mark nicht unter der Decke gehalten werden konnten. Dafür würde schon Kohl sorgen, dessen war Schäuble sich sicher. Und in der Tat kursierte bereits das Gerücht, Journalisten hätten von der Schreiber-Spende Wind bekommen und planten eine Veröffentlichung parallel zu der Klausurtagung. Das wollte Schäuble auf jeden Fall verhindern. Ihm lag es daran, Herr des Verfahrens zu bleiben.

Entsprechend mürrisch und nebulös bürstete er die niedersächsische CDU-Politikerin Rita Pawelski ab, die an der Sitzung teilgenommen und auf die 100 000 Mark angespielt hatte. Schäuble hatte Übung darin, Leute einzuschüchtern. Jedenfalls hakte niemand nach.[14] In seinem Buch *Mitten im Leben* hat er es so dargestellt, als habe er sich nahezu über die geringe Resonanz auf seine parteiinterne Enthüllung gewundert.[15]

Doch es war wohl eher so, dass Schäuble die 100 000 Mark in Norderstedt noch nicht öffentlich machen wollte. Dort sollte die Spende keinesfalls diskutiert werden. Dafür hatte er eine andere Bühne vorgesehen: das Fernsehen. Schäuble wollte doch nicht bei einer CDU-Klausur ertappt werden und dann kleinlaut die Wahrheit eingestehen müssen. Ihm ging es darum, als der große Aufklärer dazustehen. Diese Rolle hatte er für sich selbst ersonnen. Deswegen brauchte er den Auftritt in der ARD-Sendung *Farbe bekennen* am 10. Januar. Seine Botschaft sollte lauten: »Ich bin ganz anders als Kohl. Der schweigt sich aus. Aber ich bin ehrlich. Ich sage euch, wie es wirklich war. Und deswegen bin ich auch der, der prädestiniert ist, die CDU aus dieser Krise zu führen.«

Zudem war der Zeitpunkt für Schäubles kleines Geständnis günstig. Kohl und die Hessen-CDU hatten so viel Staub aufgewirbelt, dass er hoffen konnte, relativ unbemerkt davonzukommen. Dazu benötigte er natürlich auch Rückendeckung von mir. Meine stille Bereitschaft, mir im Notfall den schwarzen Peter zuschieben zu lassen. In Norderstedt hat er mich damals kurz zur Seite gezogen und fast schon in schmeichlerischer Vertrautheit gemeint: »Brigitte, du hast jetzt noch eine große und eine kleine Hürde zu überwinden. Dann ist alles erledigt.« Ich will zugunsten Schäubles annehmen, dass er damals noch geglaubt hat, auch ich könnte die 100 000-Mark-Affäre einigermaßen heil überstehen. Vielleicht würde es mich die parlamentarische Geschäftsführung kosten, aber nach ein paar Monaten des Vergessens ließe sich sicher ein anderes Amt für mich finden. Doch ich hatte wenig Vertrauen in ein derartiges Szenario. Es war vielleicht für Schäuble, der mein Schreiben als Sicherheitsreserve zu Hause aufbewahrt hatte, einigermaßen kalkulierbar. Für mich barg es unüberschaubare Risiken.

Schäuble geht in die Offensive

Montagmorgen, es war der 10. Januar, rief Schäuble erneut bei mir zu Hause an. Er kündigte an, er würde die 100 000 Mark jetzt der Öffentlichkeit bekannt geben. Sinngemäß sagte er: »Dann bin ich der Einzige, der wirklich aufklärt und die Wahrheit sagt.« Bei diesem Satz musste ich schlucken. Er gab mir damit zu verstehen, wer im Notfall geopfert werden sollte. »Du weißt, dass du das Geld nicht richtig verbucht hast«, meinte er noch in dem Gespräch. Worauf er anspielte, war klar: Er wollte mich zur Alleinschuldigen stempeln. Wir wussten beide, dass die 100 000 Mark nicht korrekt behandelt worden waren. Aber wir hatten beide, davon gehe ich bis zum Beweis des Gegenteils aus, auch nur beschränkten Einblick in das Reich von Horst Weyrauch.

Ich versuchte noch einmal, Schäuble von seinem eingeschlagenen Kurs abzubringen. »Wolfgang, du weißt genau, dass das nicht fair ist«, erwiderte ich. Aber ich hatte nicht den Eindruck, dass meine Worte noch etwas bei ihm ausrichten konnten. Ich denke, in diesem Moment umschloss seine Hand bereits den Hebel, den er notfalls umzulegen bereit war. Wenn ich nicht spurte, musste er mich kaltstellen. Es ging schließlich um seine politische Existenz. Schäuble billigte mir eher widerwillig und wohl auch nur pro forma zu, ein letztes Mal den Sachverhalt abzuwägen. »Ich denke noch einmal darüber nach«, beendete er das Gespräch.

In große Grübeleien kann er nicht versunken sein. Denn anschließend hatte er den Termin in der ARD-Sendung *Farbe bekennen*. Dort tischte er seine Version der Ereignisse auf. Die Aufzeichnung sollte noch am selben Abend in einer Sendung ausgestrahlt werden – ein echter Knüller. Spätnachmittags meldete er sich noch ein weiteres Mal bei mir. Er kündigte mir gegenüber an, dass er am nächsten Tag eine Pressekonferenz geben wollte. Er stellte mir frei, ob ich mich mit ihm zusammen den Medien stellen oder ob eine Presseerklärung von mir auf dem Tisch liegen würde. Im Laufe des Gesprächs verständigten wir uns auf eine Presseerklärung meinerseits. Was mir erheblich lieber war. Denn ich war mir nicht sicher, wie viel der Schuld für die falsche Verbuchung er mir zuweisen, wie sehr er mich in der Öffentlichkeit bloßstellen würde. Später habe ich den fertigen Text meiner Erklärung an sein Büro gefaxt. Was ich jedoch nicht wusste: Zum Zeitpunkt unseres Telefonats hatte Schäuble die TV-Aufzeichnung bereits hinter sich. Davon erwähnte er mir gegenüber kein Wort. Ich fragte auch nicht nach, denn ich ging von einem Live-Auftritt aus.

Am Abend hatte Schäuble dann seinen großen Auftritt. Die Nation horchte überrascht auf – noch ein Skandal, schon wieder war eine CDU-Größe verwickelt. Aber auch ich war wie vor den Kopf gestoßen, als ich Schäuble im Fernsehen sah. Seine Version der 100 000-Mark-Affäre, ein wenig umständlich und gewunden vorgebracht, hatte es in sich. Vor laufenden Kameras erklärte Schäuble wörtlich: »Ich hab ja öffentlich schon ein paar Mal gesagt, ich habe Herrn Schreiber irgendwann 1994 im Zusammenhang mit einer Veranstaltung, wo wir Sponsoren geworben haben, dass sie spenden für den Wahlkampf, kennen gelernt. Er hat am Tag danach eine Spende in bar abgegeben.« Und an anderer Stelle erklärte er. »Das waren 100 000 Mark. ... Das ist auch verbucht worden, es ist nur offensichtlich nicht als Spendeneinnahme veröffentlicht worden, das hätte ich ja im Rechenschaftsbericht gelesen.«[16]

Ich war wie vom Donner gerührt. Was hatte er da gesagt? Er wollte die Spende am nächsten Morgen erhalten haben? Das konnte einfach nicht wahr sein. Ich sprang vom Sitz auf, so sehr regte mich das damals auf. Wenn er nicht vollkommen die Orientierung verloren hatte, servierte Schäuble hier eine dreiste Lüge. Er hatte offenbar eine Version ausgetüftelt, die seinen Kontakt mit Schreiber auf das absolute Minimum beschränkte, eine echte Räuberpistole.

Schäuble suggerierte überspitzt ausgedrückt folgenden Vorgang: Schreiber kam also zu ihm ins Büro reingeschneit, schob ihm ohne jede Vorwarnung die 100 000 Mark über den Tisch und verzog sich wieder. Schäuble nahm das Geld verdutzt entgegen, dachte wohl noch, was ist das denn für ein komischer Vogel und gab die Summe an mich weiter. An die zweite Ganovin, hätte er noch hinzufügen können. Denn ich führte ihn ja anschließend schändlich hinters Licht, indem ich das Geld postwendend in dunkle Kanäle einspeiste, um ihm zu schaden.

Schäubles TV-Bekenntnis löste mächtig Wirbel aus. Schließlich war es der amtierende CDU-Partei- und Fraktionsvorsitzende, der sich hier offenbarte. In unserem Konflikt gab es für Schäuble nun sichtlich kein Zaudern mehr. Er hatte seine Entscheidung getroffen. Das war nicht ganz unerwartet gekommen. Ich war dennoch verwirrt, unsicher, was ich nun tun sollte. Schäuble glaubte zu diesem Zeitpunkt wohl noch immer, dass ich am Ende das Büßerhemd überstreifen und brav einlenken würde, wie ich auch beim Ausstellen der Bescheinigung nachgegeben hatte. Ich hingegen wollte nicht öffentlich Asche auf mein Haupt streuen. Wenn ich nicht bereits auf die Teilnahme an Schäubles Pressekonferenz verzichtet hätte, wäre diese Entscheidung spätestens nach der Sendung gefallen. Dieses Spießrutenlaufen ersparte ich mir besser. Ich hatte stattdessen die besagte schriftliche Erklärung abgefasst. Und selbst die formulierte ich noch so, dass ich ihn – so gut es ging – schützte. Vasallengehorsam nennt man so etwas. Ich kann aus reichlichem Abstand nur sagen, er lohnt sich nicht.

Denn in dieser Phase war ich gerade dabei, mir jeden Trumpf aus der Hand nehmen zu lassen. Ich taktierte, versuchte zu verbergen, ohne Falsches auszusagen. Nur ein Verhalten wäre richtig gewesen: Ihm die Pistole auf die Brust zu setzen. Ich hätte Schäuble vor die Wahl stellen sollen: Entweder du korrigierst deine Aussage oder ich veranstalte meine eigene Pressekonferenz. Zur Not hätte ich gegen seinen Willen rückhaltlos und glasklar meine Position darstellen müssen. Und zwar sofort. Der Eiertanz, den ich veranstaltete, machte mich nur angreifbar. Schäuble hatte es in den nächsten Wochen entsprechend leicht, seine Rufmordkampagne auf Touren zu bringen.

In meiner schriftlichen Erklärung für die Pressekonferenz am Dienstag äußerte ich damals reichlich uneindeutig, dass Schreiber »im Nachgang« zu der Begegnung während der Tischgesellschaft an Schäuble gespendet hatte und das Geld dann von der CDU vereinnahmt worden sei. In der Formulierung »im Nachgang« steckte die gesamte Dimension der unterschiedlichen Sichtweisen. »Im Nachgang« konnte gleich sofort nach dem Spenderessen bedeuten (Version Schäuble) oder aber eben erst im Oktober (Version Baumeister). Ich blieb also bei der Wahrheit, ohne ihn der Lüge zu bezichtigen. Aber wer bemerkte die kleinen Unterschiede schon im Eifer des Gefechts? Unsere Unstimmigkeit war so gut versteckt, sie konnte nach außen hin gar nicht verstanden werden. Den Verbuchungsfehler indes räumte ich ein.

> *Das Geld floß ... in den Haushalt der CDU Deutschlands, ohne jedoch als Spende ausgewiesen zu sein. Nach den gesetzlichen Regelungen hätte das Geld in diesem Fall dem Spender zurückgegeben oder aber beim Präsidenten des Deutschen Bundestages abgegeben werden müssen. Dies nicht getan zu haben, ist ein Fehler, für den ich die Verantwortung trage.*

Meine Erklärung war im Saal ausgelegt worden, während sich Schäuble an diesem Dienstag, dem 11. Januar 2000, den Medien stellte. Das Interesse an dem Auftritt des Parteivorsitzenden war gewaltig. Es war noch längst nicht ausgemacht, ob er diese Krise politisch überstehen konnte. Nach Helmut Kohl stand der zweite Titan der CDU vor dem Sturz. Doch Schäuble schlug sich professionell. Während der Pressekonferenz ging er ins Detail, präsentierte sich als Aufklärer: Laut der Wirtschaftsprüfungsgesellschaft Ernst & Young sei am 18. Dezember 1995 ein Betrag von 100 000 Mark auf das Konto mit der Nummer 52955-06 beim Bankhaus Hauck & Söhne durch den früheren Schatzmeister Walther Leisler Kiep eingezahlt worden. Angeblich die umstrittene Spende. Um die Zeitschiene zu verdeutlichen, verwandte Schäuble diesmal die abgesprochene Formulierung »im Nachgang«. Ansonsten ließ er mich im Regen stehen. Die Spende sei weder ordnungsgemäß verbucht noch korrekt veröffentlicht worden, erklärte Schäuble weiter. Es müsse davon ausgegangen werden, dass dies von Ernst & Young aufgespürte Geld mit den 100 000 Mark identisch sei, die er 1994 von Karlheinz Schreiber in bar erhalten habe. Natürlich fehlte auch der Hinweis auf die verlangte Spendenquittung nicht. Die Botschaft: Schäuble hatte sich zu hundert Prozent korrekt verhalten. Ich hingegen war auf sträfliche Weise fahrlässig mit dem Geld umgegangen.

Der Geldbote kommt ins Spiel

Schon bald ging der Medientanz erst richtig los. Ich hatte mich zunächst total bedeckt gehalten. Niemand wusste, dass ich mehr mit den 100 000 Mark zu tun hatte, als mich um die Verbuchung zu kümmern – was im Übrigen gar nicht explizit mein Job war. Schäuble gab am Donnerstag, dem 13. Januar, der *Bild*-Zeitung ein Interview:

Der selbst gekürte Chefaufklärer der CDU gestand den Fehler ein, die Öffentlichkeit zu spät informiert zu haben: »Das tut mir heute Leid.« Schreiber hatte indessen einer kanadischen Zeitung erklärt, es sei ihm mit der Spende um den Bau einer Panzerfabrik, das Bearhead-Projekt, gegangen. Der *Bild*-Journalist Einar Koch stieß in diese Wunde und sprach Schäuble auf diese Ungereimtheiten an. Doch der behauptete steif und fest, dass er Schreiber nur von der einen isolierten Begegnung kenne – »an jenem Abend und am nächsten Morgen«. Und was die Panzerfabrik anging, gab Schäuble sich leutselig: Er habe lediglich Spenden für den Wahlkampf sammeln wollen, »welche andern Absichten Herr Schreiber hatte oder heute haben will, weiß ich nicht«. Einar Koch fragte auch noch nach den geheimnisvollen Auftraggebern für die 100 000-Mark-Spende, von denen Schreiber in der kanadischen Zeitung eine Andeutung gemacht hatte. Auch hier passte Schäuble: »Er hat nicht mit einem Halbsatz davon gesprochen, dass es nicht eine Spende von ihm war.« Schließlich sprach Koch die angebliche Existenz eines Boten für die 100 000 Mark an, den Karlheinz Schreiber erwähnt hatte und dessen Existenz Schäuble bestritt.

Jetzt mischte sich der Kaufmann aus Kaufering verstärkt in die Diskussion in Deutschland ein. In Interviews mit deutschen Medien blieb er dabei, Geld nicht persönlich übergeben zu haben. Doch wer war dieser geheimnisvolle Bote, von dem Schäuble nichts wissen wollte? Spekulationen schossen schon wenig später ins Kraut. Wer hatte die 100 000 Mark übergeben? Bereits am Freitag trafen bei mir die ersten Faxe ein – unter anderem vom *Spiegel*. Wolfgang Krach von der Redaktionsvertretung Berlin fragte:

> *Hat Herr Schreiber dieses Geld zunächst nicht an Herrn Schäuble, sondern an Sie übergeben mit der Bitte, dieses an Herrn Schäuble weiterzureichen, von dem Sie das Geld dann wieder zurückerhalten haben? Mit anderen Worten: Sind Sie also die Botin gewesen, von der Herr Schreiber spricht?*

Es kam, wie ich es immer befürchtet hatte. Ich geriet unter Erklärungszwang. Ich konnte nicht wissen, was Schreiber in den nächsten Tagen noch alles ausplaudern würde. Schreiber hielt sich mit Interviews nicht zurück. Wie sollte ich auf die veränderte Lage reagieren? Lange würde ich nicht mehr ausweichen können. Sollte ich etwa Schäubles Version stützen, obwohl Schreiber die Wahrheit sagte? Meine Nerven waren zum Zerreißen gespannt. Wenn ich jetzt korrekt aussagte, war die letzte Brücke zu Schäuble abgerissen. Da war ich mir sicher. Log ich aber, ging ich ein gewaltiges Wagnis ein. Irgendwann würde die Wahrheit ans Licht kommen und dann steckte ich tief im Sumpf der Spendenaffäre. Ich wusste nicht wirklich weiter. Schäuble hatte mich in die unangenehmste Situation meines Lebens gebracht. Er rang verzweifelt um seine Ämter als CDU-Fraktionschef und Parteivorsitzender. Von mir verlangte er die gleiche professionelle Kaltblütigkeit, die er selbst an den Tag legte. Und zwar nicht nur als politische Weggefährtin und loyale Verbündete, sondern vielleicht auch noch als Freundin, die ihm nahe stand.

Schäuble setzte offenbar auf volles Risiko. Die abgenötigte Bescheinung, die zweifelhaften Motive Schreibers, Schäubles Nachhaken bei Bearhead und dann seine falsche Datierung der Spendenübergabe (»am nächsten Tag«) – das waren alles Stolpersteine, die kaum aus dem Weg zu räumen waren. In der erzwungenen Bescheinigung hatte ich ihm die Übergabe im Oktober bestätigt, was er damals klaglos akzeptierte. Jetzt sollte es auf einmal im September gewesen sein. Schäuble glaubte wohl, die Sache auf diesem Wege ohne große Blessuren zu überstehen. Und für den Fall, dass sich die Medien in diese neuerliche Spendengeschichte verbeißen sollten, hatte er dann vor, die Affäre allein auf mich abzuschieben? Wollte er seine Karriere ungefährdet auf meinem Rücken fortsetzen? Dazu war ich nicht bereit.

Und hatte Schäuble überhaupt alle Unsicherheiten richtig berechnet? Früher oder später würde er ohnehin zugeben müssen, dass er Schreiber nicht nur »einmal« getroffen hatte – am Abend bei dem Spenderessen und am nächsten Morgen in seinem Büro. So etwas hinterlässt Spuren. Er konnte sich noch lange nicht außer Gefahr wähnen, nur weil Schreiber mit undurchsichtigen, unbewiesenen Andeutungen langsam, aber sicher seine Glaubwürdigkeit verspielte. Im ungünstigsten Fall würde ich in ein paar Wochen als Vertuscherin dastehen. Man konnte mir vorwerfen, Schäubles falsche Version des Übergabezeitraums gedeckt zu haben.

Für Schäuble hatte die Konstruktion der sofortigen Spendenübergabe einige handfeste Vorteile. Sie lieferte ihm ein schlüssiges Modell, das seine Begegnung mit Schreiber als harmlos erscheinen ließ. Diesen Anschein versuchte er schon seit geraumer Zeit zu erwecken. Zu Beginn der Diskussion hatte er noch geleugnet, Schreiber überhaupt gekannt zu haben. Dann musste er die 100 000 Mark beichten und das erste Treffen eingestehen. Das war schon unangenehm genug. Daher lag ihm viel daran, nach außen zu dokumentieren, wie bedeutungslos und banal der Kontakt zu Schreiber im Grunde war. Schäuble ließ alles auf eine kurze Episode zusammenschnurren. In einem Satz gebündelt, suggerierte er sinngemäß: »Schreiber hat meinen Vortrag gehört, mir am nächsten Morgen die Spende übergeben, auf deren korrekte Behandlung ich bestanden habe – und das war's.« Niemand sollte auf die Idee kommen, ihn mit dieser undurchschaubaren Gestalt in Kanada in Verbindung zu bringen. Da hätte es schon ganz anders ausgesehen, wenn die Schatzmeisterin im Abstand von einigen Wochen zu Schreiber gefahren wäre und dort das Geld für Schäuble abgeholt hätte. So ein Vorgang wirkt gezielter, kalkulierter. Hieraus hätte man schließen können, dass Schreiber und seine möglichen Mitfinanziers sich durchaus Gedanken gemacht haben könnten über den Sinn ihrer großzügigen Gabe. Vielleicht hätte man sogar über weitere Gespräche im Vorfeld spekuliert. Die Spur in Richtung Bearhead war leichter zu ziehen. Dagegen stellte Schäuble seine eigene Sicht der Wirklichkeit.

Und die war fein ausgedacht. Nur war sie eben nicht nachweisbar. Schäuble hatte Schreiber nicht nur einmal getroffen. Ihm waren dessen Geschäftsinteressen nicht unbekannt, was nicht heißt, dass er ihnen diente. Angesichts der ganzen Vorgeschichte der Spende, unseres erbitterten Tauziehens hinter den

Kulissen und Schäubles Angst vor Kohl war das alles eine ziemliche Verharmlosung.

Schreiber zum Beispiel würde fortan ein ständiges Sicherheitsrisiko für Schäuble darstellen. Er musste ja nur einen hieb- und stichfesten Beweis für ein zweites oder gar mehrere Treffen anbringen. Ähnlich problematisch wäre es geworden, wenn der Geschäftsmann eindeutig dokumentiert hätte, dass er mir das Geld übergeben hatte und nicht dem CDU/CSU-Fraktionsvorsitzenden. Ein Glück für Schäuble, dass Schreiber das nicht vollends konnte oder wollte. Schreiber ritt später zwar eine Menge Attacken gegen seinen einstigen Hoffnungsträger – vermutlich auch aus Kränkung darüber, dass Schäuble ihn plötzlich nicht mal mehr kennen wollte –, aber Konsequenzen hatten Schreibers wüste Schläge nicht. Vor seinem Presseauftritt in Sachen 100 000 Mark jedoch konnte Schäuble sich darauf keineswegs verlassen. Damals hing alles noch vollkommen in der Schwebe. Schäuble spielte Vabanque. Doch auch ohne Schreiber stand sein Konstrukt auf wackeligen Füßen. Er hatte sich festgefahren. Und ich dachte mir, das wird ihm irgendwann das Genick brechen.

Seine waghalsigen Ausweichmanöver blieben nicht unbemerkt. Die *Berliner Zeitung* beschrieb die Zwickmühle, in der Schäuble steckte, ein paar Wochen später äußerst treffend. Zunächst erinnerten die Journalisten Ulrich Deupmann und Rolf Kleine[17] daran, dass Schäuble sich schon zum zweiten Mal korrigieren musste, als er ein weiteres Treffen mit Schreiber öffentlich machte. Das war zu diesem Zeitpunkt bereits herausgekommen. Dann hieß es zu den Umständen der Geldübergabe: »Falls Schäubles Version nicht der Wahrheit entspricht, wäre das die dritte Unwahrheit – und damit ein sofortiger Rücktritt unausweichlich.« Schäuble hatte also keine Wahl mehr. Wollte er an der CDU-Spitze bleiben, war er auf Gedeih und Verderb an seine Darstellung gefesselt. Mit seiner Version der Geldübergabe musste er den Konflikt jetzt bis zum bitteren Ende durchstehen. Wer seine Wahrheit nicht stützte, gefährdete ihn. Ich wurde zum Sicherheitsrisiko.

Der endgültige Bruch

Ich habe Schäuble dann am Freitag, dem 14. Januar, angerufen, aber er war nicht zu erreichen. Am Samstag meldete er sich bei mir. Die Verbindung war miserabel. Ich befand mich gerade in einem Geschäft. Er machte mir den Vorschlag, ich solle Urlaub machen, endlich ausspannen. Er glaube, ich hätte das nötig. Und das sagte er mir vor einer wichtigen Sitzungswoche. So etwas war bei uns absolut verpönt. Einen der parlamentarischen Geschäftsführer hatte er selbst anlässlich der Hochzeit seiner Tochter nicht rechtzeitig weggehen lassen. Ich habe in diesem Moment nicht verstanden, was er von mir wollte. Ich wäre nie auf die Idee gekommen, mir in diesen schwierigen Zeiten ein paar freie Tage zu genehmigen. Es wurde mir erst später klar, was Schäuble im Schilde führte. Möglicherweise wollte er mich damals aus der Schusslinie nehmen, damit ich seine Strategie nicht gefährdete. Aber ziemlich wahrscheinlich bewegte ihn noch ein anderes Motiv: Er begann, mich als überforderte, hysterische Frau darzustellen, die einer Krise nicht gewachsen war, die sie selbst verschuldet hatte. Er musste ja irgendwie mein aufsässiges Verhalten erklären.

Bei dem Telefonat bin ich nicht weiter auf sein Angebot eingegangen. Ich habe es glatt überhört. Stattdessen fing ich wieder mit der 100 000-Mark-Spende an. »Wolfgang, ich glaube, du hast da bei der Fernsehsendung etwas verwechselt«, hielt ich ihm vor. Ich wollte ihn auf das zweite Schreiber-Treffen im Juni ansprechen, von dem ich wusste und das er offenbar leugnete. Noch einmal versuchte ich, ihm eine Brücke zu bauen: »Vielleicht hast du daran nicht mehr gedacht, aber das ist anders gewesen.« Die Verbindung wurde kritisch. Mehr als zerhackte Wortfetzen konnte ich nicht verstehen. Zum Schluss rief ich in den Hörer: »Ich melde mich am Sonntag bei dir.« Und dann war das Gespräch auch schon abgerissen.

Diese verunglückte Unterhaltung spiegelte ziemlich gut wider, wie es um uns stand. Wir konnten nicht mehr miteinander reden, die Verbindung war zusammengebrochen. Ich versuchte mit letzter Kraft, einen Ausweg aus dem Schlamassel zu finden. Auch aus einem Überlebensinstinkt heraus. Ich hatte Angst vor den Folgen, die die 100 000-Mark-Affäre auch für mich haben konnte, vor dem totalen Bruch mit Schäuble. Aber ich hätte eigentlich wissen müssen, dass er gar nicht mehr anders konnte, als seine Sicht durchzufechten. Je mehr ich mich sträubte, desto wütender wurde er.

Das letzte Telefonat zwischen uns beiden war dann am Sonntag. Danach haben wir nie mehr miteinander gesprochen. Ich rief ihn um elf Uhr morgens an und bekniete ihn, seine Version zu korrigieren. Ich trug ihm wieder und wieder meine Bedenken vor. Aber er bewegte sich keinen Millimeter. Im Gegenteil, er ließ mich seine wachsende Verärgerung spüren. Er reagierte immer schroffer. Schäuble stellte mich als überreizt und durchgeknallt dar. Ich wüsste gar nicht, was ich rede, meinte er zu mir. Ich glaube, er versuchte mir allen Ernstes einzureden, dass er die Wahrheit sagte. Schließlich meinte Schäuble, ich sei schizophren und nicht mehr zurechnungsfähig. Damit endete dieses Gespräch und damit endete auch meine Beziehung zu Wolfgang Schäuble. Nachdem ich aufgelegt hatte, saß ich einen Moment schweigend da. Bruchstücke unseres Telefonats kreisten mir im Kopf herum. Ich verstand die Welt nicht mehr. Mit seiner Reaktion war ich in der Tat überfordert.

Eine große und eine kleine Hürde

Ich rätsele noch heute, was er bei der CDU-Klausur in Norderstedt mit »der kleinen und der großen Hürde« gemeint hatte. Vielleicht spielte er damals auf mein öffentliches Schuldeingeständnis bei der Pressekonferenz (die kleine Hürde) und meine sich abzeichnende Aussage im Untersuchungsausschuss (die große Hürde) an. Aber ich hatte nie mehr die Gelegenheit, ihn danach zu fragen. Hätte ich gewusst, wie radikal er sich von mir abwandte, hätte ich nach unserem letzten Telefonat nicht mehr versucht, das Ruder herumzureißen. Aber noch hatte ich nicht aufgegeben. Ich rief Schäubles Pressesprecher Walter Bajohr auf dem Handy an und bat ihn mit Engelszungen, noch einmal einen Vorstoß zu wagen. Ich sagte ihm, dass Schäuble sich hoffnungslos verrannt habe. Sinngemäß meinte ich: »Wirken Sie bitte auf ihn ein, sonst kriegen wir ein riesiges Problem. Es muss auch in den Schreiber-Notizen festgehalten sein, dass seine Version der Ereignisse nicht stimmt.« Entsprechende Unterlagen hatte die Staatsanwaltschaft im Zuge der Ermittlungen beschlagnahmt. Dann wies ich Bajohr noch darauf hin, dass Schäuble und Schreiber sich ein zweites Mal getroffen hatten.

Bajohr wirkte ehrlich beunruhigt und versprach mir, mit Schäuble zu reden. Später, bei seiner Vernehmung durch die Staatsanwaltschaft Berlin, war von einem entsprechenden Telefonat keine Rede mehr. An ein Gespräch mit Schäuble über die Spende erinnerte er sich ohnehin erst, nachdem sich die Schlinge um Schäubles Hals zugezogen hatte und dieser vermutlich kurz vor der Anklage stand. Bajohr bemühte sich bis zum Schluss, Schäubles Version vorbehaltlos zu stützen. Wäre er aber wirklich der Überzeugung gewesen, dass Schäuble die Spende unmittelbar von Schreiber bekommen hätte, hätte das sofort bei unserem Gespräch zur Sprache kommen müssen. Denn dann wäre ein Großteil meiner Befürchtungen aus seiner Sicht ja völlig unsinnig gewesen. Aber bei unserem Telefonat geschah nichts dergleichen. Der Grund dafür ist meiner Einschätzung nach simpel: Zu diesem Zeitpunkt war Schäuble noch nicht durch die staatsanwaltschaftlichen Ermittlungen in Bedrängnis geraten. Das geschah erst später. Als Schäuble dann dringend Entlastung benötigte, wurde die bis dahin völlig unbekannte Aussage von Bajohr nachgereicht. Ein Umstand, den auch die Staatsanwaltschaft kritisch bewertete. Kam hier wieder einmal das alte Prinzip der Männerbünde zum Zuge, nachdem der eine die Hand des anderen wäscht, der eine die Karriere des anderen absichert? Nichts ist so haltbar wie derartige gegenseitige Abhängigkeiten.

Natürlich habe ich mich nicht nur Hilfe suchend an Walter Bajohr gewandt. Ich sprach auch andere Leute an, von denen ich dachte, sie könnten Schäuble irgendwie beeinflussen. Die gefährlichen Untiefen dieses Kurses waren leicht auszumachen. Ich telefonierte und diskutierte mit unzähligen Kollegen, etwa Hans-Peter Repnik, Angela Merkel und Annette Schavan. Auch Friedrich Merz bat ich, einen Versuch zu starten, die Katastrophe noch irgendwie abzuwenden. Aber nichts geschah. Ich kam mir wie in einem Laufrad vor. Gleich wie ich strampelte, ich bewegte mich keinen Meter vorwärts. In der CDU herrschte Verwirrung. Wenn jemand Wolfgang Schäuble überhaupt noch erreichte, wird dieser ihm kurz und bündig klar gemacht haben, dass er die Wahrheit gesagt habe und keine weiteren Diskussionen wünsche.

Schäuble konnte einschüchternd sein, wenn er es darauf anlegte. Er ließ sich jedenfalls nicht erweichen. Damals hatte er schon längst entschieden, nicht im Geringsten von seiner Darstellung abzurücken. Ich war schuld – und Schluss. Aus seiner Sicht war seine Unnachgiebigkeit vermutlich sogar unvermeidlich.

Doch Schäuble ging noch weiter. Ich kam mir immer mehr wie die Ruferin in der Wüste vor. Das Echo blieb spärlich. Schäubles Strategie, mich als durchgedreht darzustellen, zeigte allmählich Wirkung. Ich spürte, wie Leute aus Schäubles Umfeld auf Distanz zu mir gingen. Sie mussten sich ja auch entscheiden, auf welche Seite sie sich schlugen. Dazwischen gab es nicht mehr viel. Und Schäuble saß als Vorsitzender am längeren Hebel. Er eröffnete Karrieremöglichkeiten, er konnte Laufbahnen beenden. Viele fürchteten Schäubles Brutalität, seine Verächtlichkeit. Dazu kam sein engmaschiges Netzwerk in Politik und Medien, sein dichtes Geflecht an Menschen in einflussreichen Positionen, denen er irgendwann einmal geholfen hatte. Schäuble denkt in großen Zeiträumen, in langfristigen Strategien. Er hatte immer viel Mühe darauf verwandt, nützliche Kontakte zu pflegen. Und er wusste, wie er etwas zu lancieren hatte.

Aufreibender Loyalitätskonflikt

Ich besprach mich mit meinem Rechtsbeistand. Damals war ich hin- und hergerissen zwischen meiner Loyalität zum Rechtsstaat und der Loyalität zu Schäuble und damit auch zur CDU. Dennoch wurde mir dringend angeraten, die Wahrheit zu sagen, mich nicht auf Schäubles Lügenkonstrukt einzulassen. Mir drohte ansonsten eine doppelte Gefahr: Zum einen hätte mich diese Lüge ein Leben lang belastet. Zum anderen war die Möglichkeit groß, dass ich am Ende zum Bauernopfer im Machtkampf von Kohl und Schäuble geworden wäre. Zudem hätte eine handfeste Lüge auch strafrechtlich problematisch werden können. Das hätte mir noch gefehlt: eine Vorstrafe, um Schäuble vor dem Sturz zu bewahren. Ich fuhr mit meinem Büroleiter Jürgen Schornack zu der Anwältin Kristina Gräfin Pilati-Borggreve, der späteren Ehefrau des früheren Verteidigungsministers Rudolf Scharping. Sie zog noch ihren Mitarbeiter Gottfried Klotz zu dem Gespräch hinzu, der bereits mit dem Flick-Untersuchungsausschuss Erfahrung gesammelt hatte. Wir überlegten zu viert, ob es eine Lösung geben könnte, die Schäuble den gesichtswahrenden Rückzug ermöglichte. Ich zappelte im Netz der Affäre und bekam kein Bein auf den Boden. Existierte denn keine Möglichkeit, diese zerstörerische Konfrontation zu beenden?

In einem *Focus*-Interview am 17. Januar 2000 begann Schäuble sich als Opfer zu inszenieren. Tenor: Er habe nichts von dem fragwürdigen Umgang mit der Spende gewusst und solle nun für die 100 000 Mark geradestehen. Eine kurze Passage der Selbstkritik bezog sich ausschließlich auf das, was er absolut nicht leugnen konnte: seinen Patzer bei der Bundestagsdebatte nach dem Koffer-Zwischenruf von Hans-Christian Ströbele. Ansonsten gab sich Schäuble als verfolgte Unschuld. Wörtlich erklärte er: »Ich selbst habe ein reines Gewissen, weil ich mich korrekt verhalten habe.« Mittlerweile wunderte ich mich nicht mehr.

Die Wahrheit wurde scheibchenweise aufgetischt. Das erschwerte es, Zusammenhänge herzustellen. Zwei Wochen nach dem Interview in dem Münchener Nachrichtenmagazin hatte Schäuble einen interessanten Fund in seinem Terminkalender gemacht: Denn plötzlich stellte er fest, dass er sich offenbar doch noch ein zweites Mal mit Schreiber getroffen hatte. Wörtlich erklärte er, den Vorgang völlig verharmlosend: »Ich habe ... meinen Terminkalender durchgesehen und festgestellt, dass es unter dem Datum 2. Juni 1995 einen Termineintrag Schreiber gibt. Ich habe allerdings an ein solches Treffen keinerlei Erinnerung, ganz im Gegensatz zu der Begegnung, bei der Herr Schreiber mir eine Barspende übergeben hat.«

Mittlerweile kann ich schon wieder ironisch mit seinen kunstvollen Ausführungen umgehen. Er blieb bei seiner einmal eingeschlagenen Linie – und das mit aller Konsequenz. Wo er aufgrund der Faktenlage abweichen musste, zündete er schnell ein paar Nebelkerzen. Doch damals haben mich seine Aussagen jedes Mal ins Mark getroffen. Zumal ich es nicht schaffte, mit meiner Version des Geschehens in die Öffentlichkeit durchzudringen. Es sah vielmehr danach aus, dass ich am Ende als Lügnerin dastand, die ihren Chef in Gefahren gebracht hatte und sich nun hinter Ausflüchten verschanzte. Schäuble blieb Herr des Verfahrens. Eine Erfahrung, die ich später auch im Untersuchungsausschuss machen sollte. Er konnte sich in Widersprüche verwickeln, ins Unkonkrete ausweichen, Fragen einfach abbügeln. Er galt als politisches Schwergewicht und mit dem legte sich niemand so gerne an. Schäubles Machtstellung erleichterte es ihm, die Fakten zu verdrehen, ohne dass er unangenehme Folgen fürchten musste, während mir von vornherein das Image einer Verliererin anhaftete. Ich hatte weder die Chuzpe noch die Coolness, um wirklich überzeugend zu wirken. Für den Kampf mit ihm war ich schlecht gerüstet. Vielleicht stieg ich auch deswegen so widerwillig und zögerlich in den Ring, immer mit einem Blick nach einem Ausweg suchend, anstatt mich der

Konfrontation in voller Härte zu stellen. Sie war ohnehin unvermeidbar.

Mir wurde allmählich alles zu viel. Ich begann, mich in meinem Haus in Böblingen einzuigeln. Mit Journalisten redete ich gar nicht mehr, nur noch mit einem kleinen Kreis von Freunden. Meine Gedanken kreisten immer um dasselbe Desaster. Ich hatte das Gefühl, den Boden unter den Füßen zu verlieren. Inzwischen war mir klar, dass ich im April vor dem parlamentarischen Untersuchungsausschuss würde aussagen müssen. Kurz zuvor war der Parteitag in Essen anberaumt. Schäubles Karriere wackelte. Die Delegierten murrten immer lauter: War ein derart angeschlagener Parteichef überhaupt noch zu halten? Und auch der Auftritt vor dem Ausschuss würde Kraft kosten. Das konnte doch nur zu einem Schlachtfest ausarten. Schäuble und ich würden aufeinander gehetzt werden. Ich lehnte dieses Schauspiel aus tiefstem Herzen ab. Ich wollte ihn weder ans Messer liefern noch mich wehrlos zur öffentlichen Schlachtbank führen lassen. Aus dieser Situation gab es offenbar kein Entrinnen. Ich irrte durch ein Labyrinth ohne Ausgang. Und das erschöpfte mich zunehmend.

Gerüchte um ein kriminelles Komplott

Doch Schäuble legte nach. Über einen sehr engen Vertrauten ließ er angeblich verbreiten, der CDU-Chef müsse sich eines »kriminellen Komplotts« erwehren.[18] Noch nannte er keine Details. Aber die Stoßrichtung war damals schon klar. Schreiber, Kohl und ich sollten uns verschworen haben, um Schäuble zu Fall zu bringen. Schreiber, weil Schäuble ihm mit Bearhead nicht ausreichend geholfen hatte, Kohl, weil er seinem Nachfolger als Parteichef den Erfolg nicht gönnte und nie gegönnt hatte, und ich, weil ich von meinem vermeintlichen Versagen in der Spendenaffäre ablenken wollte. Natürlich hatte diese Argumentation etwas Abgegriffenes. Denn meistens werden

Verschwörungstheorien bemüht, um zweifelhafte Motive zu kaschieren und drohende Niederlagen abzuwenden. Mit handfesten Fakten kam Schäuble nicht weiter. Also musste er einen großen Rachefeldzug erfinden, der ihm erlaubte, seine emotionale Härte als Notwehr auszugeben. Nichts davon stimmte. Kohl und ich hatten nie ein dunkles Bündnis geschlossen. Nicht ein einziges Mal war der frühere Bundeskanzler mit diesem fragwürdigen Ansin-nen auf mich zugekommen, auch nicht unterschwellig. Und Schreiber und ich verbündeten uns zwangsläufig nur an der Stelle, wo es um die Modalitäten der Geldübergabe ging. Aber das hatte nichts mit einer gemeinsamen Attacke auf Schäuble zu tun, sondern orientierte sich an den Fakten. Mit seinen Märchenerzählungen hatte sich der Fraktions- und Parteivorsitzende unter Erklärungszwang gesetzt.

Schäubles Versuche, seinen Kopf zu retten, wurden dramatischer. Aus gutem Grund: In den Medien tauchten vermehrt Rücktrittsforderungen auf. Der Journalist Martin Lohmann beispielsweise spielte in der Koblenzer *Rhein-Zeitung* auf offensichtliche Erinnerungslücken Schäubles an. Lohmann schrieb: »Hatte dieser CDU-Chef nicht sich selbst den Glanz des unerbittlichen Aufklärers gegeben? Hatte er nicht getönt, man solle sich an ihm ein Beispiel nehmen und ebenso die volle Wahrheit auf den Tisch legen? Doch jetzt lehrt uns der oberste Parteienchrist (...): ›Unsere tägliche Enthüllung gib uns heute‹.« Am Ende seines Kommentars forderte Lohmann einen Schlussstrich: »Es ist höchste Zeit zum Abschied, Herr Schäuble.«[19]

Schäuble muss gespürt haben, wie ernst die Lage war. Sein Umfeld spielte jetzt immer unverschämter auf mein flatterndes Nervenkostüm an. Motto: Unter Druck hat die Frau Halluzinationen. Was stimmt: Ich war angeschlagen zu dieser Zeit, psychisch und körperlich. Aber ich hatte weder Erscheinungen, noch steigerte ich mich in einen Schäuble-Vernichtungswahn hinein. Dazu war ich gar nicht in der Lage. Umgekehrt erfüllte er mir gegenüber in dieser Hinsicht viel eher die Voraussetzungen.

Die Medienkampagne lief nun auf Hochtouren. Ich bin heute noch überzeugt davon, dass sie zumindest zum Teil aus dem Schäuble-Lager angestoßen wurde. Alles passte viel zu gut ins gewünschte Bild. Am 5. Februar fand ich mein Konterfei auf dem Titel der *Bild*-Zeitung wieder. In dicken Lettern prangte da die Headline »Loch in ihrer Spenden-Kasse?« Daneben eine leicht verständliche Ergänzung: »Ex-Schatzmeisterin Brigitte Baumeister: Nervenzusammenbruch, Klinik!« Als Quelle nannte die Zeitung einen Sprecher der CDU-Bundestagsfraktion. Na wunderbar! Und damit auch gleich klar war, wer hier mit wem unter einer Decke steckte, war etwas kleiner und gleich nebenan Helmut Kohl abgebildet. Die Überschrift neben dem Bild lautete: »Kohl. Noch mehr Millionen.« Der Altkanzler wurde mit weiteren zehn Millionen Mark »unbekannter Herkunft« in Verbindung gebracht. Und mir unterstellte man noch in dem unter den Schlagzeilen stehenden Artikel einen Selbstmordversuch. Als Grund wurden meine finsteren Machenschaften suggeriert, mein enges Verhältnis zum Waffenhändler Karlheinz Schreiber sowie das Auftauchen neuer Unregelmäßigkeiten während meiner Zeit als Schatzmeisterin. Diesmal erschien als Quelle ein nicht näher beschriebener Informant aus dem CDU-Präsidium. Konkret war das alles nicht, aber hilfreich, um mich als korruptes Nervenbündel hinzustellen. Schäuble wird nicht gerade Tränen der Anteilnahme geweint haben, als er den Artikel las.

Fakt war: Es ging mir in der Tat schlecht. Aber ich hatte natürlich nicht versucht, mir das Leben zu nehmen, obwohl mich Schäubles Hang zur selektiven Wahrnehmung nahezu umbrachte. Ich war auch in keiner Klinik gewesen. Und was die Unzulänglichkeiten in meiner Zeit als Schatzmeisterin betraf: Die hatte es in der Tat gegeben. Ich hatte meine Mühe gehabt, die größten Missstände gegen den Widerstand des Establishments abzustellen. Von angeblichen »Unregelmäßigkeiten« meinerseits sollte nach dem *Bild*-Artikel – außer in diffusen, durch nichts belegten Andeutungen – nicht mehr die Rede sein. Aber ich bin mir auch so sicher: Die Aufmachung in der *Bild* hatte ihr Ziel erreicht.

Zweimal 100 000 Mark?

Schreiber ließ indes nichts unversucht, Beweise für die Geldübergabe an mich vorzulegen. Er verglich unser Treffen mit Eintragungen in seinem Terminkalender, gab eine eidesstattliche Versicherung ab. Seine Frau Barbara sagte aus. Trotz seines zuweilen überheblichen Auftretens brachte er Schäuble reichlich in Bedrängnis. Darauf antwortete dieser mit einer neuen Variante. Es könnte auch sein, so orakelte Schäuble, dass es zwei Zahlungen von je 100 000 Mark gegeben hätte. Eben eine an ihn und eine – bislang noch völlig geheim gehaltene – an Brigitte Baumeister. Dann wären also beide Versionen richtig.[20] Und er ging gleich noch einen Schritt weiter. Schreiber würde mich möglicherweise mit den 100 000 Mark an mich erpressen, spekulierte Schäuble. Schließlich wurde mein damaliger Chef nicht müde zu betonen, dass er überhaupt nicht verstehen könne, warum ich plötzlich nicht mehr seine Version der Geldübergabe stützen würde. Er präsentierte sich als den Ahnungslosen, gegen den sich Intrigen richteten, deren Hintergrund er selbst nicht ganz erfassen konnte. Zum Weiterspinnen für die Medien wurden mehrere Verschwörungstheorien angeboten. Mir gebührte die Ehre, gleich an allen beteiligt zu sein. Dabei wurde mir mein anfängliches Zögern stets geschickt als Zeichen meines schlechten Gewissens ausgelegt. Das Gegenteil war richtig: Ich hielt Informationen zurück, weil ich Schäuble nicht gegen die Wand laufen lassen wollte, und merkte gar nicht, dass ich selber in dieser Richtung unterwegs war und er mir noch einen kräftigen Schubs verpasste.

Am 11. Februar 2000 untermauerte Schäuble seine Sicht der Ereignisse mit einer eidesstattlichen Versicherung. Damit waren alle Türen der Verständigung endgültig ins Schloss gefallen.

Am gleichen Tag traf bei mir übrigens eine kurze E-Mail von Karlheinz Schreiber aus Kanada ein. Reichlich ungehalten forderte mich Schreiber auf:

> *Jetzt sagen Sie doch einfach mal die Wahrheit in aller Öffentlichkeit! Die Lügen des Schäuble sind doch eine Schande für Ihre Partei. Und Ihre Partei ist mittlerweile eine Schande für das deutsche Volk!*

Als hätte Schreiber es geahnt: Auch ich sah zu diesem Zeitpunkt keine andere Möglichkeit mehr, die Glaubwürdigkeit meiner Aussage zu unterstreichen, als ebenfalls eine eidesstattliche Versicherung abzugeben. Am 12. Februar zog ich also nach. Jetzt hatten Schäuble und ich uns endlich der Lächerlichkeit preisgegeben. Unser Streit erreichte einen erneuten, abstrusen Gipfelpunkt. Nach außen müssen wir wie von allen Geistern verlassen gewirkt haben. Noch verunglückter konnte ein parteiinternes Konfliktmanagement gar nicht mehr erscheinen.

Schäubles eidesstattliche Erklärung war wieder einmal ein kreatives Meisterstück. Virtuos distanzierte er sich von dem Vorgang der Spendenübergabe und natürlich auch von Schreiber selbst. Man musste fast den Eindruck gewinnen, dass er den Umschlag mit dem Geld höchst widerwillig mit der Pinzette angefasst hatte. Ich zitiere ein paar wesentliche Passagen:

> *Im Anschluss daran hat mir Herr Karlheinz Schreiber, der mir bis dahin nicht bekannt war, in meinem Büro im Bonner Bundeshaus einen Umschlag übergeben, in dem nach Angaben von Herrn Schreiber DM 100 000 waren. Ich meine mich zu erinnern, dass dies am folgenden Morgen war. Ich habe den Betrag als Spende für die CDU Deutschlands entgegengenommen, weder nachgezählt noch quittiert. Den Umschlag habe ich dann unmittelbar, nachdem Herr Schreiber mein Büro verlassen hatte, an*

Frau Baumeister weiterleiten lassen. Frau Baumeister habe ich dann kurz darauf bei unserem nächsten Zusammentreffen ausdrücklich gebeten, Herrn Schreiber den Empfang ordnungsgemäß zu bestätigen. Jahre später habe ich, veranlasst durch Presseberichte über ein Ermittlungsverfahren gegen Herrn Schreiber, Frau Baumeister auf den Vorgang vom September 1994 angesprochen und nach einigen Nachfragen erfahren, dass für Herrn Schreiber damals eine Quittung nicht ausgestellt worden war. Daraufhin habe ich Frau Baumeister um eine Bestätigung ersucht, dass ich im Herbst 1994 eine Spende von DM 100 000 von Herrn Schreiber an sie weitergeleitet habe. Frau Baumeister hat mir die in Kopie anliegende Bescheinigung übermittelt. Ich habe von Frau Baumeister niemals einen Betrag von DM 100 000 entgegengenommen.

Immerhin schrieb Schäuble, dass er sich nur zu erinnern meinte, die Spende am nächsten Morgen, also nach der Wirtschaftsrunde, erhalten zu haben. Ein kleines Hintertürchen ließ er sich also noch offen. Man wusste ja nicht, wie sich die Beweislage entwickeln würde. Interessant war auch, dass er die Spendenquittung für Schreiber jetzt schon bei unserem nächsten Zusammentreffen verlangt haben wollte. Das hätte nur der Wahrheit entsprochen, wenn Schäuble und ich uns einige Jahre nicht mehr gesehen hätten. Den Umschlag mit dem Geld hatte Schäuble zudem lediglich an mich »weiterleiten lassen«. Will heißen: Eigentlich hatte er gar nichts damit zu tun. Er hatte nach seiner eigenen Darstellung nicht mal einen Blick in den Umschlag geworfen.

Das Verfahren vor der Staatsanwaltschaft Berlin ging später aus wie das Hornberger Schießen. Weder Wolfgang Schäuble noch ich konnten uns mit unserer Sicht der Dinge durchsetzen. Aufschlussreich war nur, wie er dieses für ihn höchst schmeichelhafte Patt erreicht hatte. Doch darauf will ich später ausführlich eingehen.

Spekulationen über eine Sexaffäre

Einen Tag nach meiner eidesstattlichen Erklärung wurde über die *Welt am Sonntag* am 13. Februar ein Großangriff auf meine Glaubwürdigkeit gestartet. Ich stand als Lobbyistin für Thyssen am Pranger, sollte tief in Rüstungsgeschäfte verstrickt sein. Ein unbekannter Informant hatte der Zeitung Briefe auf offiziellem Papier der Schatzmeisterei zugespielt, in denen ich mich »allein 1997 in mindestens vier Fällen massiv im Bundeskanzleramt für Rüstungsexportinteressen« eingesetzt haben sollte. Konkret hatte ich angeblich »nachdrücklich für die Lieferung von gepanzerten Polizeifahrzeugen des Typs TM 170 nach Südkorea, die Lieferung von U-Booten des Typs 209 an Indonesien sowie um die Lieferung von U-Booten gleichen Typs und Leopard-I-Panzern an Chile« geworben. Die CDU-Führung schloss nicht aus, dass ich aufgrund dieser »bislang verschwiegenen Lobbyarbeit« in Abhängigkeit geraten sei und daher so merkwürdig im Streit um die 100 000-Mark-Spende agierte. Auch über ein Verhältnis zum »strafbedrohten Thyssen-Manager« Jürgen Maßmann wurde munter spekuliert.

Und schließlich fehlte auch nicht der Hinweis, dass Schreiber 1994 dem CDU-Kreisverband Böblingen 20 000 Mark für meinen Wahlkampf spendiert hatte. Es wurde indirekt der Eindruck erweckt, Schreiber habe sich dadurch einen Vorteil von mir erkaufen wollen. Wahr ist: Ich wusste zunächst nicht einmal etwas von dem Geld. Es ging an die Kreisgeschäftsstelle. Schreiber hatte die 20 000 Mark mir gegenüber weder angekündigt, noch hatten wir uns über diese finanzielle Zuwendung im Anschluss an seine Überweisung unterhalten. Die Spende wurde auch nicht von mir vertuscht, wie mir fälschlicherweise unterstellt wurde. Wahr ist: Das Geld wurde nicht korrekt verbucht. Der Grund dafür war relativ banal. Schreiber hatte damals nicht nur an den Kreisverband Böblingen gespendet, sondern auch an den Wahlkreis Rita Süssmuths. Da das Geld bei uns unter »Schreiber Stuttgart« statt unter »Schreiber Kaufering«, wie es richtiger gewesen wäre, registriert worden war, wurden die Spenden von der zentralen Buchhaltung bei der Bundes-CDU nicht als Zuwendungen ein und derselben Person erkannt. Korrekterweise hätte man die beiden Spenden zusammenziehen müssen, womit die Gesamtsumme veröffentlichungspflichtig gewesen wäre. Wir hatten also unbeabsichtigt gegen das Parteienfinanzierungsgesetz verstoßen. Für diesen Irrtum musste die CDU geradestehen. Angelastet wurde er allerdings zunächst einmal mir.

Doch zurück zu jenen Tagen im Oktober: Jetzt ging es Schlag auf Schlag. Einen Tag nach der Spekulationsorgie in der *Welt am Sonntag*, also am 14. Februar, lächelte mich mein Gesicht von allen Kioskständen der Republik an. *Bild* kochte die Geschichte in einem Aufmacher erst richtig hoch. Das Foto zeigte mich, wie man sich eine geldgierige Rüstungslobbyistin so vorstellt: strahlend ob ihres Reichtums, mit glänzenden Wangen und geziert von einer schmucken Perlenkette. Diesmal übertraf die Springer-Zeitung sich selbst. Die reißerische Schlagzeile lautete: »CDU-Sumpf. Jetzt wilde Sex-Gerüchte.«

Man versuchte mich auf niederträchtige Weise in meinem Selbstwertgefühl als konservativ geprägte Frau zu treffen. Nunmehr hieß es, ich hätte eine heiße Affäre mit dem Ex-Thyssen-Manager Jürgen Maßmann gehabt. Zugleich sollte ich seine fragwürdigen Rüstungsgeschäfte unterstützt haben. Schreiber saß angeblich in Kanada und zog die Fäden. Laut *Bild* war er über diese heimliche Sexliaison informiert und spielte sein Wissen aus, um mich gegen Schäuble aufzubringen. In den wenigen Zeilen auf der Titelseite fehlte auch nicht der Hinweis, dass ich Schäuble mit meiner Aussage stürzen oder gar »ins Gefängnis bringen« könnte. Auf Seite zwei wurde die Story dann immer haarsträubender: Mit Verweis auf den *stern* wurde die Scheidung von meinem Mann Rolf nun auf das angebliche Verhältnis zu Maßmann zurückgeführt. Abstruser ging es nicht mehr.

Wieder einmal war ich also durch Schreiber erpressbar. Diese Spur hatte das Schäuble-Lager schon früher und zuletzt am Tag zuvor in der *Welt am Sonntag* gelegt, um mein widerspenstiges Verhalten in der 100 000-Mark-Affäre zu erklären. Schreiber hatte mich also in der Hand, damit ich als willfährige Getreue seinen hasserfüllten Attacken gegen Schäuble folgte.

Die frei erfundene Story war in dieser entscheidenden Phase meines Machtkampfes mit Schäuble bestens geeignet, den letzten Rest meiner Reputation zu zerstören. Denn jetzt schob man mich endgültig in die Ecke der Schattengestalten. Gegen Maßmann ermittelte zu dieser Zeit die Augsburger Staatsanwaltschaft wegen Untreue, Betrug und Steuerhinterziehung. Er stand im Verdacht, 1991 bei der Lieferung von Fuchs-Panzern nach Saudi-Arabien einige Schmiergeldmillionen in die eigene Tasche gesteckt zu haben. Im Fahrwasser der *Welt am Sonntag* breitete die *Bild* noch einmal meine Einsätze für Rüstungsvorhaben von Thyssen aus – als »Beweise« für meinen zwielichtigen Charakter. Ein süffiger Cocktail, den das Boulevardblatt da anrührte: Ich ließ meinen Mann schmählich im Stich, feierte wilde Sexorgien mit einem vermeintlichen Dunkelmann, manipulierte das Kanzleramt, um gefährliche Waffengeschäfte durchzudrücken. Mich wunderte nur, dass ein Verweis auf Millionenbeträge fehlte, die ich mir anschließend selbst in die Tasche gesteckt haben sollte. Das wäre ein schönes Schlusskapitel für diesen zusammengesponnenen Thriller gewesen.

Eigentlich wiederstrebt es mir, mich überhaupt zu einem derartigen Unsinn zu äußern. Also in aller Klarheit: Wahr ist, dass ich Jürgen Maßmann gekannt habe. Er war in Bonn sehr präsent, führte Gespräche mit allen möglichen Entscheidungsträgern. Wir haben uns ein paar Mal auf dienstlichen Terminen gesehen und damals durch Zufall im September 1994 bei Schreiber (was Schäuble nicht verwerten konnte, da ich seiner Ansicht ja nie zur Geldübergabe in Kaufering war). Falsch ist, dass ich jemals eine Affäre mit Maßmann hatte. Unser Verhältnis hatte nichts Exklusives. Ich kannte ihn so gut oder so schlecht, wie ihn viele in der Bonner Szene kannten. Maßmann hielt zum gesamten Büro der Schatzmeisterei freundschaftlichen Kontakt. Er wirkte dabei weder anbiedernd noch verschlagen. Und absoluter Quatsch ist natürlich, dass meine Scheidung etwas mit Maßmann zu tun hatte.

Richtig ist wiederum, dass ich im Kanzleramt in Form mehrerer Anfragen vorstellig geworden bin, besagte Rüstungsprojekte zu prüfen. Falsch ist, daraus auf eine Kumpanei mit Thyssen zu schließen. Ich habe im Laufe meiner Amtszeit hunderte solcher Briefe geschrieben – für alle möglichen Anliegen von Unternehmen. Ich habe mich als Schatzmeisterin durchaus auch als Fürsprecherin verstanden. Firmen, deren Projekte ich für machbar und sinnvoll hielt, habe ich auf diese Weise einen Dienst erwiesen. Meinen Schreiben legte ich in der Regel die Originalunterlagen bei, die die jeweiligen Unternehmen mir zuvor zur Verfügung gestellt hatten. Das war es dann aber auch. Ich habe nie versucht, eine Entscheidung weiter zu beeinflussen – schon gar nicht mit illegalen Methoden. Um den weiteren Verlauf solcher Projekte habe ich mich nicht mehr gekümmert. Ich war auch nicht Teil von irgendwelchen obskuren Hinterzimmerrunden, in denen krumme Millionengeschäfte ausgekungelt wurden. Und, um auch diesen Punkt vorwegzunehmen: Ich habe mich in keiner Weise bereichert. Aber wen interessiert das noch, wenn die *Bild* einmal eine Salve übler Spekulationen und Viertelwahrheiten in die Welt gefeuert hat? Von diesem Schmutz bleibt immer etwas hängen. Das wird jeder wissen, der einmal Opfer einer ähnlichen Kampagne geworden ist.

Damals kochte ich vor Wut. Der Bericht in dem Boulevardblatt, so lächerlich er eigentlich zusammengeschustert war, wühlte mich unheimlich auf. Ich kam mir vor, als würde die Republik jetzt mit Fingern auf mich zeigen. Ich konnte mich keinen Schritt bewegen, ohne darauf angesprochen zu werden. Ich fühlte mich vogelfrei, gejagt. Journalisten belagerten mich. Entferntere Freunde und Bekannte waren verunsichert. Meine beiden Kinder litten unter dieser Schlammschlacht. Enge Freunde stützten mich, so gut es ging. Aber der Artikel hatte mich dem Gespött ausgeliefert. Da konnte mir eigentlich niemand helfen. Am liebsten hätte ich mich von der Welt zurückgezogen und wäre für ein paar Jahre verschwunden. Zumal es die nächsten Monate so weitergehen sollte. Ich schwankte zwischen Verzweiflung und dem eisernen Willen, nicht aufzugeben. Wenn ich ehrlich bin, war mein tiefster Grund für meinen Durchhaltewillen, dass ich Schäuble diesen Triumph nicht gönnen wollte. So sollte er nicht davonkommen.[21]

Der Kampf um meinen Ruf

Aber zunächst schritt meine Demontage weiter fort. Schäubles Saat ging auf. Mich traf der Zorn einer verunsicherten Partei, die dieses Kleinkriegs überdrüssig war. Eine derart unversöhnliche Konfrontation von Fraktionschef und parlamentarischer Geschäftsführerin wäre selbst in entspannten Zeiten untragbar gewesen – unter dem Eindruck der Spendenaffäre war sie es erst recht. Am 15. Februar 2000 beschloss der Fraktionsvorstand der CDU/CSU einstimmig, dass ich mein Amt zurückgeben sollte. Als Grund wurde unter anderem die eidesstattliche Versicherung genannt, mit der ich mich öffentlich und unumkehrbar gegen Schäuble gestellt hatte. Psychologisch konnte ich diese Aufforderung natürlich verstehen. Hätte sich der Vorstand nicht auf die Seite seines Vorsitzenden geschlagen, wäre Schäubles Schicksal schon besiegelt gewesen. Zudem war es mir nicht gelungen, meine Motive überzeugend nach außen zu tragen.

Dennoch war ich bereit zu kämpfen. Denn erstens gönnte ich Schäuble diesen Triumph nicht. Und zweitens wäre es einem Schuldeingeständnis gleichgekommen, wenn ich mich jetzt so einfach aus dem Amt hätte drängen lassen. Ich stellte mich quer, lehnte einen Rücktritt ab, wünschte eine gründliche Überprüfung aller Argumente. Doch dieser Aufschub wurde mir nicht gewährt. Der Tag nahm einen dramatischen Verlauf. Ich sollte gleich vier Mal vor ein Gremium der Partei geladen werden.

Bereits um sechs Uhr in der Frühe hatte ich an jenem Dienstag, dem 15. Februar 2000, in meinem Büro gesessen und 13 Punkte notiert, anhand derer ich meine Sicht der Ereignisse darstellen wollte. Ich wollte mich rechtfertigen können, am besten vor der gesamten Fraktion. Was hatte ich schon zu verlieren? Je mehr Abgeordnete ins Nachdenken kamen, umso schwerer würde es für Schäuble werden, mich abzusetzen.

Das erste Gespräch stand schon am Morgen an. Ich wurde gegen neun Uhr vor den Ehrenrat der Partei geladen. Rita Süssmuth (CDU), Carl-Dieter Spranger (CSU) und Heinz Riesenhuber (CDU) hatten sich in Riesenhubers Büro versammelt. Auf dem Weg dorthin begegnete ich Hans-Peter Repnik. Wir grüßten uns kurz. Sieh an, dachte ich mir, Schäuble hat seinen Emissär bereits vorausgeschickt. Repnik sollte den Ehrenrat offenbar auf Linie bringen. Damit ja nichts schief geht, überlegte ich. Mit einer derartigen Mission Repniks hatte ich gerechnet. Wichtiger war, dass ich Zeit und Raum erhielt, die Ereignisse um die Übergabe und Weiterverwendung der 100 000 Mark in Ruhe herleiten zu können.

Als ich in Riesenhubers Büro Platz nahm, fühlte ich mich erst einmal befreit. Ich brannte darauf, Klarheit zu schaffen. In den aufwühlenden Tagen der vergangenen Wochen hatte ich mich nach der sachlichen Atmosphäre eines weitgehend unabhängigen Gremiums gesehnt. Zumal ich jetzt keine Rücksichten mehr nehmen wollte. Wozu Schäuble noch schützen? Wenn ich die Partei nicht überzeugen konnte, war ich ohnehin erledigt. Trotz Repniks Vorstoß hoffte ich auf einen fairen Umgang mit mir.

Das Gespräch beim Ehrenrat war denn auch dicht und konstruktiv. Bei Carl-Dieter Spranger hatte ich bei aller Zurückhaltung ziemlich schnell das Gefühl, dass er meinen Worten Glauben schenkte. Ich konnte das in seinem Gesicht lesen. Es war die Art, wie er Fragen stellte. Anders bei Heinz Riesenhuber: Er wirkte so, als sei er innerlich bemüht, Schäuble die Treue zu halten. Ihn konnte ich nicht gewinnen. Rita Süssmuth indes erschien mir abwartend, distanziert. Sie hakte nach, insistierte, ging ins Detail. Ich konnte bei dem Gespräch nicht erkennen, was sie dachte.

Mit Rita Süssmuth verband mich immer ein beinahe freundschaftliches Verhältnis. Das war nicht unproblematisch, denn zugleich hatte sie in diesem Gespräch so etwas wie eine Schlichter- oder gar Richterrolle inne. Zuvor hatten wir keinen ausführlichen Austausch über die Affäre gehabt. Darauf hätte sie sich auch gar nicht eingelassen. Rita Süssmuth kannte weder meine 13 Punkte noch den genauen Hergang meines Konflikts mit Wolfgang Schäuble.

Das Gespräch mit dem Ehrenrat dauerte rund anderthalb Stunden. Ich lehnte es ab, freiwillig von meinem Amt als parlamentarische Geschäftsführerin zurückzutreten. Im Gegenteil: Ich pochte auf ein Gespräch vor den Mitgliedern des Ehrenrats, dem CSU-Landesgruppenvorsitzenden Michael Glos und dem Fraktionschef Schäuble. Ich hoffte, dass Schäuble seine Linie in einer Gegenüberstellung nicht durchhalten würde. Der Ehrenrat sagte mir nichts zu.

Nach der Unterredung ging ich zurück in mein Büro. Um 13.00 Uhr war eigentlich eine Sitzung des Fraktionsvorstands angesetzt. In der Zwischenzeit geschah zunächst gar nichts. Quälendes Warten. Am späten Vormittag erhielt ich dann einen Anruf. Ich sollte zu Schäuble ins Büro kommen – zu einer Unterredung. Ich ging also von meinem Büro aus eine Etage höher, klopfte an Schäubles Bürotür und trat ein. Schäubles Sekretärin würdigte mich keines Blickes. Um zu Schäuble zu gelangen, klopfte ich erneut an und durfte anschließend in die Höhle des Löwen eintreten. Die Mitglieder des Ehrenrats, also Süssmuth, Spranger und Riesenhuber saßen gemeinsam mit Schäuble, Repnik und Glos am runden Tisch – und hatten offenbar schon heftig über mein Schicksal diskutiert. Zwei Plätze waren noch unbesetzt, ausgerechnet links neben Schäuble. Ich ließ einen Stuhl zwischen mir und Schäuble frei und setzte mich. Die Atmosphäre war eisig, wir wahrten die Fassade notgedrungener Höflichkeit, mehr nicht. Schäuble hatte sein Gesicht in die Hände gestützt.

Michael Glos bat mich, in der anstehenden Fraktionssitzung am Nachmittag zurückzutreten. Das Ansinnen kannte ich ja jetzt schon. Darauf ließ ich mich nicht ein. Ich verlangte erneut, meine Wahrnehmung der Ereignisse vor einem größeren Gremium kundtun zu dürfen, was noch nicht geschehen war. Zudem wandte ich mich dagegen, die Entscheidung über meine politische Zukunft überhastet zu fällen. Das sah mir zu sehr nach einer Nacht- und Nebelaktion aus. Die Fraktion sollte meiner Bitte entsprechend erst nach einer Woche Bedenkzeit über mein Schicksal befinden. Bei einer Adhoc-Aktion hätten die Parlamentarier gar keine Chance, den komplizierten Sachverhalt zu durchdringen. Doch mit meinem Wunsch konnte ich mich nicht durchsetzen.

Nach längerer Diskussion rang ich Michael Glos immerhin die Zusicherung ab, vor einem größeren Kreis sprechen zu dürfen, welches Gremium das sein würde, wurde mir noch nicht verraten. Es sollte jedenfalls das Forum für meine 13 Punkte werden. Dem ausgehandelten Verfahren musste auch Schäuble zustimmen, der das Gespräch vorwiegend schweigend verfolgt hatte. Soweit ich mich erinnere, meldete er sich lediglich einmal zu Wort. Für die entscheidende Fraktionssitzung am Nachmittag erklärte er sich als befangen – eine Formalie. Michael Glos sollte sie an seiner statt leiten und damit auch das Votum über meine Glaubwürdigkeit herbeiführen. Würde es negativ ausfallen? Vom rechtlichen Standpunkt her betrachtet, war mein Rausschmiss nicht so einfach. Denn dafür wurde eine Zwei-Drittel-Mehrheit gebraucht. Und die musste erst einmal stehen.

In diesem frostigen Gespräch erklärte Rita Süssmuth, sie wolle sich nicht festlegen, wessen Position sie als glaubwürdiger einschätze. Das habe ich als verklausulierte Parteinahme für meine Haltung interpretiert, zumindest aber folgte sie Schäuble nicht ohne Wenn und Aber. Ihr offensichtliches Unbehagen kleidete sie in diplomatische Redewendungen. Und dennoch: Die sachliche Neutralität von unserer Begegnung am Morgen hatte sie offenbar aufgegeben. Schäuble muss Süssmuths Beitrag als Affront empfunden haben. Es war ihm anscheinend nicht gelungen, den Ehrenrat gänzlich auf seine Seite zu ziehen. Sollte das Repniks Mission gewesen sein, war sie hiermit gescheitert. Das war nicht wenig. Denn aus Sicht der CDU war Schäuble der weitaus wichtigere Spieler, den die Partei brauchte und nicht verlieren wollte.

Nach der Sitzung bei Schäuble begab ich mich zurück in mein Büro. Kurze Zeit später erhielt ich den nächsten Anruf. Ich sollte in den Reichstag kommen, zur Sitzung des Fraktionsvorstands, offenbar der Kreis, vor dem ich mich rechtfertigen durfte. Die Fraktionssitzung würde warten müssen. Im Zeitplan verschob sich alles nach hinten. Aber hier war endlich die Gelegenheit, meine 13 Punkte vor einer großen Runde vortragen zu können. Also eilte ich zum umgebauten Reichstag. Als ich das Turmzimmer betrat, hatten alle schon eine Weile getagt. Ich musste rechts außen am Präsidiumstisch Platz nehmen. Meine Beklommenheit schob ich weg. Hier konnte ich mir keine Schwäche erlauben.

Schäuble hatte die Sitzungsleitung, Repnik eröffnete. Er legte noch einmal die Position Schäubles dar und warf mir vor, meine Meinung mehrfach geändert zu haben. Schäuble bestätigte Repniks Schilderung. Dann erhielt ich das Wort. Ich hatte das Papier mit meinen 13 Punkten vor mir liegen. Auf nichts anderes konzentrierte ich mich. Die Menschen im Raum nahm ich nicht mehr wahr. Ich las alles vor – von Punkt 1 bis Punkt 13. Daraufhin musste ich vereinzelte Nachfragen beantworten. Am stärksten hat sich mir das Nachhaken von Angela Merkel eingeprägt, der damaligen Generalsekretärin. Sie wollte wissen, warum ich nicht von Anfang an präzise zu meiner Aussage gestanden hätte. Das kam mir weniger als interessierte Nachfrage, denn als eine Vorverurteilung vor. Als wollte sie noch einmal dokumentieren, wie schlecht es um die Glaubwürdigkeit meiner Aussage bestellt war. Als niemand mehr eine Verständnisfrage an mich richtete, musste ich den Raum verlassen. Die Sitzung lief ohne mich weiter. Im Turmzimmer wurde in den nächsten Minuten über mein politisches Schicksal befunden. Ich hatte noch immer keine Ahnung, wie das ausgehen würde.

Da die verspätete Fraktionssitzung – und damit mein viertes Forum zur Rechtfertigung – als Nächstes auf der Tagesordnung stand, bin ich zum Sitzungssaal gegangen. Einige Abgeordnete sprachen mich an, hielten mich zum Durchhalten an. Ich konnte jede aufmunternde Stimme gut gebrauchen. Sie nährte meine Hoffnung. Konnte sich noch alles zum Guten wenden?

Nach einer Weile kam der stellvertretende parlamentarische Geschäftsführer Peter Ramsauer (CSU) auf mich zu. Michael Glos hatte ihn geschickt. Jetzt war der Moment der Entscheidung gekommen. Ramsauer teilte mir mit, dass der Vorstand beschlossen habe, dass ich in der Fraktionssitzung abgewählt werden würde. Zudem stünde der Fraktionsvorstand hinter Schäuble. Ramsauer bat mich, aus freien Stücken das Feld zu räumen – noch vor der Fraktionssitzung. Er redete und redete. Ich solle doch endlich Vernunft annehmen, der Partei diese Prozedur ersparen. Ich hätte ohnehin keine Chance. Aber ich dachte nicht daran, mich sang- und klanglos abservieren zu lassen. Seine Worte perlten an mir ab. Ich sehe noch heute Ramsauers konsterniertes Gesicht vor mir. Er gab sich alle Mühe, seinen Auftrag zu erfüllen, mich zum Einlenken zu bringen. Vielleicht dachte er sogar, das wäre besser für mich. Aber da war nichts zu machen. Ich sagte, ich mach's nicht. Mittlerweile hatte ich erfahren, dass das Begleitschreiben Schreibers an Schäuble öffentlich gemacht werden würde. Das konnte mir mit etwas Glück noch einmal helfen, meine Version zu belegen. Meine Karten schätzte ich zu diesem Zeitpunkt als gar nicht so schlecht ein.

Im Sitzungssaal der Fraktion hat man mir dann erzählt, dass die Landesgruppe Nordrhein-Westfalen noch immer tagte. Deren Vorsitzender Norbert Lammert war angeblich zu Schäuble in dessen Büro im Reichstag geschickt worden. Wenn die Gerüchte stimmten, sollte Lammert dem Fraktionschef eine unangenehme Nachricht überbringen: Würde ich gehen müssen, bestanden die Abgeordneten aus NRW auf eine Neuwahl des gesamten Fraktionsvorstands. Eine völlig unerwartete Wendung. Vielleicht würde der Tag doch nicht in einem totalen Desaster für mich enden.

Dann begann – mit fast zweistündiger Verspätung – um 17.00 Uhr die vierte Sitzung an diesem Tag, auf der ich in eigener Sache sprechen sollte. Die Fraktion tagte – eine turnusgemäße Dienstagssitzung unter besonderen Vorzeichen. Das Haus war voll, alle Stühle waren besetzt. Ich nahm meinen üblichen Platz ein. Michel Glos schlug vor, ein Amtsenthebungsverfahren gegen mich einzuleiten. Unmut wurde laut. Die Landesgruppe Nordrhein-Westfalen war in der Zwischenzeit nicht untätig geblieben. Eine Reihe von Abgeordneten schien zum Widerstand entschlossen. Schäuble trat die Flucht nach vorne an und schlug selbst vor, den gesamten Fraktionsvorstand spätestens zur Landtagswahl in Schleswig-Holstein am 27. Februar neu zu wählen. Doch die Mehrheit der Abgeordneten wollte den Wechsel auf der Stelle. Schließlich wurde unter großem Beifall beschlossen, die Vorstandswahl schon kommende Woche vorzunehmen, was Michael Glos in der Sitzung vergeblich zu verhindern versucht hatte.[22] Die *Zeit* schrieb später: »Baumeister wurde zum Hebel der Unzufriedenen.«[23] Der Verlauf der Sitzung war ein harter Schlag für Schäuble. Damit war auch seine Machtstellung dahin. Ich sah ihn an, seine Miene blieb regungslos. Seine Enttäuschung konnte er gut verbergen. Schäuble wahrte die Form, ergriff das Wort und erklärte, dass er diesem Vorschlag zustimme. Doch die Bedeutung dieses Moments war jedem im Raum bewusst. Der *Spiegel* nannte diese dramatischen Stunden einen »Putsch gegen Schäuble«.[24]

Anschließend ergriff ich das Wort, dankte dafür, dass ich meine Version vor den Mitgliedern des Vorstands darlegen konnte. Zum Schluss erklärte ich noch, dass ich an meiner Schilderung festhalten würde, weder korrupt noch an einer Intrige beteiligt sei und mich selbstverständlich dem Votum der Fraktion unterwerfen würde. Was bedeutete: Ich ließ mein Amt bis zur Neuwahl ruhen, genauer: bis zur Abwahl. Offiziell zurücktreten wollte ich nicht, »denn das wäre ein persönliches

Schuldeingeständnis«, begründete ich meine Haltung vor den Abgeordneten. Dann begannen Routineberatungen, als wäre nichts geschehen.

Beide sind demontiert

Ich blieb an meinem Platz, war aber mit den Gedanken ganz woanders. Immerhin hatte ich einen Teilerfolg errungen. Ich spürte Genugtuung, dass die Fraktion mich nicht einfach hatte fallen lassen. Schäuble war es nicht gelungen, mir per Zwei-Drittel-Mehrheit den Stuhl vor die Tür zu stellen. Demontiert waren wir nun beide: Mir war klar, dass Schäuble nicht mehr mit einer Wiederwahl rechnen konnte. Der Fraktionsvorsitz war Schäubles letzte Bastion gewesen, daran hatte ihm viel gelegen. Glos hatte mir noch vor wenigen Tagen gesagt, dass Schäuble lieber den Partei- als den Fraktionsvorsitz aufgeben würde. Offenbar hatte er gehofft, mit Unterstützung der CSU wenigstens eines der beiden Führungsämter zu retten.

Nun hatte Schäuble seinen eigenen Sturz besiegelt. Sein Versuch, sich auf dem Stuhl des Fraktionsvorsitzenden zu halten, hatte in einer Palastrevolte geendet. Die meisten Abgeordneten aus Nordrhein-Westfalen – und nicht nur sie – wollten offenbar nicht einsehen, dass ich allein zum Sündenbock gestempelt werden sollte. Zudem erschien Schäuble ihnen insgesamt zu belastet. Ihm blieb nichts anderes mehr übrig, als seine Träume zu begraben. Mit dem Verlust des Fraktionschefs hatte er nahezu alles verloren; sein Rückzug vom Parteivorsitz hatte sich bereits zuvor angedeutet.

Ähnlich wie ich hatte er einfach zu viel Angriffsfläche geboten. Hinzu kam noch das tragische Zerwürfnis mit Helmut Kohl. Schäuble hatte fast schon verzweifelt versucht, Kohl die Namen der anonymen Spender zu entlocken, deren Zahlungen der Altkanzler bereits im Dezember 1999 eingestanden hatte. Ihm gelang es nicht, sich von der Spendenaffäre freizuschwimmen. Der Streit um das Schreiber-Geld brachte das Fass schließlich zum Überlaufen: Ein Vorsitzender, der sich mit einer seiner engsten Mitarbeiterinnen überwarf und sich auf ein juristisches Scharmützel einließ, konnte nicht zugleich als professioneller Krisenmanager auftreten, der jenes Vertrauen verkörperte, das die CDU in dieser Phase so dringend brauchte. Schäuble hatte von mir Unterwerfung verlangt, anstatt nach einem gemeinsamen Ausweg aus dieser heiklen Lage zu suchen, die jegliche Lüge überflüssig gemacht hätte. Am Ende hatte ihn das Gespinst seiner Halbwahrheiten selbst zu Fall gebracht. Zudem glaube ich, dass er es nicht vermochte, aus dem Schatten seines zwölf Jahre älteren Übervaters Kohl herauszutreten, sosehr er sich auch mühte.

Der kurze Moment der Befriedigung, den ich am 15. Februar gespürt hatte, als Schäuble dem Rücktritt des gesamten Fraktionsvorstands zustimmte, war schnell verflogen. Trotz aller Wut auf meinen Chef trauerte ich dennoch über dieses schmähliche Ende einer zehnjährigen Freundschaft. In meinen schlimmsten Albträumen hätte ich uns beiden nicht einen solchen Abschied gewünscht. Schäuble hatte nicht nur mich verletzt. Er hatte auch sich selbst verletzt.

Einen Tag später machte Schäuble seinen Rückzug in Berlin offiziell. Er erklärte seinen Doppelrücktritt. Sowohl für das Amt des Fraktionschefs als auch für das Amt des Parteichefs wolle er nicht mehr kandidieren. Mit dieser erzwungenen Entscheidung änderte sich alles für Schäuble. Die Karriere war auf und davon. Er musste auf niemanden mehr Rücksicht nehmen. Als Partei- und Fraktionschef hatte Schäuble seine Verbitterung kontrollieren müssen. Jetzt brach sie aus ihm heraus. Aber noch deutlicher, als Schäuble jemals seine Enttäuschung formuliert hätte, tat dies sein Bruder, der baden-württembergische Innenminister Thomas Schäuble. Er »verabscheue« Kohl, gab er öffentlich zu Protokoll. Die Tränen an Schäubles Krankenbett, nachdem dieser von zwei Schüssen lebensgefährlich getroffen worden war, seien nur eine Farce gewesen. Thomas Schäuble sah in Kohl nur noch einen Schmierenkomödianten, der Betroffenheit vortäuschte, wenn sie ihm politisch nützte.

Ein völlig verzerrtes Bild. Aber es zeigt auch, wie sehr sich die gesamte Familie von Kohl niedergedrückt fühlte, wie viel ohnmächtige Wut sich aufgestaut hatte auf einen Patriarchen, der seinem Meisterschüler keine Chance geben wollte. Der ihrer Ansicht nach selbst den Erben noch beschädigte, als es für Kohl längst nichts mehr zu gewinnen gab. Nicht ich sei das Problem für seinen Bruder Wolfgang gewesen, legte Thomas Schäuble dar, Kohl sei es gewesen, die Bürde, das Unglück.

Wolfgang Schäuble selbst zeigte wenig Neigung, mich zu schonen. Er gestaltete aus Frustration und Rachegelüsten seine Verfolgungs- und Vernichtungstheorien weiter aus. Der Fernsehsender Phoenix sendete am 6. April 2000 eine Sendung unter dem Titel: *Schäubles Fall. Innenansicht einer Affäre*. Verbittert stilisierte sich der geschasste CDU-Vorsitzende nun endgültig als das größte Opfer der Spendenaffäre. Mein Verhalten bezeichnete er als »verachtenswert«, da ich mit Helmut Kohl unter einer Decke gesteckt habe, um ihn zu Fall zu bringen. Schäuble richtet seinen ganzen Hass auf Kohl und mich, auf zwei Menschen, die ihm einmal besonders wichtig waren. Es kann sein, dass wir beide für ihn zu diesem Zeitpunkt tatsächlich zu einem großen Feindbild zusammengeschmolzen waren. Den Verlust seiner Ämter, für die er so ausdauernd und fintenreich gekämpft hatte, konnte er einfach nicht verwinden. Schäuble zog mächtig vom Leder, sprach von einem Kampf zur »Vernichtung einer Person«, von einer »Intrige mit kriminellen Elementen«. Und wenn ich nicht gewusst hätte, dass Schäuble damit mich und Kohl meinte, hätte ich leicht glauben können, dass er endlich zur Selbstkritik zurückgefunden hätte. Denn all das, was er in dieser Sendung von sich gab, passte viel eher darauf, wie er mit mir umgegangen war.

Gegenüberstellung vor dem Untersuchungsausschuss

In Essen schlug am 10. April 2000 die Stunde von Angela Merkel. Sie hatte einen regelrechten Triumphzug durch die CDU-

Basis hinter sich, bevor sie auf dem CDU-Parteitag an diesem 10. April zur neuen Vorsitzenden gekrönt wurde. Noch kurz vor Ausbruch der Spendenaffäre hätte ihr niemand diesen Aufstieg zugetraut. Jetzt erhielt sie einen Vertrauenskredit von beinahe 96 Prozent der Stimmen. Die CDU war wieder einmal in Aufbruchsstimmung. Die Parteimitglieder sehnten sich danach, die leidige Spendenaffäre endlich zu den Akten zu legen. Zur Advokatin des Neuanfangs wurde die erste Frau und die erste Ostdeutsche auf dem Stuhl des CDU-Chefs. Schäuble hingegen musste abtreten. Aber er hatte immer noch genug Fürsprecher, sodass er nicht gänzlich abstürzte. Der einstige Fraktions- und Parteivorsitzende landete mit einem guten Wahlergebnis weich im CDU-Präsidium. Er hatte es einigermaßen glaubwürdig verstanden, sich als Opfer der Spendenaffäre hinzustellen. Zudem galt und gilt er als kluger Kopf, auf den die CDU nicht verzichten wollte. Denn vielen erschien das Experiment Angela Merkel derart gewagt, dass sie ihr lieber einige erfahrene Politiker der alten Garde zur Seite stellten. Neuer Schatzmeister wurde in Essen übrigens nach Matthias Wissmann nun Ulrich Cartellieri. Seine Aufgabe bestand darin, die gesamte CDU-Finanzarchitektur endlich auf ein solides und vor allem legales Fundament zu stellen.

Dann kam der große Showdown vor dem ersten Untersuchungsausschuss »Parteispenden« im Deutschen Bundestag. Zunächst wurden Schäuble und ich getrennt vernommen. Ich war für den 14. April geladen. Einen Tag zuvor hatte Schäuble vor diesem Gremium noch einmal seine Sicht ausgebreitet. Während mit ihm äußerst respektvoll umgegangen wurde, kam ich mir vor, als sei ich eine ertappte Ladendiebin, die vom Ausschuss harsch und ruppig angehalten wurde, doch endlich ihr Versagen zu gestehen. Vielleicht hätte ich mich noch besser zur Wehr setzen können, wenn ich von vornherein auf ein ganzes Team politik- und öffentlichkeitserfahrener Anwälte zurückgegriffen hätte. Aber es ist müßig, heute darüber zu spekulieren. Ich ging damals naiverweise davon aus, die Wahrheit würde sich schon irgendwie durchsetzen. Zu diesem Zeitpunkt hätte ich längst wissen müssen, dass mich dieses dünne Eis niemals tragen würde. Nicht bei dem Druck, der auf mir lastete.

Aber zurück zu meinem ersten Erscheinen vor dem Ausschuss am 14. April. Bevor ich den Saal betrat, sagte ich mir: »Ich schildere jetzt einfach, wie es abgelaufen ist, das muss reichen.« Ich war extrem angespannt. Doch ich hatte keine Angst. Vielleicht, weil ich zu aufgeregt war, um dieses Gefühl überhaupt wahrzunehmen. Ich nahm mir fest vor, meiner Wut keinen freien Lauf zu lassen. Ich wollte dem politischen Gegner nicht unbedingt Munition für seine Attacken geben, auch wenn mir das einen Vorteil gegenüber Schäuble verschafft hätte. Wahrscheinlich war ich immer noch von der Illusion gefangen, der Scherbenhaufen zwischen uns ließe sich doch noch irgendwie kitten. Ich weiß manchmal selbst nicht, warum ich daran so lange und trotz all dieser Tiefschläge festgehalten habe.

Die Befragung vor dem Ausschuss war ein einziges Grauen. Hier wurde nach Angriffsflächen und nicht nach der Wahrheit gesucht. Vor allem der Ausschussvorsitzende Volker Neumann (SPD) hatte es sich auf dem hohen Ross bequem gemacht. Die Frage schien nicht mehr zu sein, ob ich schuldig war, sondern nur noch, in welchem Ausmaß ich schuldig war. Neumann redete aggressiv auf mich ein, als hätte ich den Ausschuss die ganze Zeit an der Nase herumgeführt. Ich empfand das Verfahren als entsetzlich demütigend, zumal ich aus meinen eigenen Reihen keine Unterstützung zu erwarten hatte. Das war kein Untersuchungsausschuss mehr. Das war ein Tribunal. Das waren keine Kollegen, sondern alles Ankläger. Dabei kannte ich die meisten persönlich – und zwar seit vielen Jahren. Doch von der einen Minute auf die andere lag eine hochexplosive Spannung im Raum. Auch der Ton war nicht wiederzuerkennen: schroff, giftig, vorwurfsvoll. So ging man nur mit jemandem um, der zum Abschuss freigegeben war.

Das Schlimmste aber war, dass ich in die Ecke undurchsichtiger Lobbyisten gestellt wurde. Die Fragesteller umkreisten mich, als würden sie nur auf einen entlarvenden Fehler lauern. Die Atmosphäre war aufgeheizt. Ich mühte mich um Sachlichkeit, wäre aber am liebsten aufgestanden und hätte Türen knallend den Raum verlassen. Was für eine Unverschämtheit, ging mir durch den Kopf. Ich bin nie im Leben eine Waffenlobbyistin gewesen. Ich habe nie für Thyssen gearbeitet. Und ich habe ganz sicher nicht auf der Payroll dieses Konzerns gestanden. Nicht einen Pfennig habe ich erhalten. Diese Unterstellungen waren so falsch, dass es wehtat.

Ich habe in meinem Haus in Böblingen ganze Ordner voll mit Anfragen von Unternehmen. Um ein objektives Bild zu erhalten, hätten sie alle ins Feld geführt werden müssen. Der kleine Ausschnitt, die lächerlichen drei Briefe, auf die sich – seit der Veröffentlichung der *Welt am Sonntag* am 13. Februar – alle stürzten, gaben ein völlig verzerrtes Bild. Es wurde auf diese Weise nicht sichtbar, dass ich – wie bei allen anderen Schreiben auch – Standardformulierungen verwendete. Es lag keine besondere Liebe darin. Auch war an diesen Briefen nichts geheim. Es war die blanke, unspektakuläre Routine.

Öffentliche Vorverurteilung

Untersuchungsausschüsse sind meist Showveranstaltungen. Ein bisschen Agitation gehört zum Geschäft. Selten wird ein komplizierter Sachverhalt gründlich aufgehellt. Daher wirkt sich hier eine öffentliche Vorverurteilung besonders fatal aus. Die Abgeordneten informieren sich auch aus der Presse – und da kam Schäuble einfach besser weg als ich. Über ihn wurden keine Schmähartikel verfasst. Er wirkte noch nicht schwach genug, dass Tritte gefahrlos möglich waren. Schäuble wusste sich zu wehren. Bei mir war das anders. Einige Medien weideten sich genussvoll an meinem verstörten Zustand. Das weckte auch bei so manchem Abgeordneten Allmachtsgefühle. Später hat mich vor allem das Verhalten der CDU-Abgeordneten Dorothea Störr-Ritter enttäuscht. Obwohl sie wie ich aus Baden-Württemberg kommt, hielt sie es nicht einmal für nötig, ein einziges Mal bei mir nachzufragen, wie der Fall denn nun tatsächlich lag. Sie schloss sich dem Minderheitenvotum der Union an, das meine Integrität massiv in Frage stellte.

Ende Mai wurde dann die Berliner Staatsanwaltschaft aktiv. Da Schäuble und ich im Untersuchungsausschuss auf unseren jeweiligen Versionen beharrten und bis dahin auch nicht klar wurde, wer die Wahrheit sagte und wer log, begann das strafrechtliche Nachspiel. Zwei beeidete Aussagen standen gegeneinander. Die Staatsanwaltschaft nahm Ermittlungen wegen des Verdachts uneidlicher Falschaussage auf. Das Verfahren wurde später ruhen gelassen, um das Ergebnis des Untersuchungsausschusses abzuwarten, der sich parallel um Aufklärung der Affäre bemühte.

Dort kam es am 28. August zu der ersten Gegenüberstellung, die ich zu Beginn dieses Buches schon einmal aufgegriffen habe. Schäuble spulte in kaltschnäuziger Professionalität seine Version ab. Wenn ich ihn nicht so gut gekannt hätte, hätte ich überhaupt keine Zeichen von Nervosität bei ihm wahrnehmen können. Ich war zudem viel zu sehr damit beschäftigt, Haltung zu bewahren, als dass ich genau auf ihn hätte achten können. Nur wenige Auffälligkeiten sind mir in Erinnerung geblieben. Seine Hände. Sie verrieten, wie sehr er unter Spannung stand. Er knetete ständig seine Finger. Seltsam war auch seine Haltung. Soweit ich das erkennen konnte, sah er so gut wie nie nach rechts oder links. Wurde er etwas gefragt, blickte er auf, ansonsten sah er immer starr und unbewegt unter sich. Schäubles Tonfall und die Präzision seiner Schilderung verrieten indes keinen Funken Unsicherheit.

Irgendwann konnte ich seine Ausflüchte nicht mehr ertragen. Ich verlor die Fassung, mir liefen die Tränen die Wangen runter. In dem Moment war mir die Peinlichkeit dieser Szene gleichgültig. Ich sprach ihn mit einem riesigen Kloß im Hals direkt an: »Wolfgang, glaubst du wirklich, was du hier sagst? Ich habe dir vertraut. Ich wäre für dich durch dick und dünn gegangen. Es hat mich geschmerzt, dass ich keinen Zugang zu dir hatte.« Schäuble ließ sich davon nicht berühren. Mit meinem Gefühlsausbruch hatte ich ihm nur die Vorlage für die nächste Attacke geliefert. Jetzt war ich in seinen Augen nicht mehr nur hysterisch, sondern auch noch eine große Schauspielerin, die tränenreich Glaubwürdigkeit vorgaukeln wollte. Ein Vorwurf, der postwendend in der Presse auftauchte.

Gegen Ende der Sitzung sprachen wir einen neuen Termin für eine weitere Gegenüberstellung am nächsten Tag ab. Schäuble zückte den mir vertrauten Kalender. Und ich meinte zu erkennen, dass lediglich ein Termin eingetragen war – zwischen 14.00 und 15.00 Uhr. Der Kalender war gut einsehbar für mich. Doch Schäuble erklärte ungerührt, er hätte ab 11.00 Uhr wichtige Besprechungen und setzte der zweiten Gegenüberstellung damit ein frühes Ende. Zu meinem großen Erstaunen ging der Vorsitzende des Untersuchungsausschusses ohne weiteres Nachfragen darauf ein. Ich hätte am liebsten laut aufgeschrieen: »Wolfgang, auch hier lügst du.« Schäuble wollte die Angelegenheit schnellstmöglich hinter sich bringen.

Die zweite Gegenüberstellung hätten wir uns sparen können. In der Sache brachte sie keinen Fortschritt. Schäuble blieb dabei, sich als Opfer einer Intrige aufzuführen. Ich hatte nicht den Eindruck, dass ich die Mitglieder des Ausschusses von meiner Version überzeugen konnte. Von daher war das Ganze eher ein Punktsieg für Schäuble.

Helmut Kohl veröffentlicht sein Tagebuch

Helmut Kohl hatte sich in der Zwischenzeit seinen Ärger von der Seele geschrieben. Am 19. November begann die *Welt am Sonntag* mit dem Vorabdruck von *Mein Tagebuch 1998–2000*. Der Altkanzler zeigte sich darin besonders verärgert über den Bruch seiner Partei mit ihm. Verantwortlich machte er dafür weniger sein eigenes Verhalten, sondern vielmehr ein abgekartetes Spiel seiner politischen Gegner. Zur 100 000-Mark-Affäre äußerte er sich nur am Rande. Dennoch gewährte Kohl einen interessanten Einblick:

Dass ich erst 1997 von dieser Schreiber-Spende vertraulich informiert wurde, habe ich bereits erwähnt, allerdings weiß ich nicht mehr, von wem diese Information stammte, ob von Brigitte Baumeister, der Schatzmeisterin, oder von Wolfgang Schäuble selbst. Sicher ist, dass ich 1997 mit ihm ausführlich darüber sprach. Seinerzeit war ich sehr betroffen, dass mir Wolfgang Schäuble von diesem Vorgang 1994 nichts gesagt hatte. Bei unserem damaligen sehr engen persönlichen Verhältnis und unseren außerordentlich häufigen Begegnungen wäre es ein Leichtes gewesen, mich unmittelbar nach Empfang der Spende darüber zu informieren.[25]

Zwei Wochen später: Der 1. Dezember 2000 wurde zum schwarzen Tag für die Union. Bundestagspräsident Wolfgang Thierse (SPD) verhängte wegen Verstößen gegen das Parteiengesetz eine Strafe von knapp acht Millionen Mark gegen die CDU. Als Begründung dienten unter anderem 2,7 Millionen Mark, die Kohl in seinen schwarzen Kassen gebunkert hatte, die Million Schreibers an Kiep, aber auch die 100 000 Mark.

Der Altkanzler hielt zu dieser Zeit noch immer viele Fäden in der Hand. Das musste auch Wolfgang Schäuble spüren. Denn dessen Versuch, im Frühling 2001 CDU-Spitzenkandidat für das Amt des Regierenden Bürgermeisters in Berlin zu werden, scheiterte auch an einer Intervention Kohls. Der Altkanzler setzte sich für Frank Steffel ein, den CDU-Fraktionschef im Abgeordnetenhaus. Schäuble musste wieder einmal zurückstecken. Doch Steffel erwies sich nicht gerade als glückliche Wahl. Den Sieg trug später Klaus Wowereit (SPD) davon, der nach langen Verhandlungen ausgerechnet mit der PDS eine Regierung bildete. Kohl hatte sich verkalkuliert.

Schäuble zeigte jedoch Nerven. Anfang August regte er sich maßlos über die Schweizer Ermittlungen zur Leuna-Affäre auf – in Genf wurde aufgrund einer Strafanzeige von Elf Aquitaine nach verborgenen Geldern gefahndet.[26] Zusammen mit knapp 30 anderen Unionspolitikern war er ins Visier der Fahnder geraten, ohne dass wirklich beweiskräftiges Material gegen ihn vorlag. Schäuble erklärte kurzerhand, um die Schweiz vorläufig einen großen Bogen zu machen.

Die Ermittlungen der Berliner Staatsanwaltschaft hatten sich quälend lange hingezogen. Im August 2001 zeichnete sich bereits ab, was Anfang November offiziell wurde. Das Verfahren gegen mich wurde eingestellt. Schäubles fintenreiche Verteidigung führte dazu, dass gegen ihn keine Anklage erhoben wurde – mangels hinreichendem Tatverdacht. Die Staatsanwälte konnten nicht definitiv herausfinden, wer in der 100 000-Mark-Affäre gelogen hatte. Zwischen den Zeilen ließen sie aber sehr wohl anklingen, wie sie den Sachverhalt jenseits der juristischen Beweislage einschätzten. Ich zitiere aus der Presseerklärung der Staatsanwaltschaft Berlin am 1. November 2001:

> *Was den Übergabezeitpunkt 11. Oktober 1994 anbetrifft, so werden die wesentlichen Schilderungen von Frau Baumeister durch die Angaben des Ehepaars Schreiber gestützt. Die Angaben dieser Zeugen sind nachvollziehbar und werden durch Indizien bestätigt.*[27]

Und weiter heißt es auf derselben Seite:

> *Andererseits spricht für die damit nicht zu vereinbarenden Angaben von Dr. Schäuble, dass mehrere Zeugen, die allerdings erst ab Mitte Juli 2001 beziehungsweise durch späteren Vortrag seines Verteidigers bekannt wurden, bekundeten, Dr. Schäuble habe ihnen zeitnah zu dem von ihm geschilderten Übergabedatum 22. September 1994 von der Spende erzählt. Bei dieser Sachlage ist eine Verurteilung von Dr. Schäuble wegen falscher uneidlicher Aussage nicht mehr wahrscheinlich. … Die Staatsanwaltschaft muss in solchen Fällen das Verfahren einstellen.*

Man muss kein großer Rechtsexperte sein, um an dieser Stelle zu erkennen: Ein Freispruch erster Klasse hätte sich anders gelesen. Zugespitzt könnte man formulieren: Die Staatsanwälte haben mir geglaubt – und konnten Schäuble nicht verurteilen. Im Schlussbericht wird unmissverständlich erklärt:

> *Im Ergebnis bleibt jedenfalls festzuhalten, dass die vom Beschuldigten Dr. Schäuble beschriebene Übergabemodalität auf nicht unerhebliche praktische Schwierigkeiten stößt, während die von der Beschuldigten Baumeister und den Zeugen Schreiber behauptete Geldübergabe in Kaufering plausibel erscheint.*[28]

Auch im Untersuchungsausschuss waren Zweifel laut geworden: Denn Schreiber hatte, um an dem Spenderessen am 21. September teilnehmen zu können, eigens seinen Urlaub in Südfrankreich unterbrochen und war morgens mit dem Flugzeug nach Bonn gereist. Wo hätte er auf die Schnelle 100 000 DM hernehmen sollen, um sie Schäuble am darauffolgenden Morgen zu überreichen? Stimmen die Angaben Schäubles, müsste die Geldübergabe zwischen 9 Uhr und 9.30 Uhr erfolgt sein, also zwischen Schäubles Eintreffen im Büro und einem Termin mit einem Journalisten des *Handelsblattes* – in einer Zeitspanne also, die allein schon aufgrund der Sicherheitsvorkehrungen äußerst unrealistisch erscheint. Zudem gab der Journalist an, bereits fünf bis zehn Minuten vor der vereinbarten Zeit im Vorzimmer angekommen zu sein. Auf dem Weg dorthin sei ihm niemand begegnet. Wenn man berücksichtigt, dass Karlheinz Schreiber nachweislich noch um 9.05 Uhr in seinem Hotel telefonierte, blieben ihm für den Weg vom Hotel zum Bundeshaus, die Absolvierung der Sicherheitskontrollen und die Geldübergabe nur wenige Minuten.

Auf mehreren Seiten der Einstellungserklärung werden Argumente von Schäubles Anwälten zerpflückt und entkräftet. Besonders aufschlussreich ist folgende Passage. Hier wird unverhohlen angedeutet, dass Schäuble vermutlich von seiner eigenen Darstellungsweise nicht überzeugt war. Eine Stelle, die ich auch in einem offenen Brief an Schäuble zitiert habe:

Nach dem Ergebnis der Ermittlungen … kann auch nicht ausgeschlossen werden, dass ihm nach dem Gespräch mit der Beschuldigten doch Zweifel kamen, er aber bei seinen ursprünglichen Angaben blieb, um keinen weiteren Gesichtsverlust zu erleiden. Obwohl die Bekundungen der Beschuldigten Baumeister plausibel sind, kein Motiv für eine Falschaussage oder ein Komplott gegen Dr. Schäuble erkennbar ist, insbesondere nicht erkennbar ist, dass sie erpressbar war und vom Zeugen Schreiber in einem privaten Rachefeldzug missbraucht worden sein könnte, ihre Aussage gestützt wird durch Bekundungen der Zeugen Schreiber und – wie ausgeführt – durch weitere Indizien, beweisen sie andererseits nicht, dass die Bekundungen des Beschuldigten Dr. Schäuble falsch sein müssen.[29]

Und warum diese Einschränkungen, obwohl die Fakten eindeutig für mich gesprochen haben? Die Staatsanwaltschaft führte weiter zu Schäuble aus:

Dieser kann sich immerhin auf mehrere Zeugen vom Hörensagen stützen, die die Geschichte so erinnern, wie sie der Beschuldigte schildert.

Was war also geschehen? Als es für Schäuble eng wurde und ihm vermutlich eine Verurteilung drohte, zauberte er urplötzlich ein paar Zeugen aus dem Hut, die sich auf einmal daran erinnern konnten, dass er ihnen noch im September 1994 höchst überrascht von den 100 000 Mark berichtet hatte. Das machte es der Staatsanwaltschaft natürlich schwer, meine gut belegte Version von der Übergabe im Oktober im juristischen Sinne als die wahre anzuerkennen.

Eine Schlüsselrolle in Schäubles Verteidigung spielte, wie bereits ausgeführt, sein Pressesprecher Walter Bajohr. Mit ihm hatte ich ja nach Schäubles erstem TV-Bekenntnis zur 100 000-Mark-Spende telefoniert. Damals schien er betroffen, besorgt geradezu. Kein Wort davon, dass er sich sicher war, dass Schäubles Version stimmte. Kein Satz dazu, dass Schäuble mit ihm bereits im September 1994 über die eigentümliche Geldübergabe gesprochen hatte, wie er später behauptete. Selbst bei der ersten Befragung vor der Staatsanwaltschaft hielt Bajohr sich zurück. Erst später wollte er dann auf einmal gewusst haben, dass Schäuble ihm frühzeitig von den 100 000 Mark berichtet hatte. Bajohr wurde zum Rettungszeugen.

Der *Spiegel* bilanzierte klipp und klar: »Die Ermittler konnten den Sachverhalt nicht klären. Doch sie machen in ihrer 98 Seiten langen Einstellungsverfügung keinen Hehl daraus, dass sie Baumeister glauben.«[30] In der *FAZ* analysierte Georg Paul Hefty am 3. November die staatsanwaltschaftliche Erklärung. Er schrieb: »Schäuble behauptet, das Geld schon gut drei Wochen zuvor erhalten und umgehend weitergereicht zu haben. Warum schickte er, der als Alles-sofort-Erlediger gilt, jedoch erst am 19. Oktober ein Buch mit handschriftlichem ›herzlichen Dank‹ an Schreiber? Schäuble hat drei Jahre später – nach langen Vorklärungen – sogar eine Bestätigung akzeptiert, dass sie im ›Oktober 1994‹ von ihm einen Betrag von 100 000 Mark erhalten habe.«

Hefty suchte nach einer Antwort auf Schäubles Verhalten mir gegenüber und kam zu der Erkenntnis: »Er setzte bedingungslose Loyalität voraus, statt seine Kenntnisse und Interessen mit denen der anderen abzugleichen. Sein gegenwärtiger Umgang mit seiner ehemaligen Vertrauten in der Öffentlichkeit wie in Fraktion und Partei spricht Bände.« Und in seinem Kommentar auf der Titelseite der *FAZ* nahm Hefty kein Blatt vor den Mund: »Ein Politiker, dem die Staatsanwaltschaft nach eineinhalb Jahren nicht bestätigen kann, besser: bestätigen muss, dass er in einer alltäglichen Sache die Wahrheit gesagt hat, taugt nicht einmal für Verzweifelte zum Hoffnungsträger.«[31]

Doch einen wirklichen Stimmungsumschwung zu meinen Gunsten lösten die Erklärungen der Staatsanwaltschaft nicht mehr aus. Das Kleingedruckte nahmen nur wenige Eingeweihte zu Kenntnis. Einige kluge Kommentare gingen weitgehend unter. Und Schäuble trumpfte auf, weil die Staatsanwaltschaft ihn nicht zu fassen bekommen hatte. Mir indes wehte nicht nur in der Bundespartei ein scharfer Wind entgegen. Auch in meinem Heimatwahlkreis Böblingen begann meine einst so feste Basis schon lange vor der Einstellung des Verfahrens im November zu bröckeln. Der damalige baden-württembergische CDU-Generalsekretär Volker Kauder bedeutete mir ein paar Wochen vor der regionalen Nominierungsversammlung, es wäre besser, wenn ich mich nicht erneut um ein Bundestagsmandat bewerben würde. Meine Chancen seien gering, in der Partei sei ich nicht mehr durchsetzbar, fuhr er fort. Ich sollte offenbar wie eine Altlast entsorgt werden. Damals lief das Verfahren vor der Staatsanwaltschaft noch, aber es zeichnete sich bereits ab, dass am Ende weder Schäuble noch ich als eindeutiger Sieger dastehen würde. Mit anderen Worten: Ich konnte nicht auf eine Rehabilitierung hoffen. Darauf wies mich auch Kauder in dieser kurzen Unterredung hin. Ich hatte längst verstanden: Für die Partei war ich zur Belastung geworden.

In die gleiche Richtung ging auf regionaler Ebene ein Gespräch mit dem Kreisehrenvorsitzenden Rudolf Decker in dessen Wohnhaus, zu dem auch Wolfgang Rückert, Staatssekretär im Finanzministerium von Baden-Württemberg, eingeladen war. Rückert legte mir nahe, von einer erneuten Kandidatur Abstand zu nehmen. Doch ich war nicht zum Rückzug bereit. Das alte Lied: Für mich hätte das viel zu sehr nach einem Schuldeingeständnis ausgesehen. Zudem hatte ja auch Schäuble eine zweite Chance erhalten. Er hatte wichtige Ämter verloren, spielte aber weiter eine entscheidende Rolle in der CDU.

Vorbereitete Ablösung

Doch die Weichen wurden anders gestellt. Mir entging nicht, dass im Wahlkreis intensiv nach einem aussichtsreichen Herausforderer gesucht wurde. Ich hörte seit geraumer Zeit, wie an meinem Stuhl gesägt wurde. Drei Kandidaten forderten mich im Kampf um den Sitz im Bundestag heraus: Bernd

Meyer, Jan-Eric Schmidt und Rüdiger Klaschka. Doch nach den ersten Vorstellungsrunden in den Ortsverbänden standen meine Chancen nach wie vor nicht schlecht. Ein Teil der Basis hielt mir tapfer die Treue. Die regionale Parteiführung konnte sich also nicht sicher sein, dass ich am Ende nicht doch noch als Bundestagskandidatin nominiert werden würde. Das hätte nahezu automatisch meinen Wiedereinzug ins Parlament bedeutet, da der Wahlkreis eine sichere Burg für die CDU darstellte.

Also fahndete man intensiv nach einem starken Kandidaten. Beispielsweise rief mich die damalige Staatssekretärin und frühere Bürgermeisterin von Ludwigsburg, Gisela Meister-Scheufelen, eines Tages an. Sie sagte mir, dass sie aufgefordert worden sei, gegen mich in den Ring zu steigen. Das habe sie aber abgelehnt. Eine sympathische Geste, aber ich wusste natürlich, was die Stunde geschlagen hatte.

Schließlich gab es eine Vorstandssitzung der Kreis-CDU, in der Staatssekretär Rückert Clemens Binninger ins Spiel brachte. Der Polizeioberrat und Regierungsangestellte schien noch am ehesten aus dem Holz geschnitzt, einen harten Kampf zu bestreiten. An der Stimmung dieser Sitzung merkte ich schnell, dass mit Binninger der ersehnte Konkurrent gefunden worden war. Er wirkte ehrgeizig, konnte geschmeidig auftreten. Damals hatte er sich aber noch nicht entschieden. Maßgebliche Kreise in der CDU mussten sehr erleichtert gewesen sein, als Binninger schließlich einwilligte, sich dem Votum der Basis zu stellen, mit mir um den Platz im Bundestag zu kämpfen. Die Vorbehalte gegen den Quereinsteiger ohne ausgewiesene politische Erfahrung fasste die *Sindelfinger Zeitung* später rückblickend wie folgt zusammen: »Bis hin zum Wahlbetrug reichte der öffentliche Vorwurf, den Binninger-Gegner erhoben. Gleichzeitig bezeichneten sie den Referenten aus dem Staatsministerium als ferngesteuert von der Schäuble-Lobby.«[32] Noch härter äußerte sich eine Leserbriefschreiberin im *Böblinger Boten*: »Nachfolger von Frau Baumeister wird … nunmehr endgültig ein politischer Nobody aus dem Rems-Murr-Kreis, der jedoch offenbar den unbestreitbaren Vorteil für sich verbuchen kann, im Stuttgarter Innenministerium bestallt zu sein, dessen Chef bekanntermaßen Thomas Schäuble heißt und der Bruder von Wolfgang Schäuble ist.«[33] Diese Vorwürfe sind in dieser Schärfe sicher überzogen und werden Clemens Binninger nicht gerecht. Aber sie spiegeln wider, wie sich der Konflikt allmählich zuspitzen sollte.

Anfang November 2002, das Verfahren in Berlin war nun endlich eingestellt, hatte ich ein Gespräch mit dem baden-württembergischen Ministerpräsidenten Erwin Teufel. In seinem Amtssitz, der Villa Reitzenstein in Stuttgart, berichtete er mir, dass sich Binninger bei ihm vorgestellt habe. Aus meinem Streit mit Wolfgang Schäuble wolle er sich heraushalten, so Teufel weiter. Er könne nicht einschätzen, wer nun Recht habe. Der Ministerpräsident riet mir, mir gut zu überlegen, ob ich noch einmal den Hut in den Ring werfen wolle. Nach dem Gespräch wusste ich zweierlei: Teufel würde nicht an vorderster Front versuchen, meine erneute Kandidatur zu verhindern. Aber von ihm war auch keine Unterstützung zu erwarten. Zwischen den Zeilen hatte er mir diskret zu sagen versucht, was Volker Kauder offen zum Ausdruck brachte: Der Partei wäre es lieber, ich würde es nicht auf eine Zerreißprobe ankommen lassen und mich von der politischen Bühne verabschieden.

Hinter den Kulissen ging das Strippenziehen los. Mehrere große Ortsverbände hatten sich ganz offensichtlich auf Binninger verständigt. Andere hielten zu mir oder waren unentschieden. Meine innerparteilichen Gegner hatten gewaltig die Mobilisierungsmaschine angeworfen. Der Treibstoff wurde aus Berlin geliefert. Das Schäuble-Lager versuchte, mich aus meiner letzten starken Stellung zu vertreiben.

Doch es wäre unredlich, mich einzig und allein als Opfer einer Kampagne darzustellen. Zu diesem Zeitpunkt war ich nur noch ein Schatten meiner selbst. Ich hatte nicht mehr die Ausstrahlung, um als regionales Flaggschiff in Berlin wahrgenommen zu werden. Mir ging es nicht besonders gut. Dazu kam, dass mir noch immer die so genannte Schwabenpool-

Affäre anhaftete. Sie lag zwar schon eine Weile zurück, wurde aber in diesen düsteren Zeiten wieder aufgewärmt.

Ende September 1995 hatte ich mich, um einem alten Freund einen Gefallen zu tun, in den Aufsichtsrat der Schwäbischen Finanz- und Unternehmungsberatungs-AG (SFU) wählen lassen. Ein sehr spekulatives Projekt, bei dem viele Menschen viel Geld verloren. Ich bin dann zwar ziemlich schnell, genau gesagt im Mai 1996, aus der Sache ausgeschieden, weil sich die Informationspolitik des Unternehmens als unseriös herausstellte und ich auch nach intensivem Insistieren keine Grundlage an die Hand bekam, um das Risiko einschätzen zu können – ich hatte mithin nie an einer Aufsichtsratssitzung teilgenommen oder auch nur einen Pfennig Geld verdient –, aber ich musste mir vorwerfen lassen, dass ich zu leichtfertig meinen Namen aufs Spiel gesetzt hatte. Mehr noch: Ich hatte der SFU erlaubt, mit meinem Namen zu werben. Wenn die oberste Kassenwartin der CDU im Aufsichtsrat sitzt, konnten Anleger der Idee verfallen, dieser Firma schon allein deshalb zu vertrauen. Die Anlagefirma machte im August 1996 Konkurs; zugleich flogen betrügerische Machenschaften auf.

Mir ist damals etwas passiert, was vielen Politikern unterlaufen kann. Ich hatte einfach zu viele Ämter und Verpflichtungen angenommen. Alles wuchs mir ein wenig über den Kopf. Ich verlor meine Konzentration, meine Gründlichkeit. Und damit erkannte ich auch mancherlei Risiko nicht, das ich sonst gemieden hätte. Ich hätte niemals in das Kontrollgremium der SFU-AG eintreten dürfen. Meine Informationen über die Geschäfte der Finanz- und Unternehmungsberatung waren zu spärlich gewesen. Ich hatte mich im Grunde auf die Einschätzung eines Freundes verlassen. Schwabenpool war ein klassischer Missgriff, der mir zu spät bewusst wurde. Das ist menschlich, aber es bleibt ein politischer Fehler.

Viel entscheidender als der Schwabenpool-Skandal waren aber die verheerenden Auswirkungen der 100 000-Mark-Affäre. Ich hatte mich nicht gerade als souverän präsentiert. Das verschlechterte meine Ausgangsposition enorm. Zudem hatten viele Menschen an der CDU-Basis den Streit nicht verstanden. Er stellte Schäuble und mir ein denkbar schlechtes Zeugnis aus. Wir erschienen als politische Kleinkrämer, die offensichtlich nicht die Größe besaßen, ihre Rechthabereien aus Rücksicht auf die Partei beizulegen. Von außen betrachtet, muss unser Disput geradezu lächerlich gewirkt haben.

In meinem Wahlkreis wurde mir dieser Hauskrach angelastet. Ich schaffte es nicht, die Basis davon zu überzeugen, dass ich Recht und Schäuble nur die besseren Nerven gehabt hatte. Viele wollten ganz einfach einen Schlussstrich ziehen. Und der schien leichter möglich, wenn ich nicht mehr an Bord war.

Die letzte Rede

Bei aller üblen Stimmungsmache konnte ich dennoch den Wunsch nach Veränderung bei den CDU-Anhängern verstehen. Denn in der jüngeren Vergangenheit hatte sich der politische Gegner nur entspannt zurücklehnen und uns bei der Selbstzerfleischung zuschauen müssen – so leicht war Oppositionsarbeit selten.

Die Spendenaffäre hatte auch das Selbstwertgefühl der Partei tief getroffen. Viele fühlten sich von Helmut Kohl betrogen. Das war schmerzlich. Die Wut auf die Parteiführung und alle, die nur irgendwie mit der Spendenaffäre in Berührung gekommen waren, war groß. Und damit auch auf mich. Ohne die CDU-Finanzaffäre hätte sicher auch der unselige Schwabenpool-Skandal nicht ein solches Gewicht bekommen. Aber jetzt erschien plötzlich alles in einem anderen Licht. Das Misstrauen war gewachsen – auch mir gegenüber.

Der 23. November 2001 war der Tag der Nominierungsversammlung. Jetzt ging es im Wahlkreis um alles oder nichts. Die Festhalle in Magstadt war mit gut 600 Leuten geradezu überfüllt. Ich war kämpferisch gestimmt. Binninger war für viele Delegierte noch immer ein unbeschriebenes Blatt. Er genoss zwar die Protektion einflussreicher Kreise, aber eine stattliche

Anzahl von CDU-Mitgliedern sperrte sich dagegen, einen der wirtschaftsstärksten Wahlkreise einem politischen Nobody zu überantworten. Zudem stammte Binninger gar nicht aus der Region, die er vertreten wollte. Nachteile, die das Rennen trotz der Spendenaffäre offen hielten.

Die Stimmung war aufgeheizt. Die Gegner meiner Wahl hatten die Nominierung gut vorbereitet. Regelrechte Leserbriefschlachten waren in der Lokalpresse geschlagen worden. Das hatte die Basis aufgestachelt, die nun in unzähligen Bussen herbeiströmte. Binningers Truppen hatten sich in der Festhalle gut aufgestellt und begannen sofort, für ihren Kandidaten zu trommeln. Sie propagierten meine Abwahl, gingen von Tisch zu Tisch. Wir brauchen den Neuanfang, im Wahlkreis muss wieder Ruhe einkehren, die CDU braucht eine neue Chance, lauteten einige ihrer Parolen. In Magstadt kam Stimmung auf. In der tumultartigen Versammlung wurde mir vorgehalten, was in den vergangenen Monaten durch die Presse gegangen war – die 100 000-Mark-Affäre, die falsche Verbuchung des Geldes, die Pleite mit Schwabenpool, schließlich das staatsanwaltschaftliche Ermittlungsverfahren in Bonn wegen Untreue, das gegen eine Geldbuße von 12 000 Mark eingestellt worden war. Damals hatte mich die CDU ausdrücklich gebeten, den Strafbefehl zu begleichen, der sich auf den fehlerhaften Umgang mit den 100 000 Mark bezog. Hintergrund dieses Ansinnens war, mit der Affäre endlich aus den Schlagzeilen zu kommen. Denn jeder Politiker weiß: Ein lang andauerndes Verfahren richtet mehr Schaden an, als durch einen späteren Freispruch wieder gutgemacht werden kann. Mir wäre es eigentlich lieber gewesen, wenn wir das Verfahren bis zum Ende durchgestanden hätten. Im Hexenkessel von Magstadt kamen derartige Differenzierungen natürlich nicht zum Tragen. Ich trug das Stigma der Schuldigen. Das reichte, um meine Fürsprecher in der Stadthalle regelrecht niederzuschreien.

Aber ich steckte nicht auf. Meine Rede begann ich mit einem Zitat von Konrad Adenauer: »Wenn die anderen glauben, man ist am Ende, dann muss man erst richtig anfangen.« Anschließend versuchte ich, die Stimmung an der Basis aufzugreifen: »Wir alle hatten als CDU eine schwierige Zeit durchzumachen. Dabei haben alle, die Führung von Bundespartei und Bundestagsfraktion Fehler gemacht, ich nehme mich hier nicht aus. … Hierfür möchte ich mich bei Ihnen entschuldigen.« Auch um das Thema Neuanfang schlug ich keinen Bogen. Ich interpretierte es nur anders als meine innerparteilichen Gegner: »Gestärkt und in dem Bewusstsein, meine Seele bei der politischen Arbeit nicht verkauft zu haben, ist dies für mich wie für Sie eine Zäsur und ein Neuanfang.« Ich hatte den Eindruck, dass meine Botschaft bei der Mehrheit kein Gehör mehr fand.

Während über die Bewerber diskutiert wurde, mussten sämtliche Kandidaten den Raum verlassen. Mein Sohn Jens, damals 22 Jahre alt, stand auf, um den CDU-Mitgliedern seine Sicht der Dinge zu erläutern. Er schilderte, welchen Belastungen die Familie ausgesetzt war. Man ließ ihn kaum ausreden. Er wurde ausgebuht, bis eine Frau aufstand und bat, ihn doch zu Ende sprechen zu lassen. Die Emotionen schlugen hoch; Redebeiträge wurden schnell persönlich. Nach der Logik solch aufgeregter Debatten blieb jede Sachlichkeit auf der Strecke.

Dennoch war Binningers Vorsprung im ersten Wahlgang knapp. Er lag mit 239 Stimmen nur 19 Stimmen vor mir. Im zweiten Wahlgang – die ersten aussichtslosen Kandidaten hatten bereits aufgegeben – kam er auf 261 Stimmen, während ich auf 210 absackte. Dann schied auch Bernd Meyer aus dem Rennen, einer meiner früheren Mitarbeiter, der immerhin 124 Voten erhalten hatte. In einer bewegenden Rede bat er die CDU-Mitglieder, ihre Stimmen mir zu geben. Ein Raunen ging durch den Saal, einige riefen Verräter, schimpften, trampelten. In der letzten und entscheidenden Stichwahl konnte ich mein Ergebnis noch einmal auf 252 Stimmen verbessern. Es reichte aber nicht, um Clemens Binninger zu schlagen. 340 CDU-Mitglieder hatten sich für ihn ausgesprochen. Er hatte gewonnen.

Doch damit war das Machtgerangel noch nicht vorbei. Denn die Wahl musste aufgrund eines Formfehlers wiederholt werden. Alle Kandidaten konnten noch einmal antreten. Wollte ich mir das antun? Ich habe eine Weile gezögert. Parteifreunde, die ich sehr schätze, rieten mir ab, darunter auch Helmut Kohl. Andere ermunterten mich. Die Entscheidung fiel mir schwer. Nach langem Überlegen beschloss ich, wie alle anderen – außer Bernd Meyer –, erneut bei der nächsten Nominierungsversammlung in den Ring zu steigen. Auch ich wollte die zweite Chance nutzen. Die Reaktionen auf meine Entscheidung waren erwartungsgemäß widersprüchlich. Die Kreis-CDU war gespalten und die Gräben wurden von Tag zu Tag tiefer.

Die zweite, durch einen Einspruch herbeigeführte Nominierungsversammlung, diesmal in der Kongresshalle in meiner Heimatstadt Böblingen, wurde zum Debakel. An jenem 25. Februar 2002 waren wieder viele CDU-Mitglieder der Einladung ihrer Partei gefolgt, rund 700. Als ich mit meinen Kindern die Halle betrat, spürte ich sofort die aufgeheizte Atmosphäre, die im Raum lag. Magstadt schien sich zu wiederholen – die gleichen Tumulte, das gleiche Geschrei. Meine Befürworter hatten wenig Chancen, ungestört einen klaren Satz zu formulieren. Sie wurden von Zwischenrufen unterbrochen, ständig an die begrenzte Redezeit erinnert. Meine Gegner meldeten sich umso lauter zu Wort. Nach meinem Redebeitrag, der recht zwiespältig aufgenommen wurde, gingen die Attacken erst richtig los. Ein Redner stand auf und fing an, mir unter großem Beifall eine Standpauke zu halten. Dabei zitierte er unaufhörlich aus dem Buch *Mitten im Leben* von Schäuble. Die Redezeit hatte er längst überschritten, aber niemand bot dieser Suada Einhalt. Spätestens da merkte ich, dass hier nichts mehr zu gewinnen war. Ich beriet mich kurz mit meinen Kindern. Mein Sohn Jens meinte: »Lass es, Mama, das musst du dir und uns nicht antun.« Dann zog ich meine Bewerbung zurück. Allerdings nicht, ohne meinem Zorn vor der Versammlung Luft zu machen. Sinngemäß erklärte ich: »Es ist eine Unverschämtheit, wie hier mit mir umgegangen wird. Die gesamten Vorwürfe beruhen auf einer Falschaussage Schäubles. Doch wenn die Mehrheit eher ihm statt mir glaubt, habe ich hier nichts mehr verloren.« Meine Bereitschaft, mich diesen Daueranfeindungen auszusetzen, war schlichtweg erschöpft. Doch ich war nicht die Einzige, die diesen Stil nicht mehr ertragen wollte. Mit mir verließen rund 100 meiner Mitstreiter den Raum. Die, die geblieben waren, wählten Binninger mit großer Mehrheit.

Den Rest des Abends verbrachte ich dann mit einigen meiner Parteifreunde in einem griechischen Restaurant. Viele von ihnen konnten nicht verstehen, dass ich das Handtuch geworfen hatte. Meine Gegner waren zwar lauter gewesen, aber waren sie auch wirklich in der Mehrheit? Dennoch glaube ich, dass mein Schritt damals richtig war. Große Siegeschancen hatte ich meines Erachtens nicht mehr. Sogar eine Reihe meiner einstigen Anhänger, die meine Verdienste noch immer zu würdigen wussten, glaubte nicht mehr daran, dass ich dazu beitragen konnte, die CDU aus ihrem Tief zu führen. Sie werden Binninger schweren Herzens ihre Stimme gegeben haben – aus ehrlicher Sorge um ihre Partei und nicht allein als Opfer der agitativen Rhetorik, die den Abend geprägt hatte. Doch viel wichtiger war: Selbst wenn ich die Nominierung gewonnen hätte, wäre der Wahlkreis nicht zur Ruhe gekommen. Dafür waren die Gräben viel zu tief. Und ich hatte keine Energie mehr, diese uferlose Auseinandersetzungen weiterzuführen.

Ein Neuanfang auch für mich

Wenn das Wort Neuanfang zur entscheidenden Botschaft geworden war, wollte ich das eben auch für mich gelten lassen. Doch die propagierte Wende hatte einen faden Beigeschmack. Der Journalist Karl Geibel von der *Leonberger Kreiszeitung* bemerkte dazu am 27. Februar 2002 ironisch an: »Die Partei braucht einen Neuanfang mit neuen Leuten – das ist die Argumentation der Baumeister-Gegner. ... Das gilt auch für die Landesliste, die im April beschlossen wird. Und dort steht der Name Schäuble auf Platz Nummer eins. Der ist mindestens so unschuldig wie Brigitte Baumeister.«[34] Dann blickte Geibel in seinem Kommentar nach vorne: »Der Widerspenstigen Zähmung gelang nicht. Brigitte Baumeister weiß viel über die Partei zu berichten, an der sie einmal leidenschaftlich hing. Ihr Neuanfang, jetzt ist sie frei.«

Ähnlich bilanzierte Harald Marquardt, der sich ansonsten nicht unbedingt durch große Nachdenklichkeit ausgezeichnet hatte, in der Lokalzeitung *Gäubote* am selben Tag. Zunächst übte er – wie immer – harsche Kritik an mir, indem er meine Verwicklung in die Spendenaffäre nachzeichnete. Dann aber schrieb er erstaunlich treffend: »Brigitte Baumeister ... stellte am Montag öffentlich die Frage, ob jemand, der weniger Macht hat, über den Mächtigeren die Wahrheit sagen darf. Sicher ist: Würden Wolfgang Schäuble und Brigitte Baumeister nach denselben Maßstäben beurteilt, so hätte der Ex-Fraktionsvorsitzende und Ex-Parteichef nicht mehr auf den Spitzenplatz der Südwest-Union für die Bundestagswahl im September gesetzt werden dürfen, wie jetzt am Wochenende geschehen.« Dann zog er den Schluss: »Aber geht es in der Politik um Gerechtigkeit? Nein, am Ende überlebt der politisch Mächtigere. Schäuble kontra Baumeister ist ein Lehrstück dafür.«[35]

An dem entscheidenden Abend in der Böblinger Kongresshalle hatte der Kreisvorsitzende Reiner Heeb gegen Ende der turbulenten Versammlung, die Wogen zu glätten versucht. Ich hatte die Halle schon verlassen, da gab er, wie mir später erzählt wurde, meine Seelenlage einigermaßen treffend wieder: »Es ist heute kein Tag, an dem Freude aufkommen will. Ich bedauere, dass sie es nicht geschafft hat, mit einer versöhnlichen Geste zu gehen.« Und weiter meinte er ein wenig unbeholfen, aber durchaus verständnisvoll: »Aber angesichts der Verletzungen gibt es auch bei Menschen Grenzen, dass sie nicht mehr so funktionieren, wie sie sollen.« In der Tat, ich hatte nicht mehr die Kraft für einen würdevolleren Abgang besessen, aber ich besaß auch nicht mehr den Willen.

7

Politische und persönliche Bilanz

Ein teuer erkaufter Erkenntnisprozess

Einen Abgang aus der Politik, wie ich ihn erlebt habe, möchte ich niemandem wünschen. Doch diese Erschütterung war nicht nur negativ. Sie hat mich auch wachgerüttelt. Durch die Ereignisse in den Jahren 1999 bis 2002 hat sich der Blick auf mein gesamtes politisches Wirken verändert. Es mag abgegriffen erscheinen, wenn ich sage, in dieser Zeit habe ich am meisten über das Milieu und die Menschen gelernt, die meine berufliche Existenz geprägt haben. Doch nie zuvor war ich gezwungen, so viel so radikal in Frage zu stellen. Ein teuer erkaufter Erkenntnisprozess.

Sieg und Niederlage, Erfolg und Misserfolg liegen bekanntlich nah beieinander. Wer ein Amt in der Politik annimmt, weiß, dass er ein Mandat auf Zeit ausfüllt, dass er jederzeit vom Wähler abberufen werden kann. Er unterwirft sich dem Wechselspiel der politischen Gezeiten. Auf dieser Woge kann man nach oben getragen oder nach unten gerissen werden. Ich habe mich bei all den Ämtern, die ich in der CDU und im Deutschen Bundestag über viele Jahre bekleiden durfte, nie der Illusion hingegeben, unverzichtbar zu sein. Das ist mir auch deswegen leichter gefallen, weil ich als diplomierte Mathematikerin nicht zu der Gruppe von Politikern gehörte, die nie etwas jenseits der Politik gelernt haben. Sicher, mich hätte es geschmerzt, meinen Wahlkreis zu verlieren oder eine Kampfabstimmung um ein politisches Amt. Aber eine solche Niederlage hätte ich verkraftet, sie hätte mich nie so verletzen können, wie mich die Art und Weise getroffen hat, in der ich im Zuge der Spendenaffäre meine Ämter verloren habe. Damals hat letztlich die Macht die Moral, die Ränke das Recht geschlagen.

Bevor ich mit dem Buch anfing, habe ich mich gefragt, wen interessiert heute noch die so genannte 100 000-Mark-Affäre, wen überhaupt die CDU-Spendenaffäre, wo doch nahezu jeden Tag neue Skandale und Hiobsbotschaften die Schlagzeilen in Deutschland diktieren? Politik verkommt immer mehr zu einer losen Folge von Videoclips, zur Seifenoper – die Halbwertzeit relevanter politischer Ereignisse sinkt dramatisch. Die Konzentration auf das Unwesentliche verhindert jene Nachdenklichkeit, in der sich die Selbstheilungskräfte eines politischen Systems überhaupt erst entfalten können. Was eben noch ein Skandal war, der die Republik zu erschüttern schien, interessiert wenige Wochen später keine Menschenseele mehr. Niemand hakt nach, niemand verlangt Konsequenzen. Ein gefährlicher Gewöhnungsprozess, der denen, die Macht ausüben, im Grunde entgegenkommt. Sie können mit der Vergesslichkeit unserer Gesellschaft kalkulieren.

Doch Politik, so oberflächlich sie gegenwärtig auch inszeniert wird, gibt an vielen Stellen die Richtung vor, in die sich eine Gesellschaft bewegt. Politisches Handeln bleibt zwangsläufig unverstanden, wenn die Tiefe der Betrachtung fehlt, wenn der Film der flüchtigen Ereignisse nicht stets und ständig zurückgespult wird, um die Details zu betrachten, die dem Ganzen erst Sinn verleihen. Das wachsende Misstrauen der Bevölkerung ihren gewählten Repräsentanten gegenüber, die sie zunehmend als korrupt und machtfixiert empfinden, ja die Weigerung vieler Bürger, überhaupt ihre Stimme abzugeben, wurzelt auch darin, dass dem gesellschaftlichen Diskurs und der öffentlichen Wahrnehmung von Politik die Präzision abhanden gekommen ist. Kaum jemand mehr sieht genau hin.

Die CDU hat die Spendenaffäre nach außen hin längst überstanden. Sie lagert gut verschnürt im Keller der Geschichte. Niemand soll auf die Idee kommen, die Ereignisse noch einmal auszupacken. Verständlich, denn im politischen Tagesgeschäft achtet jeder zunächst darauf, der Gegenseite keine Munition zu liefern. Um mit Ulrich Wickert zu sprechen: Der Ehrliche ist ansonsten allzu schnell der Dumme. Auch mein Verhalten ist von den ungeschriebenen Gesetzen des Machterhalts beeinflusst worden. Aber diese falsch verstandene Loyalität hat mir am Ende nur geschadet.

Und doch gehöre ich nicht zu den Pessimisten, die der Politik und damit auch dem Weltgeschehen den Rücken kehren und sich in ihre individuelle Nische zurückziehen. Dafür ist die Chance zu groß, Einfluss zu nehmen. Ich bin gerade von jungen Menschen oft gefragt worden, was mich in die Politik gezogen hat? Das hat mich immer nachdenklich gestimmt. Sicher, da war der Impuls der Studentenrevolte. Da war aber auch die Erfahrung der Nachkriegszeit. An den zerstörten Städten und Seelen ließ sich noch lange ablesen, wie bitter Deutschland dafür bezahlen musste, sich dem Größenwahn des Nationalsozialismus hingegeben zu haben. Ich habe gespürt, wie wichtig es ist, die Demokratie zu verteidigen. Als Kind erlebte ich noch die Zeit des Wiederaufbaus mit. Sie hat mich gelehrt, auf die eigenen Kräfte zu vertrauen, nicht immer gleich nach dem Staat zu rufen. Deutschland hätte das Wirtschaftswunder nie vollbringen können, hätten nicht Millionen von Menschen den unbeugsamen Willen besessen, wieder aufzustehen, etwas Neues zu schaffen.

Dazu eine kleine Begebenheit: Ich habe einmal einen Bittbrief von einem jungen Ehepaar bekommen. Sie hatten geheiratet, ein Haus gebaut und erwarteten unverhofft Nachwuchs. Um das Kind nicht abtreiben zu müssen, verlangten sie vom Staat, dass er ihnen die Kindererziehung möglichst lückenlos abzunehmen hatte. Natürlich weiß ich, wie schnell gerade junge Familien in eine Schuldenspirale geraten können. Das Kindergeld reicht hinten und vorne nicht. Viele Mütter sind gezwungen, arbeiten zu gehen. Doch mich ärgerte eine solche Anspruchshaltung, wie ich sie aus dem Schreiben des jungen Ehepaars herausgelesen habe. Der Staat soll alles richten. Aber was heißt das eigentlich? Der Staat sind wir. Er lebt von unserer Eigeninitiative.

Der frühere österreichische Bundeskanzler Bruno Kreisky, ein Sozialdemokrat, sagte einmal: »Jeder Mensch, der sich für etwas engagiert, hat eine bessere Lebensqualität als andere, die nur so dahinvegetieren.«[1] Ich habe immer wieder die Erfahrung gemacht, dass der politische Einsatz Früchte trägt – in Bonn, Berlin wie in Böblingen. Die Arbeit an der Basis ist dabei von besonderem Reiz. Sie verändert die Lebensverhältnisse unmittelbar, zielt mehr auf Wirksamkeit als auf öffentliche Wirkung ab. Doch auch die Bonner und Berliner Spitzenpolitik haben mich gefesselt. Der Blick von oben schärft das Bewusstsein für Zusammenhänge und Querverbindungen. Irgendwann gehört man zum Kreis der Insider. Politiker auf dieser Stufe zeichnen sich dadurch aus, dass sie auf viele Fragen nur noch mit knappen, glatt polierten Sätzen oder gar nicht antworten. Wer viel weiß, schweigt sich aus. Oder er hat gelernt, mit vielen Worten wenig zu verraten. Daran ändern auch moderne PR-Strategien nichts. Sie machen dieses Verhalten nur raffinierter.

Nicht alle Einsichten in das Getriebe der Macht sind beruhigend. Nicht jede Entscheidung geht leicht von der Hand. Verantwortung kann manchmal eine höllische Last sein. Vor allem, wenn die Zeit für den seelischen Ausgleich fehlt. Die meisten Politiker stimmen das Hohelied der Familie an. In Wahrheit aber fehlt ihnen die Zeit zum Auftanken. Sie werden zu schlechten Zuhörern, schaffen es kaum mehr, anderen eine Stütze zu sein. Die Bundespolitik kann zur grausamen Mühle werden. Wer dem Stress nicht gewachsen ist, geht darin unter. Viele Politiker legen sich daher einen dicken Panzer zu. Das nimmt ihnen nach außen die Wärme – und manchmal auch nach innen. Doch nicht alle Politiker verändern sich auf diese Weise.

Eine wunderbare Chaotin

Eine Frau, die ihre Menschlichkeit nicht auf der Karriereleiter verloren hat, ist Rita Süssmuth. Sie gehört zu den wenigen Leitfiguren in der CDU. Als engagierte Sozialpolitikerin hat sie sich in ihrer Zeit als Familien- und Gesundheitsministerin über die Grenzen ihrer eigenen Partei hinaus einen Namen gemacht. Als Bundestagspräsidentin gelang es ihr, eine politische Instanz zu bleiben – oft zum Missfallen der Fraktion. Rita Süssmuth hat es geschafft, trotz intellektueller Eigenständigkeit politisch ganz oben zu bleiben. Letztlich war das Amt der Parlamentspräsidentin wie geschaffen für sie. Es half ihr, die Fesseln der Parteiräson endgültig abzustreifen. Mittlerweile ist sie bei der Regierung zuweilen beliebter als bei ihrer eigenen Partei.

Ich habe sie als eine wunderbare, vor Ideen sprühende Chaotin erlebt. Sie wurde zwar von Helmut Kohl und Heiner Geißler in die Politik geholt, dann aber schaffte sie es, aus dem Schatten ihrer Förderer herauszutreten. Diese Loslösung hat nicht zu ihrem Fall geführt, wenngleich sie manche Intrige und gezielte Indiskretion wegstecken musste. Ich erinnere nur an die ziemlich aufgebauschte Dienstwagen-Affäre 1991. Sie konnte sich halten, fand aber nie Aufnahme im Kreis der großen Strippenzieher der Partei, vielleicht wollte sie das auch gar nicht. Sie verbreitet vielmehr eine kreative Unruhe, ist ein provozierender Stachel im Fleisch der Partei geblieben. Nicht immer eine angenehme Rolle. Von der Partei wird sie deswegen nicht geliebt. Dafür genießt sie aber eine breite Anerkennung in der Bevölkerung. Süssmuth hat sich nie in die Uniform der Parteisoldatin zwängen lassen. Dafür war sie auch bereit, sich mit den Mächtigen in der Union anzulegen. Sie hat mir einmal gestanden, dass sie mich manchmal am liebsten sofort aus dem

Zimmer befördert hätte, wenn ich mal wieder in Schäubles Auftrag bei ihr auftauchte, um sie zu mehr Parteidisziplin anzuhalten. Sie warf mir ohnehin vor, ihm zu sehr hörig zu sein.

Ich habe Rita Süssmuth als geradlinigen Menschen erlebt, der nicht jeden Schritt taktisch absichert. Sie besitzt eine innere Festigkeit, die sie davor bewahrt, sich allzu sehr verbiegen zu lassen. Es gab einige Szenen, da saß ich neben Schäuble und sie redete im Parlament. Ich sah Schäuble schon wieder die Augen verdrehen, weil sie ihre Aussagen nicht dem angepasst hatte, was in der Partei gerade opportun war. Prompt bekam ich von ihm den Auftrag, ihr die Leviten zu lesen. Das habe ich so natürlich nicht getan. Meist haben wir uns dann hingesetzt und sachlich über die strittigen Punkte geredet. Sie wusste ja, wer mich geschickt hatte. Da war auch bei mir immer ein kleines Augenzwinkern dabei. Ich kannte sie. Manchmal konnte sie beharrlich bis zur Sturheit sein, dass einem der Geduldfaden riss. Aber insgeheim habe ich sie immer dafür bewundert, mit welcher Unerschütterlichkeit sie den einflussreichen Herren in der Partei die Stirn bot. Männliche Besserwisserei irritierte sie nicht. Für sie zählte allein das Argument.

In der Zusammenarbeit, aber auch in der Auseinandersetzung mit ihr ist mir aufgefallen, dass unsere Konflikte ganz anders strukturiert waren als jene, die die Männer untereinander austrugen. Bei uns waren keine Ränke im Spiel, hier versuchte nicht die eine die andere durch taktische Manöver auszutricksen. Gegensätze wurden offen ausgetragen, jedenfalls offener, als ich das bei meinen männlichen Parteifreunden erlebte. Nun sind in den Ränkeschmieden der Politik inzwischen auch immer häufiger Frauen anzutreffen. Aber dennoch existiert weiterhin ein kleiner Unterschied. Der Prozentsatz an Zynikern, die der Welt nur noch verächtlich gegenüberstehen, der Anteil an verbissenen Ehrgeizlingen, die schmallippig die Strippen ziehen und sich nächtelang von nichts als von Akten ernähren, ist bei Frauen weitaus geringer. Das hat meines Erachtens etwas mit der Struktur weiblichen Denkens zu tun. Frauen wirken integrativer, können sich auch einmal zurücknehmen, ohne gleich das Gefühl zu haben, ihr Gesicht zu verlieren. Und sie arbeiten meiner Meinung nach oft mit weniger parteipolitischem Kalkül im Hinterkopf an der Sache.

Wenn ich Rita Süssmuth nicht gehabt hätte, hätte ich die schwere Zeit der 100 000-Mark-Affäre viel schlechter überstanden. Sie hat mich menschlich gestützt, so gut sie es konnte. Und ich weiß, wie schwer das ist, wenn sich die meisten absetzen, weil der Druck der Fraktionsführung auf ihnen lastet, weil gnadenlose Loyalität zu den Granden der Partei eingefordert wird. Und wer riskiert schon, in den Sog einer Verliererin zu geraten?

Engagement ohne Verbissenheit

Eine Politikerin, die neben Rita Süssmuth während meiner Zeit im Bundestag bei mir Spuren hinterlassen hat, ist auch die evangelische Theologin Antje Vollmer. Daran ändert auch nichts, dass sie meiner Meinung nach inzwischen viel von der unerschrockenen Direktheit, dem erfrischenden Politstil, der die Grünen einst auszeichnete, verloren hat. Das einst grelle Grün ist einem dezenten Farbton aus der Palette der Bürgerlichkeit gewichen. Die Zugehörigkeit zum Establishment wird Antje Vollmer ebenso wie ihre Partei verändert haben. Dennoch schätze ich sie sehr.

Da sie während meiner Amtszeit Vizepräsidentin des Deutschen Bundestags war, gab es in der alltäglichen Arbeit viele Berührungspunkte zwischen uns. Doch nicht nur im politischen Tagesgeschäft gehörte sie zu den Politikern, deren Horizont weit über ein Parteiprogramm hinausreichte, auch ihre Geschichte nötigte mir Respekt ab. Antje Vollmer schrieb 1984 zusammen mit Annemarie Borgmann und Waltraud Schoppe Parlamentsgeschichte. Alle drei waren zu gleichberechtigten Fraktionssprecherinnen gewählt worden. Ein Fraktionsvorstand nur aus Frauen bestehend – das hatte es im Deutschen Bundestag noch nie zuvor gegeben. Zehn Jahre später wurde sie dann zur ersten grünen Vizepräsidentin des Deutschen

Bundestags gewählt. Ein Amt, das sie übrigens nicht zuletzt Wolfgang Schäuble und der CDU/CSU-Fraktion verdankt.

Von Antje Vollmer habe ich gelernt, dass Politik nie allein national zu betrachten ist. Sie hat sich immer auch international engagiert – ganz gleich, ob sie sich für den Dalai Lama und das von China besetzte Tibet stark machte oder für die deutsch-tschechische Aussöhnung. Sie setzte ganz andere Prioritäten als ich in den Anfängen meiner Bundestagsarbeit. Antje Vollmer hat Politik meines Erachtens viel stärker danach beurteilt, was sie zur Lösung der globalen sozialen Schieflagen, der wachsenden Verwerfungen zwischen Arm und Reich beizutragen hatte.

Einen Ansatz, den sie mit ihrer Parteifreundin Uschi Eid teilte, die für mich ebenfalls zu den Lichtblicken im Politbetrieb zählt. Bei der Staatssekretärin im Entwicklungsministerium spürte ich, dass ihr die Sache – etwa das Schicksal der Aids-Waisen in Afrika – stets wichtiger als die Parteizugehörigkeit war. Uschi Eid, die wie ich aus Baden-Württemberg kommt, erschien mir eher als viele andere dazu bereit, Bündnisse unabhängig von den Koalitionen im Bundestag zu schließen, wenn sie dem richtigen Ziel dienten. Sie ist ein Mensch, der für die Sache brennt. Dieses Feuer lodert nicht gerade lichterloh im Deutschen Bundestag. Da glimmt höchstens hier und da ein kleines Flämmchen, für Sekunden zum Strohfeuer angefacht, wenn das Brennglas der Medien darauf gerichtet wird.

Politikerinnen wie Uschi Eid und Antje Vollmer hatten bei all ihrem Engagement nichts Verbissenes. Sie waren nicht von dem missionarischen Eifer durchdrungen, der Theologen, aber auch den Vorkämpfern der Eine-Welt-Arbeit manchmal zu eigen ist und der das gegenseitige Zuhören so schwierig macht.

Verbunden mit Antje Vollmer hat mich aber auch eine private Parallele: unsere gemeinsame Doppelbelastung als Politikerin und Mutter. Wie viele andere in einem ähnlichen Rollenkonflikt teilten wir das Leid des ewig schlechten Gewissens, nicht genug Zeit für die Familie zu haben. Ein Gefühl, das am Selbstwert nagt. Über den Gedanken, die Kinder zumindest zeitweise für die Karriere im Stich zu lassen, hilft auch keine

Haushälterin hinweg. Eine Politikerin opfert zwangsläufig einen großen Teil ihres Privatlebens. Aus dieser Falle gibt es kein Entrinnen.

Wenn ich von den Frauen spreche, deren Format ich in meiner aktiven Zeit in der Politik besonders geschätzt habe, möchte ich schließlich auch die frühere SPD-Justizministerin Herta Däubler-Gmelin nicht unerwähnt lassen. Sie gehört zu den großen Frauen bei den Sozialdemokraten. Ich erinnere nur daran, wie sie 1998 zum ersten Mal nach 135 Jahren für die SPD in Tübingen das Direktmandat geholt hat. Ihr politisches Lebenswerk ist beeindruckend, aber richtig berührt hat mich, wie sie mit mir in der Zeit der 100 000-Mark-Affäre umging. Während andere sich unsichtbar machten, kam sie offen und herzlich auf mich zu. Und sie war sich auch nicht zu schade, sich vor anderen für mich einzusetzen. Ich weiß beispielsweise, dass sie einem Chefredakteur einer größeren Zeitung gegenüber offen bekannte, wie wenig Verständnis sie für die Art und Weise hatte, in der die CDU damals mit mir umging – nicht die einzige Gelegenheit, bei der sie mir den Rücken stärkte. Beim traditionellen Fischsuppenessen am Aschermittwoch in Böblingen im Frühjahr 2000 sprach sie in meinem Beisein offen aus, was sie von der Kampagne gegen mich hielt: nämlich gar nichts.

Alle sind gleich, nur Männer sind gleicher

Ich wünsche mir mehr Frauen in der Politik. Sie tun dem parlamentarischen Betrieb gut. Auch wenn die Männerdomänen zuweilen als auf ewig gepachtet erscheinen: Die Zeit läuft für die Frauen. Die Diskussionen etwa um das Amt des Bundespräsidenten, aber auch den Rückhalt, den eine Politikerin wie Angela Merkel an der Basis der CDU genießt, zeigen, wie groß das Streben nach einer wirklichen Gleichberechtigung der Geschlechter ist. Der Wunsch, eine Frau mit einem Spitzenamt in der Republik auszustatten, geht aber weit über diesen emanzipatorischen Ansatz hinaus. Ich verstehe ihn als Votum für einen anderen Politikstil, eine neue Handschrift im Buch der Machtausübung. Frauen haben eine spezifische Art, zu Lösungen zu gelangen. Sie sind konsensorientierter, räumen den Koalitionen in der Sache häufig Vorrang vor den Koalitionen der Parteien ein. Frauen setzen mehr auf Integration anstatt auf Konfrontation. In Zeiten, in denen die traditionellen Volksparteien mehr und mehr Kredit verspielen, weil sie sich als unfähig erweisen, die großen Reformprojekte gemeinsam anzupacken, müssen Bündnisse nach neuen Regeln geschmiedet werden. Das fällt Frauen leichter, weil sie nicht in der Tradition der altehrwürdigen Herrenrunden stehen, denen Proporz und Dünkel wichtiger sind als eine klare Antwort auf eine drängende Zukunftsfrage. Doch noch sind die Frauen weit davon entfernt, die Rolle auszufüllen, die sie derzeit eigentlich einnehmen müssten. Sie dienen immer noch viel zu sehr als aparte Feigenblätter einer von Männern bestimmten Politik.

Viel wichtiger als der Zeitpunkt, wann eine Frau endlich Bundespräsidentin oder Bundeskanzlerin wird, ist daher die wachsende Gleichberechtigung auf allen Ebenen. Eine Frau an der Spitze kann trefflich verschleiern, dass sich ansonsten wenig bewegt hat. Trotz einer CDU-Vorsitzenden Angela Merkel habe ich beispielsweise nicht den Eindruck, dass die Einflusschancen von Frauen innerhalb der Union merklich gewachsen sind. Das Gros der wichtigen Funktionen wird nach wie vor unter Männern aufgeteilt, man könnte auch sagen: ausgekungelt.

Das Bekenntnis zur Gleichstellung von Mann und Frau ist bei der CDU zwar im Grundsatzprogramm verankert, aber ich habe es so oft erlebt: Wenn zu Beginn der Legislaturperiode die Ämter vergeben wurden, gab es eine offizielle Runde. In der saßen die Vorsitzenden der Landesgruppen und die Vorsitzenden der soziologischen Gruppen, somit waren also die Arbeitnehmer, die Mittelständler und eben auch die Frauen vertreten. Dem Treffen ging ein aufwändiger interner Abstimmungsprozess voraus. Wir Frauen beispielsweise haben uns immer viel Mühe gemacht, zu überlegen, welche Positionen wir fordern und mit wem wir sie besetzen wollen. Doch in der offiziellen Runde fielen selten die wichtigen Entscheidungen. Die waren zuvor in informellen Zirkeln ausgepokert worden, in denen weibliche Abgeordnete in der Regel keinen Zutritt hatten.

Wir hatten also schon verloren, bevor das Gerangel offiziell eröffnet wurde. Meist wurden unsere Kandidatinnen mit minder wichtigen Positionen abgespeist. Sie bekamen dann einen Platz im Familien-, Senioren-, Kultur- oder Petitionsausschuss. Wer mehr wollte, brauchte viel Geduld oder einen männlichen Protegé. Letztlich war es auch bei mir so. Ohne Wolfgang Schäube und Helmut Kohl hätte ich nichts erreicht. Ausnahmen sind selten.

Dabei will ich nicht sagen, dass die Frauen-Union in der CDU wirkungslos geblieben ist. Doch der letzte Meilenstein wurde 1986, also nahezu vor zwei Jahrzehnten, gesetzt. Unter Rita Süssmuth haben wir auf dem Parteitag in Mainz durchgesetzt, dass ein Quorum erarbeitet wurde. Es schrieb vor, ein Drittel aller Ämter und Mandate mit Frauen zu besetzen. Dieser vergleichsweise moderaten Regelung ging innerhalb der Partei ein vehementer Streit voraus. Denn jenseits aller Bekenntnisse zu Partnerschaft und Gleichberechtigung war die Union eher ein Notstandsgebiet. Frauen bekamen ihre Reservate wie die Frauen-Union, ansonsten hatten sie nicht viel zu melden. Die meisten Männer in der Partei legten ihnen immer noch die berühmten drei Ks ans Herz: Küche, Kinder, Kirche. Das entsprach dem traditionellen Frauenbild so sehr, dass die Abweichung davon suspekt erschien. Karriere wurde damals für eine Frau mit einem Verlust an Weiblichkeit, mit einer Entfremdung von ihrer ursprünglichen Bestimmung, gleichgesetzt. Natürlich gab es auch Männer, die anders gedacht haben.

Doch damals wie heute standen sich vor allem viele Frauen selbst im Wege. Sie haben das Quorum heftig bekämpft, weil sie es als Ausweis ihrer mangelnden Durchsetzungsfähigkeit empfanden. Die Gegnerinnen der so genannten Drittelbeteiligung wehrten sich dagegen, dass Frauen quasi nur aufgrund ihrer Geschlechtszugehörigkeit ein Amt besetzen sollten. Doch was wäre geschehen, wenn wir nicht einmal diesen kleinen Sieg errungen hätten? Die Führungsebenen der Partei wären für Frauen noch schwerer zu erreichen gewesen. In seinen Grundintentionen ist das Quorum bis heute aktuell geblieben. Daher wurde seine zeitliche Befristung auf dem Parteitag in Dresden im Dezember 2001 auch aufgehoben.

Im Laufe meines politischen Wirkens habe ich viel zu viele hoch qualifizierte Frauen erlebt, an denen Scharen von Männern vorbeizogen, die ihnen eigentlich nur an Selbstbewusstein überlegen waren. Das Quorum bot die Chance, Frauen mit einem Schlag stärker in der Partei zu etablieren. Daraus würden bis nach ganz unten neue Strukturen entstehen, hofften wir. Aber heute würde ich sagen, diese Hoffnung hat sich nur in Ansätzen erfüllt. Denn noch immer ist die Drittelbeteiligung von Frauen noch nicht durchgehend erreicht. In Schlüsselpositionen sieht es sogar ganz schwach aus. Dazu nur zwei Zahlen: Ganze zehn Prozent aller CDU-Kreisvorsitzenden sind Frauen.[2] Und von den CDU-Frauen haben es gerade mal 39 in den Bundestag geschafft – das sind nicht mal 20 Prozent der christdemokratischen Mandate.[3] Von daher täuscht die Tatsache, dass eine Frau die CDU führt, über die wahren Machtverhältnisse hinweg.

Bei den Grünen mögen die Frauen noch die stärkste Stellung innehaben, aber auch dort sind die am längsten amtierenden Minister mit Jürgen Trittin und Joschka Fischer Männer. Auch dort hat es mit Fischer ein Mann geschafft, so etwas wie der Übervater, der alternde Patriarch dieser einstigen Alternativbewegung zu werden. Streng feministische Positionen sind auch bei den Grünen nicht mehrheitsfähig. Doch das ist vielleicht auch gar nicht wünschenswert. Denn auch viele Männer genießen ihre Rolle nur bedingt. Der Zwang, permanent Stärke und Entschlusskraft zeigen zu müssen, überfordert mehr Politiker, als sie es sich eingestehen. Viele dieser großen, schier unbesiegbaren Männer haben einfach nur nicht gelernt, dass sie ihre Schwächen nicht ständig vertuschen müssen, um Respekt und

Achtung zu behalten. In der Arena der Alphatiere wird mit harten Bandagen gekämpft.

Noch immer orientieren sich Frauen viel zu stark an den Männern. Von ihnen lassen sie sich die Regeln aufzwängen. Sie passen sich an, sie ordnen sich unter. Und wenn sie es in eine Führungsposition schaffen, sind sie einem hohen Druck ausgesetzt. Nur wenn sie fachlich nahezu unangreifbar sind, haben sie eine Chance, von den Männern akzeptiert zu werden, denen sie vorgesetzt sind. Frauen müssen viel mehr lernen, sich vom Urteil der Männer frei zu machen, nicht mehr so sehr um deren Anerkennung zu konkurrieren und stattdessen eigene Machtstrategien zu entwickeln. Dazu bedarf es aber einer parteiübergreifenden Bewegung. Bisher haben es die Frauen versäumt, solidarisch zusammenzustehen. Ihre Position ist insgesamt noch zu unsicher, als dass sie sich gegenseitig eine stabile Stütze sein könnten. Da reiht sich die Politik nahtlos in die anderen Felder gesellschaftlichen Einflusses ein. Die Chefsessel der großen Unternehmen sind meistens Männern vorbehalten. In den Medien bevölkern zwar adrette und kompetente Moderatorinnen die Fernsehbildschirme. Aber die Macher im Hintergrund sind nach wie vor die Männer.

Um diesen Missstand zu ändern, müssen sich Frauen viel mehr als Verbündete begreifen, ihre Macht stärker bündeln. Hilfreich könnte eine Art Netzwerk sein, das Frauen verschiedenster Bereiche vereint. Die Idee ist wahrscheinlich so alt wie die Frauenbewegung, aber ihre konsequente Umsetzung steht bis heute aus. Frauen müssen untereinander verlässliche Partner sein, Know-how weitergeben, ihren Führungsstil kultivieren. Ein solches Netzwerk hätte vielleicht auch mich vor dem Absturz bewahren können.

Und schließlich sollten Frauen ihre Blickrichtung verändern. Weg von den Männern – und viel mehr hin zu sich selbst. Letztlich fehlt vielen Frauen noch immer das Selbstwertgefühl, auf den männlichen Mentor und Beschützer verzichten zu können. Doch diese Scheu und Zögerlichkeit verhindern, dass Männer in ihnen wirklich gleichwertige Partner sehen. Um in der Politik erfolgreicher zu sein, bringt es wenig, auf die Platzhirsche zu schimpfen oder alte Traditionen zu verteufeln. Frauen müssen sich zu nehmen trauen, was ihnen eigentlich schon lange gehören müsste: eine faire Chance im Wettbewerb.

Politik wird immer uniformer

Mich beunruhigt aber nicht allein die fehlende Chancengleichheit. Mich stimmt auch nachdenklich, dass die Zahl der Querdenker in der Politik allmählich schwindet. Diese eigenständigen Charaktere provozieren, sie stören glatte Abläufe, und dennoch bereichern sie innerparteiliche Diskussionen in unglaublich positiver Weise.

Es darf nicht vergessen werden: Der Sinn des freien Mandats liegt darin, dass jeder Abgeordnete zunächst einmal der eigenen Erkenntnis und dem eigenen Gewissen verpflichtet ist. Doch auch hier klaffen Verfassungsanspruch und Verfassungswirklichkeit weit auseinander. Nur wenige sind stark genug, um immer wieder gegen den Strom der vorherrschenden Meinungen zu schwimmen. In der Union war Heiner Geißler ein solch unabhängiger Kopf, aber auch Lothar Späth oder eben Rita Süssmuth. Sie sind eine aussterbende Spezies. Viele der jungen Abgeordneten werden heute sofort auf Stromlinienförmigkeit getrimmt. Weiter kommt nur, wer im Windkanal der Konformität den geringsten Widerstand bietet. Innerparteiliche Diskussionen finden in einem engen Rahmen statt. Da ist die CDU keine Ausnahme.

Zugleich erscheint in der Partei der Christdemokraten heute ein größeres Maß an Pluralität möglich als in den letzten Jahren der Ära Helmut Kohl, in der er mit seinem politischen Gewicht vieles erdrückte, aber auch als unbezweifelte Autorität die Partei zusammenhielt. Doch zugleich beschränkt sich die neu gewonnene Meinungsvielfalt nach wie vor auf die wenigen wirklich Mächtigen in der Partei. Die meisten von ihnen profilieren sich mit Vorliebe auf Kosten der Parteivorsitzenden Angela Merkel. Wer aber glaubt, diese offen ausgetragenen Machtkämpfe wären das Ergebnis einer wachsenden demokratischen Reife in der Union, liegt daneben. Sie sind eher die Folge eines unionsinternen Erbfolgekriegs, der vom Rückzug Kohls ausgelöst und noch immer nicht wirklich entschieden ist. Unterhalb der Führungsebene gilt zugleich eine straffe Parteiregie. Wer aufmuckt, muss sich warm anziehen. Wer aufsteigen will, muss sich in die Uniform des Parteisoldaten zwängen und dabei fröhlich salutierend hinter seinen Förderern hermarschieren. Dabei ist es gerade der Streit, der den politischen Dialog befruchtet, der die Demokratie mit Leben füllt. In den Parlamenten und Ausschüssen muss wieder um die wirklich besten Lösungen gerungen werden. Übertriebener Kadergehorsam führt nur dazu, das Opportunität vor Qualität geht.

Gelebte Streitkultur setzt Verschiedenheit voraus. Wir brauchen weder ein Juristen- noch ein Beamtenparlament. Die beste Qualifikation, die es für ein deutsches Abgeordnetenmandat geben kann, scheint nach wie vor die intime Kenntnis des Behördenapparats, der Durchblick im Paragrafendschungel zu sein. Doch gibt er den Blick auf den Menschen frei? Zuweilen kommt es mir so vor, als hätten wir noch immer nicht den Sprung von der verwalteten zur gestalteten Republik geschafft. Meiner Meinung nach sollten in den Parteien und in den Volksvertretungen nach alter britischer Tradition wieder mehr die rhetorischen Klingen gekreuzt werden. Wir brauchen Volksvertreter, die voneinander abweichende Lebensauffassungen repräsentieren, die eine Haltung verkörpern, ohne in ideologischen Stereotypen zu erstarren. In der Politik ist viel von der Suche nach Konsens die Rede. Ich möchte eine Gegenthese aufstellen: Wir müssen vor allem wieder die Unterschiede kultivieren, die Debatte lernen, den Streit einüben.

Ich habe viele Jahre erlebt, wie sehr Politiker ein Bild der Unabhängigkeit vor sich hertragen und wie wenig davon in der Realität übrig bleibt. Der erste Fehler wird schon mit der Auslese begangen. Ich glaube, dass wir mehr darauf achten müssen, dass der Weg ins Parlament über ein paar Jahre der Berufstätigkeit führt. Diesen Kontakt mit dem ganz normalen Leben jenseits der Privilegien eines Berufspolitikers halte ich für unglaublich wichtig. Wer sich eine gewisse Unabhängigkeit erwerben will, muss über ein besonderes Wissen, einen speziellen Hintergrund verfügen. Viele ehrgeizige Politiker kommen über die Hinterbank nicht hinaus, weil ihre Positionen zu akademisch sind, weil sie nichts verkörpern, mit dem andere sich identifizieren können. Es sitzen zu viele Abgeordnete in den Parlamenten, die vor der Politik nur den Hörsaal kannten oder die von den Jugendorganisationen der Parteien direkt in den Bundes- oder Landtag durchgereicht wurden.

Die Gefahr besteht, dass die Politik sich trotz aller Meinungsforschungsinstitute immer weiter von den realen Bedürfnissen ihrer Wähler entfernt. Das ist vor allem in Zeiten fatal, wo der Wirtschaftsmotor Deutschland ins Stottern gerät, wo uns die verdrängten Wahrheiten der Vergangenheit einholen und zu überhasteten Reformen zwingen. Der Umbau unserer Gesellschaft braucht nicht weniger, sondern mehr Solidarität. Die Bereitschaft zum Verzicht basiert meist auf dem Gefühl, dass alle gesellschaftlichen Gruppen gleichermaßen betroffen sind, man könnte auch sagen, auf dem Prinzip der Gerechtigkeit. Dazu ist es wiederum wichtig, dass Politiker nicht in Lebenswirklichkeiten eingreifen, die sie gar nicht kennen, Einschnitte nicht Menschen zumuten, deren Alltag ihnen fremd ist.

Volksvertreter müssen meiner Meinung nach weniger nach Quoten und Umfragen schielen, sondern viel mehr Zeit darauf verwenden, die ganz normalen Lebensumstände ihrer Wähler zu erfassen. Dieser Draht kann leicht abreißen, wenn man mit Fahrer und Mitarbeiterstab von Termin zu Termin hastet und überall hofiert wird, als gehöre einem die Welt. Ich habe selbst erlebt, wie leicht einem die Alltagswirklichkeit entgleiten kann. Diesen Realitätsverlust können auch keine noch so guten Hintergrundpapiere oder Enquetekommissionen auffangen. Diese Klippe muss jeder Politiker aus eigenem Antrieb heraus umschiffen. Seien wir ehrlich: Richtig engagiert ist ein Politiker eigentlich nur an den Stellen, wo sein innerstes Wertekonzept berührt wird oder wo er unmittelbar betroffen ist, er sich das Schicksal konkreter Menschen vor Augen führen kann. Wer über die großen Reformen wie Gesundheit und Rente entscheidet, muss spüren können, welche Konsequenzen ein beträchtlicher Teil seiner Wähler dadurch zu tragen hat.

Sklave der Wahlkämpfe

Helmut Kohl war sicher ein Kanzler, der seine Energie und seinen Gestaltungswillen aus Visionen schöpfte wie die deutsche Einheit oder die europäische Einigung. Vielleicht hat sich seine politische Agenda deswegen in 16 Jahren weniger abgenutzt als die der anderen Staatsmänner, die für eine solch lange Spanne Regierungsverantwortung trugen. Grundsätzlich glaube ich aber dennoch, dass jenseits dieser Ausnahmeleistung eine generelle Verkürzung der Amtszeit des Bundeskanzlers wie auch der Ministerpräsidenten der Bundesländer sinnvoll wäre. Das amerikanische Präsidentschaftsmodell könnte auch für Deutschland ein Vorbild sein.

Ich habe es häufig beobachtet: Nach der Hälfte der Legislaturperiode bricht die große Ängstlichkeit aus. Die Regierungskoalitionen im Bund und in den Ländern wollen nur ja keine Fehler mehr machen. Die Wiederwahl könnte durch eine unbedachte Entscheidung gefährdet werden. Spätestens anderthalb Jahre vor dem nächsten Urnengang sind unbequeme Reformen nicht mehr zu erwarten. Die halbe Legislaturperiode geht praktisch verloren.

In den Vereinigten Staaten ist das anders. Dort kann ein Präsident, also der Staats- und Regierungschef, nur einmal wieder gewählt werden. Dann ist Schluss. In der ersten Legislaturperiode lernt er das Geschäft, erreicht er eine zweite, kann er bis zum letzten Tag relativ unbeschwert regieren. Ein Verbleib im Weißen Haus über den Rest seiner Amtszeit hinaus ist ohnehin nicht mehr möglich. Das gibt ihm die Freiheit, auch unbequeme Entscheidungen zu treffen.

Für Bundestagsabgeordnete halte ich eine ähnliche Regelung für sinnvoll. Doch sie müsste etwas großzügiger bemessen werden, damit nicht zu viel Erfahrung verloren geht. Minister oder gar Regierungschefs haben ja meistens schon eine Karriere im Parlament hinter sich. Neueinsteiger im Bundestag in der Regel nicht. Aber auch ihnen darf die Chance nicht verwehrt werden, sich zu Routiniers zu entwickeln. Daher sollte meiner Meinung nach jeder Abgeordnete maximal drei Perioden absolvieren können.

Zugleich trete ich dafür ein, die Legislaturperioden der Parlamentarier insgesamt um ein Jahr zu verlängern. Dabei geht es nicht darum, die Politiker der Bewertung durch ihre Auftraggeber, die Wähler, zu entziehen. Vielmehr tragen solche Reformen dazu bei, den Siegeszug der Populisten zu stoppen, deren Konzept die Kampagne ist, die in der Treibhausatmosphäre der Wahlkämpfe am besten gedeiht. Sie greifen meisterhaft auf, was dem Volk auf der Seele lastet. Nur beim Thema Verantwortung müssen sie in der Regel passen, weil sie meist Reformen anstoßen und sich dann absetzen. Ihre verführerisch einfachen Politentwürfe sind in den seltensten Fälle zu Ende gedacht.

Insgesamt ist die Politik meiner Meinung nach viel zu sehr zum Sklaven der Wahlkämpfe geworden. Das hindert die Abgeordneten daran, das zu tun, wofür sie gewählt worden sind: Frieden und Wohlstand zu sichern, die Zukunft zu gestalten. Die besten Ergebnisse werden erzielt, wenn Entscheidungsprozesse nicht ständig durch Wahlkämpfe unterbrochen werden. Der Philosoph Carl Friedrich von Weizsäcker hat einmal treffend bemerkt: »Es gibt genug Politiker, die gerne das Richtige täten, wenn sie nicht wüssten, dass sie gerade, weil sie das Richtige tun, die nächste Wahl verlieren werden.«[4]

Deutschland hat sich nach dem Ende des Zweiten Weltkriegs unter Einfluss der westlichen Siegermächte für eine föderative Struktur und gegen einen Zentralstaat, wie er etwa in

Frankreich zu finden ist, entschieden. Darin liegt die starke Stellung der Länderregierungen begründet. Über den Bundesrat regieren sie bei vielen zentralen Fragen mit. Das kann sehr fruchtbar sein, das kann aber auch zu Blockadehaltungen führen. Zumal wenn die eine Partei im Bundestag und die andere im Bundesrat die Mehrheit hat. Die Arbeit im Vermittlungsausschuss oder anders ausgedrückt, die Suche nach einem Kompromiss, gelingt in Wahlkampfzeiten selten. Von daher wäre es meiner Ansicht auch eine Überlegung wert, alle Landtagswahlen in einem Termin zu bündeln. Ein Gedanke, den schon andere erfolglos vorgetragen haben. Seine Umsetzung würde verhindern, dass Deutschland sich im Dauerwahlkampf befindet. Nichts ist schädlicher für unser Land.

Eine andere Frage ist, wie in der Politik Entscheidungen herbeigeführt werden. Ich würde mir mehr von dem Geist und der Systematik wünschen, die in der Wissenschaft herrschen. Dort diskutiert man ein Thema ein paar Monate oder ein Jahr, aber das Ziel ist stets klar definiert. Der Sachverhalt wird auf der Suche nach einer Lösung immer stärker eingekreist. Und irgendwann hat man den Nukleus gefunden. Im nächsten Moment beginnt bereits die Umsetzung und man kann sich einem neuen Problem zuwenden. In der Politik hingegen treten die Diskussionen ewig auf der Stelle, weil der Mut zur Umsetzung fehlt.

Nur ein Beispiel: In der Öffentlichkeit wird oft so getan, als hätte man mit Modellen wie dem von Peter Hartz und Erkenntnissen etwa einer Rürup- oder Herzog-Kommission bereits den Stein der Weisen gefunden. Dabei enthalten solche Konzepte meist wenig Neues. Sie sind überwiegend aus Bausteinen früherer Lösungsversuche zusammengesetzt, die jetzt gebündelt als Gesamtkonzept verkauft werden. Das hätte aber schon viel früher geschehen können. Ein Vorwurf, der nicht allein an die rot-grüne Regierung, sondern auch an ihre liberalkonservativen Vorgänger ergeht. Die großen Krisen, die jetzt am Horizont unseres Wohlstandsstaats aufziehen, waren lange bekannt. Der Himmel hatte sich über Jahre verdunkelt. Doch in der Politik wurde gut Wetter gemacht. Lieber hat man den Schuldenberg wachsen lassen, als eine Lobby zu verprellen oder die Bevölkerung mit der Wahrheit zu verschrecken.

Korruption bekämpft man im Kopf

Wenn ich über die Reformbedürftigkeit politischer Systeme nachdenke, will ich natürlich eines der Themen nicht meiden, das mir naturgemäß am nächsten steht: die Konsequenzen aus der Spendenaffäre. So frage ich: Wurden die richtigen Schlüsse gezogen?

Zunächst eine Vorbemerkung: Wir geben uns zu schnell der Illusion hin, allein mit Gesetzen sei ein gesellschaftlicher Missstand, ein offensichtlicher Missbrauch einzudämmen. Natürlich, er wird erschwert, aber der Mensch ist einfallsreich, wenn es darum geht, Regeln zu umgehen, Schlupflöcher aufzuspüren, zumal wenn seine Finanzen betroffen sind. Ich bin mir nicht einmal sicher, ob Fußball das erste Hobby der Nation ist oder nicht doch die Steuerhinterziehung.

Das heißt nicht, dass die Regierungsverantwortlichen die Hände in den Schoß legen sollen. Aber schauen wir doch einmal genau hin: Das Parteienfinanzierungsgesetz ist nach der CDU-Spendenaffäre wesentlich verändert worden. Wir hatten bereits vorher die Veröffentlichungspflicht ab einer Spende von 20 000 Mark. Ein gewichtiger Punkt ist aber hinzugekommen, der Gesetzgeber hat einen neuen Straftatbestand eingeführt – für vorsätzlich falsche Rechnungslegung, also unkorrekte Verbuchung. Das wirkt auf den ersten Blick einleuchtend, weil es nach dem ersehnten Ende der Straflosigkeit für Manipulateure und Missetäter aussieht. In der Praxis aber wälzen die Bundesschatzmeister das Haftungsrisiko der Parteien gerne auf einen Finanzbeauftragten ab. Die Schatzmeister werden vorsichtig, kümmern sich nicht mehr direkt um die Akquise. Das mag den Missbrauch erschweren, es führt aber auch dazu, dass weniger Spenden bei den Parteien eingehen. Ich hätte mit Sicherheit nicht so große finanzielle Unterstützung für die CDU erreicht, wenn ich nicht persönlich bei den Unternehmen vorstellig geworden wäre

Wichtiger als immer schärfere Gesetze, die kaum einer kontrollieren kann, ist meines Erachtens eine Veränderung im Bewusstsein. Wir müssen verstärkt von der Selbstbedienungsmentalität Abschied nehmen. Kostenbewusstsein entsteht im Alltag und ist gerade dort wichtig, wo der Arm des Gesetzes nicht hinreicht. Die kritische Öffentlichkeit trägt viel dazu bei, dass Politiker mit den Steuergeldern vorsichtiger umgehen – sei es bei teuren Flugreisen oder sei es bei der Bereitstellung von Dienstwagen und Chauffeuren. Ein großer Parteiapparat muss heute wie ein Konzern geführt werden – nach betriebswirtschaftlichen Kriterien.

Dabei ist das System der staatlichen Parteienfinanzierung nach wie vor unverzichtbar. Es ermöglicht überhaupt erst die unabhängige politische Arbeit. Parteien wirken durch die Öffentlichkeit; das kostet Geld. Sind sie beim Wähler erfolgreich, kommt der Staat ihnen daher entgegen. Die Parteienfinanzierung ist Teil des demokratischen Rechtsstaats. Und sie dient dazu, die Parteien vom Ruch der Beeinflussbarkeit zu befreien.

Auch Spenden sind integraler Bestandteil dieses Systems. Nicht jede private Zuwendung an eine Partei ist gleich eine Einflussspende. So leicht sind politische Entscheidungsprozesse auch nicht von außen zu steuern. Wird beispielsweise über ein Rüstungsgeschäft in der Regierung befunden, dürfen immer mehrere Personen mitentscheiden. Niemals ist nur ein Gremium mit einem solchen Projekt befasst. Wollte jemand wirklich den Hebel der Manipulation ansetzen, müsste er eine Reihe von Beteiligten einbeziehen – bei Großvorhaben am besten gleich alle relevanten Parteien. Damit hätte er zwar das Risiko minimiert, bei einem Machtwechsel mit Enthüllungen rechnen zu müssen, aber die Zahl der Mitwisser wäre natürlich auch gefährlich hoch.

Bislang gibt es in unserem demokratischen System durchaus noch einige wirksame Schutzmechanismen, die es vor allzu großem Missbrauch schützen. Dabei will ich nicht die subtilen Formen der Einflussnahme leugnen. Sie beginnen mit kleinen Gefälligkeiten, unverdächtigen Einladungen, scheinbar harmlosen Vertrautheiten. Solche Prozesse sind schleichend. Und es ist nicht leicht, die Grenzlinien exakt zu ziehen. Ein Politiker muss um dieses Risiko wissen. Er muss seine eigene Verführbarkeit einschätzen können. Und er darf sich nicht der Illusion hingegeben, dass all die scheinbar arglosen Freundlichkeiten nicht auch knallharten Interessen dienen können. Und doch wäre es übertrieben, hinter jeder Einladung zum Abendessen gleich einen kaltblütigen Bestechungsversuch zu wittern. Eine verlässliche persönliche Beziehung ist immer noch die beste Grundlage für jegliche Zusammenarbeit.

Doch zurück zu den Parteien: So wichtig wie ihre Finanzierung ist auch ihre Kontrolle. Sie dürfen nicht zum Staat im Staate werden. Daher ist es mehr als geboten, dass die Parteifinanzen einem strengen Transparentgebot unterliegen. In der CDU ist bis zum Bekanntwerden der Spendenaffäre eine Form von Eigenleben entstanden, die am Ende für die gesamte Republik problematisch wurde. Aber mit solchen Fehlentwicklungen haben alle Parteien zu kämpfen. Letztlich ist auch hier der Faktor Mensch entscheidend. Je mehr starke, unverbogene Persönlichkeiten in einer Partei sind, desto intensiver kontrollieren sie sich gegenseitig.

Auch wenn ich mich mit dieser Meinung unbeliebt mache: Kluge und unabhängige Politiker dürfen den Steuerzahler meines Erachtens ruhig etwas kosten. Ich halte – entgegen den landläufigen Tendenzen – Politiker nicht für überbezahlt. Jeder Konzernchef, jeder Pop- oder Filmstar verdient um ein Vielfaches mehr als ein Spitzenpolitiker, der regelmäßig einen 18-Stunden-Tag absolvieren muss. Das Einzige, was in der Politik wirklich finanziell attraktiv ist, sind die Altersbezüge. Ehemaligen Regierungsmitgliedern wird der Abgang regelrecht vergoldet. Die Belohnung des politischen Ruhestands erregt aber auch regelmäßig Volkes Zorn. Da mag manches von der Boulevardpresse geschürt sein und jenseits der Stammtische wenig

Überzeugungskraft ausstrahlen, aber auch populistische Thesen besitzen einen Bodensatz an Wahrheit.

Vielleicht sollte das System so verändert werden, dass weniger der Abschied von der Politik und mehr die Arbeit in der Politik attraktiv gestaltet wird. Denn die derzeitigen Politikergehälter reichen kaum aus, um einen qualifizierten Manager aus einem Unternehmen in die Politik zu locken. Dabei würden gerade solche Seitenwechsel dazu führen, dass viel mehr von der Dynamik großer Konzerne die politischen Institutionen beleben und zugleich etwas vom Bewusstsein für das gesellschaftliche Ganze in die Wirtschaft einziehen würde. Höhere Politikergehälter hätten aber noch einen anderen Effekt: Für Politiker ist es wichtig, dass sie mit Vertretern der Wirtschaft auf Augenhöhe diskutieren und verhandeln können. Das hat nichts mit Raffgier einer Machtelite zu tun, sondern mit einer selbstbewussten politischen Klasse, die nicht heimlich nach den Privilegien und den Gehältern von Firmenchefs oder Verbandsvertretern giert. Jede große gesellschaftliche Gruppe lässt sich ihre Repräsentanten satte Gehälter kosten, um die Besten als Sachwalter ihrer Interessen zu gewinnen. Die gleichen Regeln müssten eigentlich auch für die Volksvertreter gelten. Von daher halte ich die ständigen populistischen Diätendebatten für überflüssig. Die Parlamente müssen wieder für die klügsten Köpfe interessant werden.

Kurzum: Politiker sollten so bezahlt werden, dass dieser Beruf für die gesellschaftliche Elite reizvoll ist – und das bei maximaler Transparenz. Im Grunde gehören sogar Aufsichtsratsmandate auf den Index, da es ansonsten zwangsläufig zu Interessenskollisionen kommt. Zugleich stärkt eine solide finanzielle Grundlage die Widerstandskräfte gegen jegliche Manipulationsversuche interessierter Kreise.

Dass es bei manchen Spitzenverdienern in Wirtschaft, Sport und anderen gesellschaftlichen Bereichen Auswüchse gibt, bleibt dennoch unbestreitbar. Es ist instinktlos, wenn Vorstandsvorsitzende sich kräftige Gehaltserhöhungen genehmigen, während gleichzeitig tausende von Arbeitnehmern ihre

Stelle verlieren. Ebenso unverständlich sind meines Erachtens millionenschwere Werbeverträge für Elitefußballer, während viele Fans nicht mal mehr die Karte für einen Stehplatz bezahlen können. Wer gute Arbeit macht, soll gutes Geld erhalten. Aber die Relationen müssen stimmen. Sonst ist die Gefahr groß, dass wir Überlegenheitsgefühle züchten, die einzelne Menschen zu dem Irrglauben verführen, sie stünden nicht nur über der überwältigenden Mehrheit ihrer Mitmenschen, sondern auch über den Gesetzen.

Erst kam die Leere

Was bleibt für eine persönliche Bilanz? Ein Stück Nachdenklichkeit. Und die Frage, was hätte ich anders machen können, ja müssen? Die ersten schweren Monate nach meinem erzwungenen Abgang aus der Politik haben mich gelehrt, wie bitter es ist, etwas loszulassen, das jahrzehntelang mein Lebensinhalt war. Dabei verkenne ich nicht, dass Politik auch immer eine Scheinwelt ist. Ich dachte, mein Leben sei ausgefüllt. Aber manchmal war es auch nur angefüllt von Terminen. Ich war in den Jahren in Bonn und Berlin eigentlich nie allein, weil ich mich praktisch immer im Dienst befand: Sitzungen, Reden, Akten durcharbeiten und wieder Sitzungen, Reden, Akten durcharbeiten. Dazwischen die Arbeit im Wahlkreis: Besuche bei Firmen und Festivitäten, Schirmherrin hier, Ehrengast dort. Immer Menschen um mich herum, die beraten, zur Hand gehen, vorbereiten, nacharbeiten. Immer von der Aura umgeben, zum kleinen Kreis der Mächtigen zu zählen. Sie schützt, aber sie isoliert auch. Und sie ist sehr vergänglich.

Nach meinem Ausscheiden aus dem Bundestag empfand ich eine gewisse Leere. Das Leben hatte sich verlangsamt. Für jemanden, der gewohnt war, ständig auf Touren zu sein, ist das keine leichte Übung. Der Kreis um mich herum wurde plötzlich übersichtlich. Die Trittbrettfahrer des Erfolgs hatten sich ein neues Gefährt gesucht. Mir wurde bewusst, wie wichtig wirkliche Freunde sind. Diejenigen, die jetzt noch blieben, auf die konnte ich wirklich zählen. Es waren nicht viele. Im Laufe meines Politikerlebens habe ich irgendwann mehr Parteifreunde als wirklich gute Freunde gehabt. Mir fehlte einfach die Zeit, solche wertvollen Kontakte zu pflegen. Nach und nach zogen sich diese alten Weggefährten zurück. Ich spürte den Verlust erst, als ich die Macht verloren hatte. Eine heilsame Lehre.

Politik hat eine zutiefst menschliche Seite. All diese Personen, die die meisten Bürger nur aus dem Fernsehen oder von einer Massenveranstaltung kennen, sind nicht weniger empfindsam oder verletzlich als alle anderen auch. Politiker haben nur gelernt, sich in der Öffentlichkeit professionell zu verhalten, ihre Emotionen zu kontrollieren. Aber sobald sie die öffentliche Sphäre verlassen, schwindet die sachlich-kühle Distanz. Der Mensch kommt wieder zum Vorschein. Was ärgere ich mich heute noch, dass ich die Verbuchung der 100 000 Mark nicht genauer kontrolliert habe oder dass ich auf diese dubiose Anlagefirma SFU hereingefallen bin! Was freue ich mich heute noch, dass ich die Möglichkeit hatte, einen Mann wie Helmut Kohl aus der Nähe kennen zu lernen oder beim Umzug von Regierung und Parlament an zentraler Stelle mitwirken zu dürfen! Letztlich hält sich alles die Waage.

Was zählt, ist der eigene Wertekompass. Ich habe in diesem Buch sehr bewusst von meiner Beziehung zu Menschen berichtet, zu denen heute viele auf Distanz gehen, weil sie möglicherweise mit dem Gesetz in Konflikt geraten sind. Ich kenne die Vorwürfe und Anklagen. Sie beschäftigen mich. Das ändert aber nichts daran, wie ich diese Menschen wahrgenommen habe, wie sie mit mir umgegangen sind. Mein persönliches Bild von ihnen entspricht häufig nicht dem, was auf der Projektionsfläche der Öffentlichkeit erscheint. Ich habe zu schmerzhaft erlebt, wie es ist, von einem Tag auf den anderen geächtet zu werden. Wie alte Parteifreunde nur noch mit mir redeten, wenn ich versprach, Stillschweigen zu wahren. Wie manche peinlich berührt waren, wenn ich auf sie zuging, weil sie das

Menschliche nicht vom Politischen trennen konnten oder weil sie schlicht Angst hatten, bei den Mächtigen der Partei in Ungnade zu fallen. Aus dieser Erfahrung heraus habe ich mir vorgenommen, die Tür zu einem Menschen nur dann zuzuschlagen, wenn ich dafür einen persönlichen Grund besitze. Ich gebe eine differenzierte Sicht nicht auf, nur weil es politisch als opportun erscheint.

Und auch das ist eine Lehre aus der 100 000-Mark-Affäre: Wenn ich den Verlauf meiner Karriere betrachte, habe ich zu wenig getan, um meine Macht abzusichern. Ich war vom Erfolg verwöhnt. Das macht leichtsinnig. Ich habe es verpasst, rechtzeitig ein stabiles Netzwerk aus Beziehungen und Kontakten zu spannen. Man könnte auch sagen, Seilschaften zu pflegen, an denen man sich festhalten kann, wenn der Boden unter den Füßen schwindet. Ein folgenschweres Versäumnis. Denn so schnell, wie ich nach oben kam, stürzte ich nachher auch wieder ab. Um das zu vermeiden, hätte ich mich nicht so sehr an den großen Männern unserer Partei orientieren dürfen.

Keine Frage, ich verdanke ihnen viel. Aber das ist ebenfalls ein Teil der Wahrheit: In meiner Zeit als Schatzmeisterin bin ich auch als dekoratives Aushängeschild für einen höchst halbherzigen Neuanfang nach der Flick-Affäre benutzt worden. Die CDU-Finanzarchitektur hätte gründlich überholt werden müssen – und das in all ihren Verstrebungen. Doch das ist nicht geschehen. Die Reformen blieben oberflächlich. Daher brauchte man eine unverdächtige Fassade, ein sympathisches Gesicht für die Katharsis einer befleckten Partei. Doch mehr noch als dieser Geburtsfehler meiner Karriere hat mir der Preis geschadet, den ich für die Sonderrolle entrichtete, die Schäuble mir einräumte. Ich gab einen großen Teil meiner Eigenständigkeit auf. Ein Fehler, vor dem sich jeder hüten sollte. Wer sich zu sehr vereinnahmen lässt, verbaut sich seinen eigenen Weg.

Noch ein letztes Mal möchte ich auf meinen Konflikt mit Wolfgang Schäuble zu sprechen kommen. Bei aller Kritik will ich eines nicht übersehen: In erster Linie wollte er viel stärker sich selbst schützen als mir schaden. Gegen mich stellte er sich erst in dem Moment, in dem er seine politische Existenz massiv bedroht sah. Da versuchte er, den Kopf auf meine Kosten aus der Schlinge zu ziehen. Schäuble reagierte also in einer Art und Weise, wie im schmutzigen Spiel Politik vermutlich viele reagiert hätten: rigoros nach den Gesetzen des Machterhalts. Freilich verschärft um die persönliche Dimension unseres Konflikts. Das ist menschlich enttäuschend, aber keine Ausnahme.

Von daher konnte es in diesem Buch auch nie darum gehen, Schäuble anzuklagen. Viel mehr war mir wichtig, zu beschreiben, wie Machtsysteme funktionieren. Wer sie nicht kennt, kann sich schlecht wehren. Und demjenigen wird es schwer fallen, seine eigene Rolle zu verstehen. Mir wurden viele Zusammenhänge erst im Nachhinein klar. Vielleicht ist dieses Buch all jenen eine Warnung, die gerade dabei sind, ähnliche Fehler zu begehen, wie sie mir unterlaufen sind.

Ob Wolfgang Schäuble und ich uns noch einmal versöhnen werden? Ich weiß es nicht. Nicht jeder Riss muss gekittet werden. Manchmal ist der Abstand für beide besser. Ehrlicher. Realistischer. Aber ich werde diese altmodische Einstellung nicht los, dass ich lieber Freundschaften statt Feindschaften pflege. Deswegen möchte ich zum Schluss dieses Buches den österreichischen Schriftsteller Karl Heinrich Waggerl zitieren: »Wer seinen Nächsten verurteilt, der kann irren. Wer ihm verzeiht, der irrt nie.«

Anhang

Anmerkungen

Kapitel 1

1 Vgl. *Welt* und *Süddeutsche Zeitung* vom 30. August 2000.

Kapitel 3

1 Vgl. John Goetz, Conny Neumann, Oliver Schröm, *Allein gegen Kohl, Kiep & Co.*, Berlin 2000, S. 13–15.
2 Vgl. *ZDF*-Dokumentation des Gesprächs von Altkanzler Helmut Kohl mit Klaus Bresser und Thomas Bellut in der Sendung *Was nun, Herr Kohl?* am 17. November 1999.
3 Vgl. *Frankfurter Hefte,* Ausgabe 04/2000.
4 Vgl. *stern*, Ausgabe 7/2000. In diesem Porträt meiner Person heißt es zu meiner Rolle als Schatzmeisterin: »Aus Sicht des Paten Kohl war sie als Kassenwartin allerdings eine Traumbesetzung. Einerseits war sie naiv genug, um von der kriminellen Energie, mit der Helmut Kohl, Walther Leisler Kiep, Horst Weyrauch und Uwe Lüthje Millionen im Ausland verbuddelten, nichts mitzubekommen. ... Durch sie drohte den illegalen Spendengeschäften der CDU-Herren keine Gefahr.«
5 Vgl. *stern*-Porträt Walther Leisler Kieps in Ausgabe 18/2000. Zu seiner Verurteilung in der Flick-Affäre wird hier angemerkt: »Schon damals geht es um unversteuerte Spendengelder, um Provisionszahlungen, um Liechtensteiner Schwarzgeldkonten, von denen, so das Gericht, die

Mittel auf ungeklärten Wegen in die Verfügungsbefugnis der als Spendenempfänger bedachten Partei gelangt seien. Und zwar so reichlich, dass die CDU saniert ist und auch noch ein paar Millionen beiseite geschafft hat, als Kiep 1992 aus dem Schatzmeister-Amt ausscheidet. Allein wegen einiger Verfahrensfehler wird er im Jahr darauf freigesprochen.«

6 Vgl. Lüthje-Porträt in *www.heute.t-online.de* vom 3. März 2003.

7 Vgl. *Tagesspiegel* vom 8. Dezember 2000. In dem Artikel wird dargelegt, dass Lüthje erklärte, dass CDU-Spenden – unter anderem vom Siemens-Konzern – in der Schweiz versteckt worden waren. Kohl selbst habe ihn dazu aufgefordert, die »swiss-connection« zu anonymisieren. Kohl hat diesen Vorwurf stets bestritten.

8 Vgl. *FAZ* vom 16. Januar 2000 »Von außen geschlossen, von innen offen. Weyrauchs ominöses Anderkonten-System« und vgl. *Bild* vom 6. Dezember 1999, Dokumentation der Zeugenaussage von Weyrauch sowie das Weyrauch-Interview in der *Süddeutschen Zeitung* vom 4./5. März 2000 und das Protokoll der Vernehmung von Lüthje und Weyrauch von der Bonner Staatsanwaltschaft, das die *Welt am Sonntag* am 6. Februar 2000 veröffentlicht.

9 Lüthjes Originalbrief vom 21. Mai 2003 liegt vor.

Kapitel 4

1 Vgl. *Bunte*, Ausgabe 9/2000. Dort heißt es zu meinem Verhältnis zu Wolfgang Schäuble unter anderem: »Die beiden duzen sich schnell, werden als Dream-Team bezeichnet. ... nach dem Anschlag auf Wolfgang Schäuble darf sie seine Tasche tragen, seinen Rollstuhl schieben. ›Beide haben sich wärmend aneinander gelehnt, wenn in Bonn die Einsamkeit der Politiker besonders groß war‹, schreibt die *Stuttgarter Zeitung*. Zu Hause in Böblingen erzählt sie Freundinnen: ›Ich darf keine Hosen tragen, der Wolfgang mag nur Röcke.‹ Bundeskanzler Helmut Kohl, 69, ist die innige Zusammen-

arbeit ein Dorn im Auge. Deshalb, so wird erzählt, lobt er das ›Mädchen‹, wie er Baumeister nennt, 1992 zur Schatzmeisterin der CDU hoch und von Schäuble weg.«

Kapitel 5

1 Vgl. Wolfgang Schäuble, *Mitten im Leben*, München 2001, S. 263–264.

2 *stern*, Ausgabe 4/2000.

Kapitel 6

1 Vgl. die eidesstattliche Erklärung Brigitte Baumeisters und die Einstellungsverfügung der Staatsanwaltschaft Berlin vom 1. November 2001, S. 58.

2 Ebd. S. 9–13.

3 Ebd. S. 23–32, vgl. Interview Schreibers in der Fernsehsendung *report München* (Bayerischer Rundfunk) vom 10. Januar 2000 und Aussagen Schreibers in der *Welt* am 12. Januar 2000.

4 In dem *report*-Interview mit Andreas Bönte vom 10. Januar 2000 erklärt Schreiber wörtlich zu seinem Verständnis von »Landschaftspflege«: »Na ja, es ist ja nicht so, dass nicht Unterstützung gelegentlich auch von einer Regierung für ein Projekt notwendig ist. Und es gab ein sehr, sehr großes Projekt, an dem ich sehr interessiert war in meiner Eigenschaft als Chairman von Thyssen Bearhead Industries. Das ist allgemein bekannt.«

5 Vgl. *Berliner Zeitung* vom 30. August 2000 zum Projekt Bearhead.

6 Vgl. Einstellungsverfügung der Staatsanwaltschaft Berlin, S. 38.

7 Ebd. S. 72–73.

8 Wolfgang Schäuble, a. a. O., S. 222–223.

9 Vgl. Plenarprotokoll des Deutschen Bundestags 14/76, S. 6977 ff.

10 Vgl. *Tagesspiegel* vom 30. August 2000. In dem Artikel wird erwähnt, dass Schäuble sich bei der Vernehmung vor dem

Untersuchungsausschuss plötzlich doch an das Telefonat während der Weihnachtsfeier erinnerte, von dem er zuvor nichts wissen wollte. Schäuble bestritt allerdings, die Streichung des Nachsatzes verlangt zu haben.

11 Entwürfe der beiden Schreiben befinden sich im Besitz der Verfasserin.

12 Vgl. den Artikel in der *FAZ* vom 22. Dezember 1999 »Merkel: Die Zeit Kohls ist unwiederbringlich vorüber« und in derselben Ausgabe Merkels Artikel »Die von Helmut Kohl eingeräumten Vorgänge haben der Partei Schaden zugefügt«.

13 Helmut Kohl, *Mein Tagebuch 1998–2000*, München 2000, S. 141–143.

14 *FAZ* vom 12. Januar 2000.

15 Schäuble, a. a. O., S. 225.

16 Vgl. Manuskript der Sendung *Farbe bekennen* vom 10. Januar 2000.

17 *Berliner Zeitung* vom 3. Februar 2000.

18 *stern*, Ausgabe 6/2000.

19 *Rhein-Zeitung* vom 1. Februar 2000.

20 *Süddeutsche Zeitung* vom 14. Februar 2000.

21 Im *stern*, Ausgabe 7/2000, werden nicht nur drei Beweise angeführt, dass die Version Baumeisters bezüglich der Spendenübergabe stimmt (Schreibers eidesstattliche Versicherung vom 6. Februar 2000, die Ankündigung des Baumeister-Besuchs bei Schreiber und Schreibers Eintragungen in seinem Terminkalender), es wird auch offen ausgesprochen, dass Spekulationen über finanzielle Unregelmäßigkeiten und einen Nervenzusammenbruch, wie sie etwa von *Bild* aufgegriffen wurden, aus dem Schäuble-Lager »angefüttert« worden waren.

22 *Spiegel*, Ausgabe 8/2000, und *Bild* vom 16. Februar 2000.

23 *Zeit* vom 17. Februar.

24 *Spiegel*, Ausgabe 8/2000.

25 Helmut Kohl, a. a. O., S. 161.

26 Thomas Kleine-Brockhoff/Bruno Schirra, *Das System Leuna*, Reinbek 2001, S. 176–200. Hier werden die Schwei-

zer Ermittlungsergebnisse dokumentiert, indem ein Brief der Genfer Justiz an die Augsburger Staatsanwaltschaft vom 14. September 2000 im Dokumententeil des Buches veröffentlicht wird.

27 Vgl. Einstellungsverfügung der Staatsanwaltschaft Berlin, S. 2.

28 Ebd. S. 71.

29 Ebd. S. 92–93.

30 *Spiegel*, Ausgabe 45/2001.

31 *FAZ* vom 3. November.

32 *Sindelfinger Zeitung* vom 27. Februar 2002.

33 *Böblinger Bote* vom 28. Februar 2002.

34 *Leonberger Kreiszeitung* vom 27. Februar 2002.

35 *Gäubote* vom 27. Februar 2002.

Kapitel 7

1 Das Kreisky-Zitat findet sich in zahlreichen Publikationen – unter anderem auf einer Webseite der Grazer Bürgerinitiativen.

2 Laurenz Meyer, Vorwort zum Frauenbericht 2002 der CDU Deutschlands.

3 CDU-Frauenbericht 2002, S. 4.

4 Carl Friedrich von Weizsäcker zitiert nach *Duden. Zitate und Aussprüche*, Mannheim 1993, S. 772.

BRIEFE

CDU

53113 Bonn · Konrad-Adenauer-Haus · Telefon (02 28) 5 44-0 · Telefax (02 28) 5 44-2 18

DER BUNDESSCHATZMEISTER

- Der Leiter des Büros -

persönlich
Herrn
Karlheinz Schreiber
Geschäftsführender Gesellschafter
Bayerische Bitumenchemie GmbH
Raiffeisenstraße 27

86916 Kaufering

Bonn, den 6. Oktober 1994

Sehr geehrter Herr Schreiber,

im Auftrag von Frau Baumeister möchte ich Ihnen mitteilen, daß sie am Dienstag, den **11. Oktober 1994**, um **10.44 Uhr** mit dem ICE in Augsburg eintreffen wird.

Ihre **Abfahrt** ist für **14.14 Uhr** mit dem ICE 592 ab Augsburg HBf vorgesehen, da sie um 16.00 Uhr ihren nächsten Termin in Böblingen hat.

Mit freundlichen Grüßen

i.A. Jürgen Schornack

Jürgen Schornack

Commerzbank Bonn (BLZ 380 400 07) 110444.7 · Deutsche Bank Bonn (BLZ 380 700 59) 024 35 01 · Dresdner Bank Bonn (BLZ 370 800 40) 2 209 160
Postgirokonto Köln 1096 69-508

SEITE 1

KARLHEINZ SCHREIBER

86916 KAUFERING · RAIFFEISENSTRASSE 27 · TELEFON (08191) 7884 · TELEFAX (08191) 7888

Herrn
Dr. Wolfgang Schäuble
Bundeshaus

Bonn

<u>Durch Boten</u>

10. Oktober 1994
Schr / ka

Sehr geehrter Herr Dr. Schäuble,

als Anlage überreiche ich Ihnen, wie versprochen, den Bildband "100 häßliche Männer". Ich hoffe, Sie haben Freude daran.

Bei dieser Gelegenheit möchte ich nicht versäumen Ihnen zu sagen, wie sehr meiner Frau und mir der Abend im Hotel Königshof am 21. 9. dieses Jahres mit Frau Baumeister und Ihnen gefallen hat.

Ich gebe der Hoffnung Ausdruck, daß der 16. Oktober für uns die erhoffte Zustimmung der Wähler bringt, die Sie weiterhin in die Lage versetzt, für unser Land tätig zu sein. Es wäre für uns nicht nur eine Freude sondern auch eine große Beruhigung, die Geschicke unseres Landes weiterhin in den Händen von Männern wie Ihnen zu wissen. Sie dürfen auf mich zählen.

Meine Frau und ich freuen uns schon jetzt auf ein Wiedersehen mit Ihnen und sind

mit herzlichen Grüßen

Brigitte Baumeister

Herrn
Dr. Wolfgang Schäuble MdB
Vorsitzender der
CDU/CSU- Fraktion im Deutschen Bundestag
Bundeshaus
Görresstraße

53113 Bonn

Bonn, den 4. März 1998

Sehr geehrter Herr Vorsitzender,

wunschgemäß bestätige ich Ihnen, im Oktober 1994 von Ihnen einen Betrag in Höhe von DM 100.000,- erhalten zu haben, den Sie kurz zuvor von Herrn Karlheinz Schreiber erhalten hatten.

Ich habe diesen Betrag umgehend an die CDU weitergeleitet. Er ist dort vereinnahmt worden.

Mit freundlichen Grüßen

1. Fassung

Brigitte Baumeister
Mitglied des Deutschen Bundestages
Parlamentarische Geschäftsführerin
der CDU/CSU-Fraktion

53113 Bonn,
Bundeshaus
Tel. 0228/1687554
Fax 0228/1686554

71032 Böblingen
Reiherweg 38
Tel. 07031/289148
Fax 07031/720567
brigitte.baumeister@cducsu.bundestag.de

Herrn
Bundesgeschäftsführer
Dr. Willi Hausmann
CDU-Bundesgeschäftsstelle
Konrad-Adenauer-Haus
Friedrich-Ebert-Allee 73 - 75

53113 Bonn

20. Dezember 1999

Sehr geehrter Herr Dr. Hausmann,

auf Ihre mir schriftlich zugeleitete Frage vom 10. Dezember 1999 bezüglich einer Einzahlung in Höhe von DM 100.000,00 durch Herrn Walter Leisler Kiep auf das Spendenkonto Nr. 52955-06 beim Bankhaus Georg Hauck & Söhne KGaA teile ich Ihnen mit, daß es sich dabei um eine Einzahlung einer Barspende handelt, die Herr Kiep seinerzeit für mich weitergeleitet hatte. Die Barspende ist von Herrn Karl-Heinz Schreiber im Anschluß an die Wirtschaftsrunde am 21. September 1994 im Hotel Königshof in Bonn übergeben und mir später ausgehändigt worden. Herr Schreiber hat auf Nachfrage für diese Spende keine Spendenbescheinigung gewünscht.

Dieser Betrag ist in dem Zahlenwerk des Rechenschaftsberichts 1995 der CDU Deutschlands erfaßt.

Mit freundlichen Grüßen

Ihre
Brigitte Baumeister

Brigitte Baumeister

2. Fassung

11011 Berlin, 20. Dezember 1999

Deutscher Bundestag
Platz der Republik 1
Büro: Wilhelmstraße 60, Zi. 118
Tel. 030 / 227-77554
Fax 030 / 227-76554
E-Mail: brigitte.baumeister@cducsu.bundestag.de

71032 Böblingen
Reiherweg 38
Tel. 07031/28 91 48
Fax 07031/72 05 67
E-Mail: brigitte.baumeister@bundestag.de

Brigitte Baumeister
Mitglied des Deutschen Bundestages
Parlamentarische Geschäftsführerin
der CDU/CSU-Bundestagsfraktion

Herrn Bundesgeschäftsführer
Dr. Willi Hausmann
CDU-Bundesgeschäftsstelle
Konrad-Adenauer-Haus
Friedrich-Ebert-Allee 73 – 75

53113 Bonn

Sehr geehrter Herr Hausmann,

auf Ihre mir schriftlich zugeleitete Frage vom 10. Dezember 1999 bezüglich einer Einzahlung in Höhe von DM 100.000,00 durch Herrn Walther Leisler Kiep auf das Spendenkonto Nr. 52955-06 beim Bankhaus Georg Hauck & Söhne KgaA teile ich ihnen mit, daß es sich dabei um eine Einzahlung einer Barspende handelt, die Herr Kiep seinerzeit für mich weitergeleitet hatte. Die Barspende ist von Herrn Karl-Heinz Schreiber im Anschluß an die Wirtschaftsrunde am 21. September 1994 im Hotel Königshof in Bonn übergeben worden. Herr Schreiber hat auf Nachfrage für diese Spende keine Spendenbescheinigung gewünscht.

Dieser Betrag ist in dem Zahlenwerk des Rechenschaftsberichts 1995 der CDU Deutschlands erfaßt.

Mit freundlichen Grüßen

Ihre

Brigitte Baumeister

Brigitte Baumeister
Mitglied des Deutschen Bundestages
Parlamentarische Geschäftsführerin
der CDU/CSU-Bundestagsfraktion

11011 Berlin, 11.1.2000

Deutscher Bundestag
Platz der Republik 1
Büro: Wilhelmstraße 60, Zi. 118
Tel. 030 / 227-77554
Fax 030 / 227-76554
E-Mail: brigitte.baumeister@bundestag.de

Zu der Barspende über DM 100.000, die der CDU-Partei- und Fraktionsvorsitzende Dr. Wolfgang Schäuble 1994 von Herrn Karl-Heinz Schreiber erhalten hat, erklärt die damalige Bundesschatzmeisterin der CDU Deutschlands, Brigitte Baumeister, MdB:

Im Nachgang zu einer von mir als damaliger Bundesschatzmeisterin veranstalteten Gesprächsrunde mit Vertretern der Wirtschaft im September 1994 im Bonner Hotel „Königshof" hat Herr Karl-Heinz Schreiber, der an dem Abend ebenfalls anwesend war, dem Gastredner Dr. Wolfgang Schäuble eine Barspende in Höhe von DM 100.000 übergeben. Wie von Herrn Dr. Schäuble gestern dargestellt, hat er das Geld zuständigkeitshalber an mich zur Verbuchung weitergeleitet. Da Barspenden während meiner Amtszeit in der Schatzmeisterei absolut unüblich waren, habe ich meinen Vorgänger im Amt, Herrn Walther Leisler Kiep, gefragt, wie in solchen Fällen zu verfahren sei. Denn Herr Schreiber hatte auf Nachfrage der Schatzmeisterei für diese Spende keine Spendenbescheinigung gewünscht.

Herr Kiep nahm sich zusammen mit Herrn Weyrauch der Sache an, und der Betrag wurde mit dem Vermerk „Kiep" auf dem offiziellen Konto der Schatzmeisterei – also nicht auf einem der sonstigen Treuhandanderkonten – unter „sonstige Einnahmen" verbucht. Das Geld floß damit, der Intention von Herrn Schreiber entsprechend, in den Haushalt der CDU Deutschlands, ohne jedoch als Spende ausgewiesen zu sein. Nach den gesetzlichen Regelungen hätte das Geld in diesem Fall dem Spender zurückgegeben oder aber beim Präsidenten des Deutschen Bundestages abgegeben werden müssen. Dies nicht getan zu haben, ist ein Fehler, für den ich die Verantwortung trage.

DER SPIEGEL
DAS DEUTSCHE NACHRICHTEN-MAGAZIN

DER SPIEGEL REDAKTIONSVERTRETUNG FRIEDRICHSTRASSE 79 10117 BERLIN

Per Telefax: 0 30 / 2 27 - 7 65 54
Frau Brigitte Baumeister MdB
Parlamentarische Geschäftsführerin
der CDU/CSU-Bundestagsfraktion

11011 Berlin

Berlin, den 14. Januar 2000

Sehr geehrte Frau Baumeister,

im Zusammenhang mit der 100.000-Mark-Spende von Herrn Karlheinz Schreiber für den heutigen Parteivorsitzenden der CDU, Herrn Dr. Wolfgang Schäuble, aus dem Jahr 1994 haben wir an Sie folgende Frage:

Hat Herr Schreiber dieses Geld zunächst nicht an Herrn Schäuble, sondern an Sie übergeben mit der Bitte, dieses an Herrn Schäuble weiterzureichen, von dem Sie das Geld dann wieder zurückerhalten haben? Mit anderen Worten: Sind Sie also die Botin gewesen, von der Herr Schreiber spricht?

Aufgrund unserer Redaktionsschlußzeiten bitten wir Sie, uns Ihre Antwort bis heute, Freitag, 14 Uhr per Fax (030 / 2038-7414) zukommen zu lassen.

Mit freundlichem Gruß,
DER SPIEGEL
Redaktionsvertretung Berlin

Wolfgang Krach

Wolfgang Krach

TELEFON Deutsche Politik, Wirtschaft (0 30) 20 28 75-00
FAX (0 30) 20 28 75-23
TELEFON Deutschland, Kultur und Gesellschaft (0 30) 20 28 74-00
FAX (0 30) 20 28 74-12

UMSATZSTEUER-ID-NUMMER
DE 115 222 410

SPIEGEL-VERLAG RUDOLF AUGSTEIN GMBH & CO. KG
SITZ UND REGISTERGERICHT HAMBURG HRA 61 755
KOMPLEMENTÄRIN RUDOLF AUGSTEIN GMBH
SITZ UND REGISTERGERICHT HAMBURG HRB 13 105

GESCHÄFTSFÜHRER
RUDOLF AUGSTEIN
KARL DIETRICH SEIKEL

Betreff: Die Geldübergabe
Datum: Fri, 11 Feb 2000 18:19:08 +0100
Von: Karl-Heinz Schreiber <schreiber@canadanet.com>
An: brigitte.baumeister@bundestag.de

Jetzt sagen Sie doch einfach mal die Wahrheit in aller Öffentlichkeit!!

Die Lügen des Schäuble sind doch eine Schande für Ihre Partei. Und Ihre partei ist mittlerweile eine Schande für das deutsche Volk!!!!!!!!!!!!!!!!!!!!

1 von 1 — 1.02.00 19:12

Chronik der Spendenaffäre

26. August 1991: In der Schweiz, in St. Margarethen, treffen sich der CDU-Schatzmeister Walther Leisler Kiep und der Wirtschaftsprüfer Horst Weyrauch. Der Rüstungslobbyist Karlheinz Schreiber übergibt ihnen eine Million Mark in einem Geldkoffer.

5. Oktober 1995: Die Augsburger Staatsanwaltschaft durchsucht das Anwesen des Unternehmers und Rüstungslobbyisten Karlheinz Schreiber in Kaufering. Sie verdächtigt Schreiber, bei Rüstungsgeschäften Steuern hinterzogen zu haben.

7. Mai 1997: Gegen Schreiber wird ein Haftbefehl erlassen.

3. November 1999: Das Amtsgericht Augsburg erlässt Haftbefehl gegen den langjährigen Schatzmeister der CDU, Walther Leisler Kiep. Er wird verdächtigt, 1991 von dem deutsch-kanadischen Unternehmer Karlheinz Schreiber eine Million Mark als Spende für die CDU erhalten und nicht versteuert zu haben.

4. November 1999: Kiep stellt sich der Augsburger Staatsanwaltschaft. Er erklärt, die Schreiber-Million sei als Parteispende an die CDU gegangen.

6. November 1999: Der frühere CDU-Vorsitzende und ehemalige Bundeskanzler Helmut Kohl erklärt, er habe von dieser Spende nichts gewusst.

17. November 1999: Kiep sagt vor der Staatsanwaltschaft Augsburg aus, die in einer Schmiergeldaffäre um die Lieferung von 36 Spürpanzern nach Saudi-Arabien im Jahr 1991 ermittelt. Kiep erklärt, die CDU habe inoffizielle »Anderkonten« unterhalten.

21. November 1999: Kohl wehrt sich gegen Vorwürfe, bei dem Panzergeschäft mit Saudi-Arabien seien Schmiergelder geflossen.

22. November 1999: Die CDU kündigt ihren Vertrag mit der Firma Weyrauch und Kapp. Beinahe 30 Jahre beriet sie die CDU in Steuer- und Vermögensfragen. Weyrauch hatte dafür gesorgt, dass Spenden verschleiert und umgeleitet worden waren.

23. November 1999: Der Haftbefehl gegen Kiep wird vom Augsburger Amtsgericht aufgehoben. Der Tatverdacht der Steuerhinterziehung bleibt bestehen. Kiep erklärt, die zentralen CDU-Gremien seinen kontinuierlich über die Parteifinanzen informiert worden.

24. November 1999: Kohl fordert in einem emotionalen Zwischenruf im Bundestag, noch in diesem Jahr vor einem Untersuchungsausschuss vernommen zu werden. Er fühlt sich verleumdet.

25. November 1999: Mittlerweile sind Unterlagen ausgewertet, die bei Weyrauch beschlagnahmt worden waren. Aus ihnen geht hervor, dass es in der CDU ein verwirrend komplexes Kontosystem gab, das offenbar zur Tarnung von schwarzem Geld diente.

26. November 1999: Der frühere CDU-Generalsekretär Heiner Geißler bestätigt als erster prominenter Unions-Politiker die Existenz geheimer Konten in der CDU.

28. November 1999: CDU-Chef Wolfgang Schäuble verspricht eine kompromisslose Aufklärung der Spendenaffäre.

30. November 1999: Auf einer Sondersitzung des CDU-Präsidiums übernimmt der frühere Bundeskanzler Helmut Kohl die politische Verantwortung für Fehler bei den CDU-Finanzen. Er räumt heimliche Geldbewegungen und eine getrennte Kontoführung ein. Möglicherweise habe er gegen das Parteienfinanzierungsgesetz verstoßen. Zugleich weist er alle Verdächtigungen zurück, Entscheidungen beim Verkauf der Leuna-Werke oder für das Zustandekommen von Waffengeschäften seien käuflich gewesen. Auch Wolfgang Schäuble schließt aus, dass Kohl als Regierungschef bestechlich war oder sich persönlich bereichert habe.

2. Dezember 1999: Der Deutsche Bundestag beschließt, einen Untersuchungsausschuss »Parteispenden und Waffenhandel« zum Spendenskandal der CDU einzusetzen. Er soll klären, ob politische Entscheidungen durch Geldzuwendungen beeinflusst worden sind. Der frühere

Finanzberater Weyrauch erklärt, die Schreiber-Million sei zwischen ihm, Kiep und Lüthje aufgeteilt worden.

13. Dezember 1999: In der Öffentlichkeit – unter anderem in der *FAZ* vom 13. Dezember und in der *Welt* vom 15. Dezember – tauchen Hinweise auf, dass angeblich 1992 beim Kauf der ostdeutschen Leuna-Raffinerie durch den französischen Konzern Elf Aquitaine hohe Schmiergelder geflossen sind. In Berlin findet am 13. Dezember der kleine Parteitag der CDU statt. Bundesgeschäftsführer Willi Hausmann bittet Brigitte Baumeister um Aufklärung, wie die 100 000 Mark verbucht worden sind.

16. Dezember 1999: In einem ZDF-Interview räumt der frühere Kanzler Helmut Kohl ein, einen Fehler gemacht zu haben. Er will entgegen dem Parteienfinanzierungsgesetz von 1993 bis 1998 »eineinhalb bis zwei Millionen Mark« entgegengenommen haben. Die Namen der Spender nennt er nicht. Auch in den späteren Monaten bleibt Kohl bei seiner Haltung. Er beruft sich auf ein Ehrenwort, das er den Spendern gegeben habe. In Berlin nimmt der Untersuchungsausschuss zur Spendenaffäre seine Arbeit auf. Den Vorsitz führt der SPD-Abgeordnete Volker Neumann.

22. Dezember 1999: Das CDU-Präsidium fordert Kohl, ohne dass er an der Sitzung teilnimmt, in einer Erklärung auf, die Namen der anonymen Spender zu nennen. Kohl weigert sich. CDU-Generalsekretärin Angela Merkel fordert die CDU in einem Beitrag für die *FAZ* dazu auf, sich von Kohl zu lösen. Kohls Zeit sei unwiederbringlich vorbei.

29. Dezember 1999: Die Staatsanwaltschaft Bonn kündigt gegenüber dem Deutschen Bundestag an, sie werde gegen Kohl ein Ermittlungsverfahren wegen Untreue zum Nachteil der CDU einleiten.

31. Dezember 1999: Die CDU hat ihren Rechenschaftsbericht korrigiert. Die Herkunft von 2,4 Millionen Mark bleiben ungeklärt.

3. Januar 2000: Die Staatsanwaltschaft Bonn nimmt Ermittlungen gegen Kohl auf.

5. Januar 2000: Auch in der hessischen CDU kann die Herkunft von Millionensummen nicht nachvollzogen werden. Der Landesverband behauptet, das Geld stamme aus anonymen Vermächtnissen jüdischer Erblasser.

10. Januar 2000: Der CDU-Vorsitzende Wolfgang Schäuble räumt in der ARD-Sendung *Farbe bekennen* ein, dass er von Schreiber 100 000 Mark erhalten und an die CDU weitergeleitet hat.

11. Januar 2000: Schäuble gibt eine Pressekonferenz, in der er sich zu den 100 000 Mark äußert, die nicht im Rechenschaftsbericht der CDU aufgetaucht sind. Von Brigitte Baumeister liegt eine schriftliche Erklärung aus.

13. Januar 2000: Schreiber widerspricht Schäubles Darstellung der Spendenübergabe. Er will das Geld erst im Oktober durch einen Boten übergeben haben. Seine Motivation für die Spende beschreibt er mit »Landschaftspflege«.

14. Januar 2000: Der frühere Bundesinnenminister und ehemalige hessische CDU-Vorsitzende Manfred Kanther gesteht auf einer Pressekonferenz, Spenden auf Schweizer Banken gebunkert und als jüdische Vermächtnisse getarnt wieder an die CDU zurückfließen haben zu lassen.

17. Januar 2000: Manfred Kanther kündigt an, sein Bundestagsmandat niederzulegen. Inzwischen werden auch Forderungen nach einem Rücktritt des CDU-Bundesvorsitzenden Wolfgang Schäuble laut.

18. Januar 2000: Wolfgang Schäuble und der frühere CDU-Parteichef Helmut Kohl zerstreiten sich vollends, weil Schäuble von Kohl verlangt, die Namen der anonymen Spender zu nennen, und Kohl sich weigert, dieser Aufforderung nachzukommen. Die CDU-Führung spricht Schäuble, der seinen Rücktritt angeboten hat, in einer dramatischen Sitzung das Vertrauen aus. Kohl wird von der CDU ausdrücklich aufgefordert, seinen Ehrenvorsitz ruhen zu lassen, bis er die Namen der Spender genannt hat. Kohl legt daraufhin seinen Ehrenvorsitz nieder.

20. Januar 2000: Der Finanzchef der Unionsfraktion, Wolfgang Hüllen, begeht Selbstmord. Er hinterlässt einen Abschiedsbrief. Darin bezichtigt er sich der Unterschlagung von Fraktionsgeldern.

22. Januar 2000: Deutsche und französische Fernsehsender berichten von millionenschweren Provisionszahlungen des französischen Konzerns Elf Aquitaine für den Verkauf der Leuna-Werke.

28. Januar 2000: Der frühere Finanzberater der CDU, Horst Weyrauch, tritt aus der CDU aus. Die Staatsanwaltschaft durchsucht Privat- und Büroräume Kanthers.

31. Januar 2000: Schäuble räumt ein, dass er den Unternehmer und Rüstungslobbyisten Karlheinz Schreiber ein zweites Mal im Juni 1995 getroffen hat. In Terminunterlagen war der Hinweis auf das weitere Treffen gefunden worden.

2. Februar 2000: Der Ex-Generalbevollmächtigte der CDU-Schatzmeisterei auf Bundesebene, Uwe Lüthje, richtete schwere Vorwürfe gegen die CDU: Es sei eine Unverschämtheit, wie mit verdienten Mitarbeitern wie ihm und dem früheren CDU-Finanzberater Horst Weyrauch umgegangen werde.

3. Februar 2000: In der Presse tauchen Gerüchte über einen angeblichen Selbstmordversuch Brigitte Baumeisters auf.

8. Februar 2000: Der selbst ernannte »brutalstmögliche Aufklärer« Roland Koch muss selbst eine Lüge eingestehen. Er hat doch früher von illegalen Finanzpraktiken gewusst. Koch spricht von einer »Dummheit«.

11. Februar 2000: Der CDU-Vorsitzende Wolfgang Schäuble gibt eine eidesstattliche Erklärung ab, in der er seine Version der Spendenübergabe bekräftigt. Er will die 100 000 Mark am 22. September 1994 erhalten haben.

12. Februar 2000: Auch die parlamentarische Geschäftsführerin der CDU/CSU-Fraktion, Brigitte Baumeister, zieht mit einer eidesstattlichen Erklärung nach, in der sie Schäubles Version widerspricht.

15. Februar 2000: Brigitte Baumeister kämpft in vier Sitzungen um ihre politische Glaubwürdigkeit. Nach einer Revolte der nordrhein-westfälischen Landesgruppe in der CDU/CSU-Fraktion ist auch Schäubles Rücktritt besiegelt. In einer Fraktionssitzung am Nachmittag wird die Neuwahl des gesamten Fraktionsvorstands beschlossen. Brigitte Baumeister verliert ihr Amt als parlamentarische Geschäftsführerin. Bundestagspräsident Wolfgang Thierse (SPD) erklärt, dass die CDU mehr als 41 Millionen Mark an staatlichen Zuschüssen zurückerstatten muss. Die CDU lässt diese Entscheidung gerichtlich überprüfen.

16. Februar 2000: Schäuble gibt auf einer Pressekonferenz seinen Rückritt als CDU/CSU-Fraktionschef und CDU-Parteichef bekannt.

17. Februar 2000: Wolfgang Schäubles Bruder Thomas, Innenminister in Baden-Württemberg, erklärt, dass er Helmut Kohl verachte. Er spreche für die gesamte Familie.

21. Februar 2000: Die Staatsanwaltschaft Bonn verzichtet auf eine Hausdurchsuchung bei Helmut Kohl, da der Altbundeskanzler nach einer Indiskretion vorgewarnt war.

23. Februar 2000: Geplante Empfänge der CDU zum 70. Geburtstag von Helmut Kohl am 3. April werden abgesagt. Kohl erhält an seinem Geburtstag dennoch Glückwünsche aus der ganzen Welt.

1. März 2000: Es wird bekannt, dass Helmut Kohl versucht, sechs Millionen Mark Spenden zu sammeln. Er will seiner Partei finanzielle Wiedergutmachung leisten.

4. März 2000: Weyrauch bekennt in einem Interview mit der *Süddeutschen Zeitung*, schon früh von fragwürdigen Finanzpraktiken gewusst zu haben. Auch der langjährige Schatzmeister Walther Leisler Kiep sei informiert gewesen, »wenn auch nicht immer im Detail«.

9. März 2000: Der frühere Kanzler Helmut Kohl veröffentlicht in Berlin das Ergebnis einer eigenen Spendensammelaktion, zu der seine Frau und er 700 000 Mark aus ihrem Privatvermögen beigesteuert haben. Zugleich gibt Kohl die Namen der Spender bekannt, mit deren Hilfe er inzwischen gut sechs Millionen Mark aufbringen konnte. Das Geld werde er seiner Partei in den nächsten vier Wochen zuleiten.

17. März 2000: Helmut Kohl nimmt erstmals nach drei Monaten wieder an einer Sitzung des Bundestags teil. Im Plenarsaal wird der ersten freien DDR-Volkskammerwahl vor zehn Jahren gedacht.

3. April 2000: Geplante Empfänge der CDU zum 70. Geburtstag Helmut Kohls sind abgesagt worden. Kohl erhält an seinem Geburtstag dennoch Glückwünsche aus der ganzen Welt.

10. April 2000: Angela Merkel wird auf dem CDU-Parteitag in Essen zur Parteivorsitzenden gewählt. Schäuble erhält einen Sitz im CDU-Präsidium.

13. April 2000: Schäuble legt vor dem Untersuchungsausschuss dar, wie er die 100 000 Mark von Schreiber erhalten haben will.

14. April 2000: Brigitte Baumeister sagt vor dem Untersuchungsausschuss zur 100 000-Mark-Affäre aus. Schäuble wie Baumeister bleiben bei ihren jeweiligen Darstellungen.

28. Juni 2000: Sonderermittler Burkhard Hirsch (FDP) legt nach viermonatigen Recherchen seinen Bericht dem Untersuchungsausschuss zur Spendenaffäre vor. Er prangert die Vernichtung wichtiger Akten in der Regierungszeit Kohls an. Sie sollen unter anderem den Verkauf der Leuna-Werke an Elf Aquitaine betreffen.

29. Juni 2000: Kohl wird vor dem Untersuchungsausschuss vernommen. Er fühlt sich als Opfer einer »rot-grünen Hetzkampagne« und weigert sich weiterhin, die Namen der anonymen Spender zu nennen. Kohl betont stets, dass er und seine Regierung nicht bestechlich gewesen seien.

14. August 2000: Lüthje belastet Kohl als Mitwisser dubioser Geldflüsse. Kohl spricht von einem »Rufmord-Kartell«.

28. und 29. August 2000: Bei einer Gegenüberstellung im Untersuchungsausschuss bleiben Brigitte Baumeister und Wolfgang Schäuble bei ihren gegensätzlichen Angaben zur Übergabe der Schreiber-Spende.

11. September 2000: Kohl nimmt erstmals nach einer rund zehnmonatigen Unterbrechung wieder an einer Sitzung der Unionsfraktion im Bundestag teil.

19. November 2000: Der Vorabdruck von Kohls *Mein Tagebuch 1998–2000* beginnt.

1. Dezember 2000: Bundestagspräsident Thierse erklärt, dass die CDU wegen Verstößen gegen das Parteienfinanzierungsgesetz 7,79 Millionen Mark an Strafgeldern zahlen muss.

2. März 2001: Das Landgericht Bonn stimmt dem Antrag der Staatsanwaltschaft auf Einstellung des Ermittlungsverfahrens wegen Untreue gegen Helmut Kohl zu. Der Altkanzler muss 300 000 Mark zahlen, betrachtet die Geldbuße aber nicht als Schuldeingeständnis. Kohl gilt nicht als vorbestraft.

25. Mai 2001: Die Staatsanwaltschaft Wiesbaden klagt den früheren Innenminister Kanther sowie den ehemaligen Schatzmeister der hessischen CDU, Prinz zu Sayn-Wittgenstein, wegen Untreue zum Nachteil der CDU an. Auch gegen CDU-Finanzberater Weyrauch wird wegen Beihilfe Anklage erhoben.

1. November 2001: Die Berliner Staatsanwaltschaft stellt das Ermittlungsverfahren gegen Baumeister und Schäuble ein.

13. Dezember 2001: Kohl gibt auch bei seiner vierten und letzten Vernehmung vor dem Untersuchungsausschuss die Identität der Spender nicht preis. Der Ausschuss verzichtet darauf, Beugehaft oder ein Ordnungsgeld zu verhängen.

26. März 2002: Das Landgericht Wiesbaden entscheidet, Kanther, Sayn-Wittgenstein und Weyrauch nicht im Zuge der hessischen CDU-Finanzaffäre den Prozess zu machen. Die betreffenden Vorgänge seien teilweise verjährt, zudem sei der CDU kein Vermögensschaden entstanden, so die Begründung.

13. Juni 2002: Der Untersuchungsausschuss beendet mit einem 650 Seiten umfassenden Abschlussbericht seine Arbeit. Beweise für eine Bestechlichkeit der Kohl-Regierung liegen nicht vor.

2. Oktober 2003: Die Bonner Staatsanwaltschaft beendet ihre Ermittlungen wegen gelöschter Computerdateien und verschwundener Akten im Kanzleramt. Es liegt kein Verdacht für strafbare Handlungen vor.

9. Januar 2004: Ex-Schatzmeister Walther Leisler Kiep akzeptiert einen Strafbefehl in Höhe von 40 500 Euro wegen Falschaussage in der 100 000-Mark-Affäre.

13. Januar 2004: Der frühere Bundesinnenminister Kanther, Ex-Schatzmeister Sayn-Wittgenstein und der einstige Finanzberater Weyrauch müssen sich wegen der hessischen CDU-Schwarzgelder nun doch juristisch veranworten. Das hat das Frankfurter Oberlandesgericht entschieden.

LITERATURHINWEISE

Bösch, Frank: *Macht und Machtverlust*, München 2002.

Dreher, Klaus: *Helmut Kohl*, München 1998.

Dreher, Klaus: *Kohl und die Konten*, München 2002.

Goetz, John/Neumann, Conny/Schröm, Oliver: *Allein gegen Kohl, Kiep & Co.*, Berlin 2000.

Kleine-Brockhoff, Thomas/Schirra, Bruno: *Das System Leuna*, Reinbek 2001.

Kohl, Helmut: *Mein Tagebuch 1998–2000*, München 2000.

Langguth, Gerd: *Das Innenleben der Macht*, München 2001.

Reitz, Ullrich: *Wolfgang Schäuble*, Bergisch Gladbach 1998.

Schäuble, Wolfgang: *Mitten im Leben*, München 2001.

Schäuble, Wolfgang: *Und der Zukunft zugewandt*, Berlin 1998.

Süssmuth, Rita: *Wer nicht kämpft, hat schon verloren*, München 2002.

Personenregister

Ein Dankeschön

Dieses Buch hätte nicht entstehen können, wenn nicht unzählige Freunde die eineinhalb Jahre, in denen es reifte, begleitet hätten. Wir können nicht alle nennen, die uns geholfen haben, daher möchten wir uns auf einige wenige beschränken. Manfred Ruch, Bernhard Hoffmann, Andreas Pecht, Eric Metzler, Gabi Alings und Caroline Heinrich haben unverzichtbaren fachlichen Beistand geleistet, dafür vielen Dank. Technischen Support gewährten uns großzügig Harald Justen und Klaus Schäfgen. Mentale Durststrecken halfen vor allem Anne und Jens Baumeister, Silke Hermann, Carola Bergmann, Ulla Sandrock, Martin Ringsdorf, Ebbi Ebertz, Tobias Hoffmann, Karin und Hubert Krieg, Gabi Kiefer, Hanne Friede, Bernd Steinmüller, Miriam Pokora, Käthi und Willi Brück sowie Jürgen Klopp zu überwinden. Der Zentralredaktion der *Rhein-Zeitung* gebührt ein dickes Dankeschön für ihre kooperative Haltung. Und schließlich sei an Martin Lohmann erinnert, der die Initialzündung für das Buchprojekt gab.

Bildnachweis

Associated Press: 4 o. (Karl-Heinz Kreifelts), 6 o. (Tannis Toohey), 6 u. (Jockel Finck), 7 o. (Herbert Knosowski), 7 u. (Markus Schreiber)
dpa/Kappeler: 8
Presse-Foto Udo Giesen: 3 o.
Presse-Service, Bonn: 4 u.
Press Service Int./Frank Ossenbrink: 2 u.
Privat: 1
Wolfgang Volz: 3 u.
Trotz sorgfältiger Recherchen konnten nicht alle Rechteinhaber ermittelt werden. Der Verlag ist selbstverständlich bereit, berechtigte Forderungen abzugelten.